KB150787

푸코
Foucault

FOUCAULT

푸코

초판1쇄 펴냄 2019년 08월 30일
초판2쇄 펴냄 2023년 03월 02일

지은이 질 들뢰즈
옮긴이 허경
펴낸이 유재건
펴낸곳 (주)그린비출판사
주소 서울시 마포구 와우산로 180, 4층
대표전화 02-702-2717 | **팩스** 02-703-0272
홈페이지 www.greenbee.co.kr
원고투고 및 문의 editor@greenbee.co.kr

편집 이진희, 구세주, 송예진, 김아영 | **디자인** 권희원, 이은솔
마케팅 육소연 | **물류유통** 유재영 | **경영관리** 유수진

學問思辨行: 배우고 묻고 생각하고 판단하고 행동하고

독자의 학문사변행을 돕는 든든한 가이드 _그린비 출판그룹

그린비 철학, 예술, 고전, 인문교양 브랜드
엑스북스 책읽기, 글쓰기에 대한 거의 모든 것
곰세마리 책으로 크는 아이들, 온가족이 함께 읽는 책

Gilles Deleuze
Foucault

들뢰즈의
푸코

질 들뢰즈 지음   허경 옮김

그린비

다니엘 드페르(Daniel Defert)에게

일러두기

1 이 책은 다음의 완역이다. Gilles Deleuze, *Foucault*, Collection "Critique", Paris: Les Éditions de Minuit, 1986.

2 원문의 이탤릭체는 굵은 글씨로 표기하고 ( ) 안에 이탤릭체로 원어를 밝혔다. 또 원문 안에 나오는 이탤릭체가 아닌 불어·희랍어 등의 (대문자) 외국어는 보통 글자체로 번역을 하여 작은 따옴표(' ')로 묶고, 필요한 경우 뒤에 ( )를 만들어 원어를 적었다.

3 들뢰즈의 원주(1), 2), 3),…)와 옮긴이의 역주(1, 2, 3,…)는 각기 각주와 미주로 처리하였다. 또 필요하다고 판단된 경우에는 S. 핸드(Seán Hand)의 영역자주를 삽입했다. 이 경우에는 주석 내용 앞에 '영역자주' 표기를 하였다.

4 원저의 모든 논문과 저서명 등은 불어로만 기술되어 있으나, 독자의 편의를 위하여 옮긴이가 확인할 수 있는 한도 내에서 원서의 세명과 출판 연도·출판시 또는 우리말 번역본의 여부 등을 찾아 정리해 두었다. (이탤릭체로 되어 있는) 원저의 책명은 우리말로 번역하여 『 』로 묶고, ( ) 안에 원저명과 원저의 출판 연도, 그리고 영역본의 명칭과 출판 연도 등을 차례로 밝혔다. 또 (보통 글자체로 되어 있는) 논문은 「 」로 묶고 저서와 동일한 방법으로 처리하였다.

5 원저의 인명들은 처음 나올 때 그 원어를 병기하였고, 확인이 가능한 경우 생몰 연대를 찾아 넣었다. 또 중요한 인명의 경우에는 그 인물의 생애와 저작 등에 대한 간략한 주석을 만들어 두었다.

6 단행본·정기간행물에는 겹낫표(『 』)를, 논문·단편, 회화·영화 등의 작품명에는 낫표(「 」)를 사용했다.

7 외국 인명과 지명, 작품명은 2002년 국립국어원에서 펴낸 외래어표기법을 따랐다.

목차

약어표

이 책에 실린 여섯 개의 연구는 상대적으로 독립적인 것들이다.

처음의 두 연구는 잡지 『크리틱』(*Critique*)의 274호(1970)와 343호(1975)에 이미 발표되었다.

이 책에 재수록된 글들은 약간 변형된 것으로, 나 자신이 몇 가지 보충을 가했다.

나는 이 책에서 인용되는 미셸 푸코의 저술들에 대해 다음과 같은 약어를 사용했다. [아울러 옮긴이가 저작의 영어본 및 우리말 번역본을 추가했다.]

HF : *Histoire de la folie à l'âge classique*, Plon, 1961, puis Gallimard. 이 책에서는 갈리마르판을 인용했다. *Madness and Civilization* [*MAC*], trans. R. Howard, New York: Random House, 1965 and London: Tavistock, 1967; 『광기의 역사』, 이규현 옮김, 나남, 2003.

RR : *Raymond Roussel*, Gallimard, 1963; *Death and the Labyrinth: the World of Raymond Roussel* [*DL*], trans. Charles Ruas, New York: Doubleday and Company, 1986 and London: Athlone, 1987.

NC : *Naissance de la clinique*, PUF, 1963; *The Birth of the Clinic* [*BC*], trans. Alan M. Sheridan Smith, London: Tavistock and New York: Pantheon, 1973; 『임상의학의 탄생』, 홍성민 옮김, 이매진, 2006.

MC : *Les mots et les choses*, Gallimard, 1966; *The Order of Things* [*OT*], trans. Alan Sheridan, London: Tavistock and New York: Pantheon, 1970; 『말과 사물』, 이규현 옮김, 민음사, 2012.

PDD : 'La pensée du dehors', *Critique*, juin 1966; 'La pensée du dehors', *DE*, I, pp. 546~567, 2001; 심재상 옮김, 「바깥의 사유」, 김현 편, 『미셸 푸코의 문학비평』, 문학과지성사, 1989, 186~215쪽.

QA : 'Qu'est-ce qu'un auteur?', *Bulletin de la Société française de philosophie*, 1969; 'Qu'est-ce qu'un auteur?', *DE*, I, pp. 817~849, 2001; 'What is an author?' [*WA*], ed. Donald Bouchard, *Language, counter-memory, practice* [*LCP*], pp. 113~138, trans. D. Bouchard and S. Simon, Oxford: Blackwell, 1977; 「저자란 무엇인가?」, 장진영 옮김, 김현 편, 『미셸 푸코의 문학비평』, 문학과지성사, 1989, 238~275쪽.

AS : *L'archéologie du savoir*, Gallimard, 1969; *The Archaeology of Knowledge* [*AK*], trans. Alan Sheridan, London: Tavistock and New York: Pantheon, 1972; 『지식의 고고학』, 이정우 옮김, 민음사, 1992.

GL : 'Préface' à *La grammaire logique* de Jean-Pierre Brisset, pp. 9~57, Tchou, 1970; *Sept propos sur le septième ange*, Paris: Edition Fata Morgana, 1986; 'Sept propos sur le septième ange', *DE*, I, pp. 881~893.

OD : *L'ordre du discours*, Gallimard, 1971; 'The Discourse on Language' [*TDL*], in *The Archaeology of Knowledge* [*AK*], pp. 215~238, trans. Alan Sheridan, New York: Pantheon, 1972; 『담론의 질서』, 이정우 옮김, 새길, 1993.

NGH : 'Nietzsche, la généalogie, l'histoire', in *Hommage à Jean Hyppolite*, PUF, 1971; 'Nietzsche, la généalogie, l'histoire', *DE*, I, pp. 1004~1024, 2001; 'Nietzsche, Genealogy, History' [*NGH*], in ed. D. Bouchard, *Language, Counter-Memory, Practice* [*LCP*], pp. 139~164, Oxford: Blackwell, 1977; 이광래 옮김, 「니체, 계보학, 역사」, 이광래 지음, 『미셸 푸코: '狂氣의 역사'에서 '性의 역사'까지』, 민음사, 1989, 329~359쪽.

CNP : *Ceci n'est pas une pipe*, Montpellier: Fata Morgana, 1973; 'ceci n'est pas une pipe' [CNP], *DE*, I, pp. 663~678, 2001; *This is not a pipe* [*TNP*], trans. & ed. by James Harkness, Berkeley: University of California Press, 1981; 『이것은 파이프가 아니다』, 김현 옮김, 고려대학교 출판부, 2010.

MPR : *Moi Pierre Rivière...*, Gallimard-Julliard, ouvrage collectif, 1973; *I, Pierre Rivière, having slaughtered my mother, my sister and my brother* [*IPR*], trans. Frank Jellinek, New York: Pantheon, 1975 and Harmondsworth: Peregrine, 1978; 『내 어머니와 누이와 남동생…을 죽인 나, 피에르 리비에르』, 심세광 옮김, 앨피, 2008.

SP : *Surveiller et punir*, Gallimard, 1975; *Discipline and punishment* [*DP*], trans. Alan Sheridan, London: Allen Lane and New York: Pantheon, 1977; reprinted Harmonsworth: Peregrine, 1979; 『감시와 처벌』, 오생근 옮김, 나남, 2016(3판).

VS : *La volonté de savoir* (Histoire de la sexualité I), Gallimard, 1976; *The History of Sexuality, vol. 1: An Introduction* [*HS*], trans. Robert Hurley, New York: Pantheon Books, 1978 and Harmonsworth: Penguin, 1984; 『성(性)의 역사 1: 지식의 의지』, 이규현 옮김, 나남, 2004(3판).

VHI : 'La vie des hommes infâmes', *Les cahiers du chemin*, n. 29, 15 janvier 1977, pp. 12~29; 'La vie des hommes infâmes', *DE*, II, pp. 237~253; 'The Life of Infamous Men' [*LIM*], in ed. & trans. Paul Foss and Meaghan Morris, *Power, Truth, Strategy*, pp. 76~91, Sydney: Feral, 1979.

UP : *L'usage des plaisirs* (Histoire de la sexualité II), Gallimard, 1984; *The Use of Pleasure* [*TUP*], trans. Robert Hurley, New York: Random House, 1985 and Harmondsworth: Viking, 1986; 『성(性)의 역사 2: 쾌락의 활용』, 문경자·신은영 옮김, 나남, 2018(3판).

SS : *Le souci de soi* (Histoire de la sexualité III), Gallimard, 1984; *The Care of the Self* [*CS*], trans. Robert Hurley, New York: Pantheon, 1984; 『성의 역사 3: 자기 배려』, 이영목 · 이혜숙 옮김, 나남, 2004(2판).

[옮긴이 보충]

DE,I : Michel Foucault, *Dits et écrits 1954-1975: Édition établie sous la direction de Daniel Defert et François Ewald avec la collaboration de Jacques Lagrange*, Paris: Quarto Gallimard, 2001.

DE,II : Michel Foucault, *Dits et écrits 1976-1988: Édition établie sous la direction de Daniel Defert et François Ewald avec la collaboration de Jacques Lagrange*, Paris: Quarto Gallimard, 2001.

MFF : H. L. Dreyfus et P. Rabinow, *Michel Foucault, un parcours philosophique*, trad. F. Durand-Bogaert, Paris: Gallimard, 1984. 이는 아래 *MF*의 불역본이다.

MF : H. L. Dreyfus and P. Rabinow, *Michel Foucault*, Brighton: Havester and Chicago: University of Chicago Press, 1982; 드레피스 · 라비노우, 『미셸 푸코』, 서우석 옮김, 나남, 1989.

I.

문서고에서 다이어그램으로

De l'Archive au Diagramme

1. 새로운 문서고학자 — 『지식의 고고학』

도시의 새로운 문서고(文書庫) 학자(archiviste)가 임명되었다. 그러나 엄격히 말해 그는 정말 임명되었던 것일까? 오히려 그의 행동은 그 자신의 지시만을 따랐던 것이 아닐까? 그를 증오하는 사람들은 그를 구조적 관료주의와 테크놀로지의 새로운 대변자라 부른다. 자신들의 어리석음을 기지에 넘치는 위트라 착각하는 또 다른 이들은 그를 일컬어 히틀러(Adolf Hitler, 1889~1945)의 지지자, 또는 최소한 인권의 가치를 공격한 이라 부른다. 그들은 "인간의 죽음"을 선언했던 그를 결코 용서할 수 없는 것이다.[1] 또 다른 이들은 그가 어떤 '성스러운' 텍스트에도 의거하지 않았고, 마찬가지로 결코 이전의 '위대한' 철학자들을 인용한 적도 없었던 사이비 학자에 불과하다고 말한다. 또 다른 이들은 반대로 무엇인가 새로운 것, 어떤 심오하고도 새로운 것이 철학 안에 생성되었으며, 이런 작업이 스스로가 거부하고 있는 것 못지않은

---

1) 『말과 사물』이 출간된 이후, 한 정신분석가는 이 책을 히틀러의 『나의 투쟁』(*Mein Kampf*, 1925~1927)과 비교하는 방대한 분석을 행했다. 이런 작업은 푸코를 인권의 반대자로 보는 사람들에 의해 지금도 이어지고 있다.

아름다움, 말하자면 축제의 아침을 가지고 있다고 확언한다.

어떤 경우이든 이 모든 것은 (카프카Franz Kafka, 1883~1924보다는 오히려) 고골(Nicolai Gogol, 1809~1852)의 한 이야기처럼 시작된다. 새로운 문서고학자는 이제부터 자신은 오직 언표(言表, énoncés)만을 고려의 대상으로 삼겠다고 선언한다. 그는 이제 더 이상 이전의 문서고학자들이 수천 가지 방식으로 다루어 왔던 명제(propositions) 및 문장(phrases)에 대해서는 관심을 두지 않을 것이다. 그는 이제 겹겹이 중첩된 명제들의 수직적 위계뿐만 아니라 서로서로 대응되는 듯이 보이는 문장들의 수평적 편차[側性] 역시 무시하게 될 것이다. 그는 언제나 흘러가면서 이제 하나의 능선(稜線, diagonale) 위에 자리 잡게 될 것이다. 이 능선은 한편으로 우리가 이제까지 이해할 수 없었던 것, 즉 언표를 읽을 수 있게 해준다. 이것은 하나의 무조(無調, atonale) 논리일까? 이 문서고학자가 고의적으로 우리에게 어떤 예도 들어 주지 않았기 때문에, 우리가 초조를 느끼는 것은 물론 당연한 일이다. 그는 자신마저도 그것이 무엇인가를 이해하지 못하던 바로 그 순간에조차 끊임없이 자신이 사람들에게 그런 예들을 제시해 왔다고 생각한다. 오늘, 그가 분서하는 유일한 형식적인 사례조차도 사람들의 초조를 의도적으로 겨냥하고 있다. 내가 우연히 써 나가는 문자들, 또는 타자기 자판으로부터 순서대로 옮겨 쓰는 일련의 문자들을 생각해 보자. "타자기 자판은 언표가 아니다. 그러나 타자 연습용 책자에 열거되어 있는 A, Z, E, R, T라는 이 일련의 문자들 자체는 이미 프랑스에서 생산되는 기계들에 적용되는 알파벳 배열 상의 언표이다."[2] 이런 다수성들(*multiplicités*)은 어떤 규칙적인 언어학적 구성도 갖지 않지만, 그럼에도 불구하고 그것들은 언표들이다. Azert? 이제 다른 문서고학자들에게 친숙한 사람이라면, 푸코가 이런 조건 아래에서 어떻게 언표들의 생산을 가능케 만드는가를 물을 것이다.

푸코는 이에 대해 언표들이란 본질적으로 드문(rares) 것이라고 설명한다. 언표는 사실의 측면에서만 드문 것, 희소한 것이 아니다. 그것은 이론의 측면에서도 역시 드문 것이다. 언표는 희소성(稀少性, rareté)의 효과와 법칙으로부터 분리될 수 없다. 이는 나아가 명제와 문장에 대립되는 언표의 중요한 특성들 중 하나이다. 왜냐하면, 우리는 다양한 유형들의 구분에 입각해서 하나의 명제를 다른 명제"에 대한"(sur) 것이라고 표현하고 싶어 하고 또 그렇게 표현할 수 있기 때문이다. 그리고 이와 같은 형식화(formalisation)는 가능적인 것(le possible)과 실재적인 것(le réel)을 구분하지 않으며, 오직 가능적 명제들만을 넘쳐 나게 만들 뿐이다. 실제로 말해지는 것의 경우, 언표들의 현실적 희소성은 하나의 문장이 다른 문장들을 부정하고 방해하며 반박 또는 억압하는 것에서 유래한다. 그러나 동시에 각각의 문장은 자신이 말하지 않은 모든 것을 여전히 내포하고 있기 때문에 이런 잠재적인 또는 잠복한 내용은 하나의 "숨겨진 담론"을 형성하면서 의미를 다양화하는 동시에 해석에 참다운 이론적 풍부성을 제공한다. 문장들의 변증법은 설령 그것이 모순의 극복 또는 심화를 위한 경우라 할지라도 언제나 모순(contradiction)에 복종한다. 한편 명제들의 유형학은 추상화(abstraction)에 복종한다. 동시에 그것은 각각의 층위에서 자신

---

2) *AS*, 114 [*AK*, 86; 『지식의 고고학』, 127].

의 요소들을 넘어서는 하나의 유형에 대응한다. 그러나 모순과 추상화란, 마치 하나의 문장이 다른 하나의 문장에 대립될 가능성 또는 하나의 명제에 대한 다른 명제가 형성될 가능성이 언제나 존재하고 있는 것처럼, 문장과 명제의 증식 방식들이다. 반면, 언표는 극도의 절약 원리 또는 심지어는 결핍 원리에 따라 분신되는 희소성의 공간으로부터 분리될 수 없다. 언표의 영역 안에는 가능적인 것도 잠재적인 것도 존재하지 않으며, 그 영역 안에 존재하는 모든 것은 실재적인 것이고, 모든 실재성(réalité) 역시 그 안에서 선포된다. 그곳에서 고려의 대상이 되는 것은 오직 그 순간에 그런 틈새·여백과 함께 형성되는 어떤 무엇일 뿐이다. 물론 그럼에도 불구하고 언표들이 서로서로 대립하며 각각의 층위에 따라 위계화된다는 점 역시 확실하다. 그러나 푸코는 『지식의 고고학』 중 두 개의 장을 할애하여 다음과 같은 점을 엄밀히 논증한다. 언표들의 모순은 오직 희소성의 공간 안에서만 측정 가능한 실증적 거리에 의해 존재 가능하다. 언표들의 비교 역시 하나의 동일한 집합(ensemble)을 이런 공간 안에서 차별적 층위들에 대하여 직접 대면시켜 줄 뿐만 아니라, 동일한 하나의 층위에 대하여 그 집합의 일부를 이루는 (동시에 또 다른 하나의 능선을 가정하는) 여타의 집합들을 무시하면서, 직접적으로 특정 집합들을 선택할 수 있도록 해주는 어떤 유동적 능선에 연관된다.[3] 희소화의 공간이란 이런 운동·전달·

---

3) *AS*, IV부 3장과 4장. 푸코는 『말과 사물』에서 자신은 '자연사', '부(富)의 분석', '일반 문법'이라는 동일한 층위 상의 세 형성작용들(formations)에 대해 관심이 있지만, 동시에 (성서 고증, 수사학, 역사 … 등과 같은) 또 다른 형성작용들을 탐구의 대상으로 간주하는 것도 가능하다고 언급한다. 그 이유는 "첫 번째 것과 중첩되지는 않지만 어떤 점에서는 그와 교차하고 있는 하나

차원 및 이례적 단절을 가능케 하는 것이자, 언표에 대해서는 거의 말해진 것이 없을 뿐만 아니라 "말해질 수 있는 것조차 거의 없다"[4]는 측면에서도 역시 우리를 놀라게 하는 이런 "여백과 파편의 형식"을 가능케 하는 것이다. 결코 부정의 형식이 아닌, 언표들에 고유한 "실증성" (positivité)을 형성시키는 희소성 또는 분산성(分散性, dispersion)이라는 요소에 입각해 논리학이 다시 쓰인다면 그 결과는 어떻게 될까?

　그러나 푸코는 다음과 같은 점 역시 확신하고 있다. 만약 언표들이 드문 것, 본질적으로 드문 것이라면, 언표의 생산에는 어떤 고유성 (originalité)도 필요치 않다. 하나의 언표는 언제나 그에 상응하는 하나의 공간 안에서 분포되는 특이점들(points singuliers) 또는 특이성들(singularités)의 방사(放射) 작용(emission)을 재현한다. 우리가 곧 보게 될 것처럼, 이런 공간 자체의 형성과 변형은 창조(création), 시초(commencement) 또는 기초(fondement) 등의 용어로는 결코 적절히 표현될 수 없는 위상학적(topologique) 문제를 제기한다. 더욱이 고려의 대상이 되고 있는 공간 안에서 어떤 방사 또는 되풀이[되풂] (répétition), 재생산이 최초에 나타났는가라는 문제는 그다지 중요하지 않다. 중요한 것은 언표의 규칙성(*régularité*)이다. 그러나 이 규칙성은 어떤 평균이 아니라, 오히려 하나의 곡선(曲線, courbe)을 지칭한다. 현실에서의 언표는 (자신이 전제하는 특이성들의 방사가 아니라) 이 특이성들에 인접해 지나가는 곡선의 양상, 즉 더 일반적으로는 이 특

의 상호 담론적인 망"(*AS*, 208 [*AK*, 159; 『지식의 고고학』, 222])을 발견하고자 하는 것이다.
4) *AS*, 157 [*AK*, 119; 『지식의 고고학』, 174].

이성들이 분포되고 재생산되는 영역의 여러 규칙들에 결합된다. 이것이 바로 언표적 규칙성이다. "그러므로 고유성-진부성(originalité-banalité)의 대립은 적절치 못하다. (고고학적 기술은) 최초의 형성과 몇 년, 또는 몇 세기 후에 거의 정확히 되풀이하는[되푸는] 문장 사이에 어떤 가지론석 위계도 성립시키지 않는다. 고고힉적 기술은 이떤 근본적 차이도 생산하지 않는다. 그것은 오직 언표들의 규칙성만을 확립하고자 한다."[5] 기원(起源, origine)의 문제가 전혀 제기되지 않는 만큼, 고유성의 문제 또한 전혀 제기되지 않는다. 이제 언표의 생산에는 어느 누구도 필요가 없다. 이제 언표는 어떤 코기토(cogito)도, 그것을 가능케 하는 어떤 초월적 주체(sujet transcendantal)도, 또는 최초로 그것을 발화해 주는 (또는 그것을 되풀이해 주는) '자아'(Moi)도, 그것을 보존하고 전파시키며 검증해 주는 '시대정신'(Zeitgeist)도 필요로 하지 않는다.[6] 남아 있는 것은 오직 각각의 언표에 대한 주체의 극히 다양한 "위치들"(places)뿐이다. 그러나 정확히 매번 다른 개체들이 그 위치에 올 수 있으므로 언표는 각각의 경우마다 자신을 보존·전달·되풀이하는 축적(蓄積)의 특수한 대상이 된다. 이때의 축적이란 마치 우리가 상품의 재고를 쌓아 두는 방식괴 비슷하지만 그것은 회소성에 반하는 것이 아니라 오히려 이 동일한 희소성이 갖는 하나의 효과이다. 그리하여 축적은 기원 또는 기원에로의 회귀(retour)라는 관념을 대치하는데, 언표는 이제 마치 베르크손주의에 있어서의 기억(souvenir)처럼 자신

---

5) *AS*, 188 [*AK*, 144; 『지식의 고고학』, 202~203]. 또 곡선-언표(énoncé-courbe) 사이의 유사성에 대해서는 다음을 보라: *AS*, 109 [*AK*, 82; 『지식의 고고학』, 122].
6) *AS*, 207 [*AK*, 159; 『지식의 고고학』, 207] (특히 '세계관'Weltanschauung에 대한 비판을 보라).

및 자신의 공간 안에서 보존되며, 또 이런 공간이 지속되고 재구성되는 한 자신의 존재를 유지한다.

우리는 언표를 둘러싸고 있는 공간을 분할하는 세 영역을 구분해야만 한다. 우선 동일한 집합에 속하는 여타의 언표들에 의해 형성, 연결 또는 인접되어 있는 하나의 **방계적 공간**(*un espace collatéral*)이 있다. 여기서 이 공간에 의해 그 집합이 정의되는가, 또는 반대로 언표들의 집합에 의해 이 공간이 정의되는가라는 문제는 그리 중요하지 않다. 이곳에는 언표들과 무관한 동질적 공간도 국지화 작용과 무관한 언표들도 존재하지 않으며, 양자는 형성 규칙의 층위에서 결합된다. 중요한 것은 이 형성 규칙들이, 명제의 경우처럼 일련의 공리(公理)로 환원되는 것도, 문장의 경우처럼 하나의 문맥으로 환원되는 것도 아니라는 점이다. 명제들은 내재적 상수들(constantes intrinsèques)을 결정하면서 동질적 체계를 정의해 주는 보다 상위의 층위에 속하는 일련의 공리들을 향하여 수직적으로 환원되는데, 이는 심지어 이런 동질적 체계들의 확립을 가능케 하는 언어학적 조건들 중 하나이다. 문장은 다양한 외재적 변수들이라는 기능에 준거하여 자신의 구성 부분들 중 몇몇을 다른 체계들로부터 가져올 수 있다. 그러나 언표는 이와는 전적으로 다르다. 언표는 우리를 하나의 체계 속에 머무르도록 허용하지 않으며, (심지어는 하나의 동일한 언어 내부에서조차) 하나의 체계에서 또 다른 하나의 체계에로 끊임없이 옮겨 가게 만드는, 어떤 고유한 변양작용(variation)으로부터 결코 분리되지 않는다. 언표는 편향되어 있는 것도 수직적인 것도 아니다. 언표는 횡단적인(transversal) 것이며, 언표의 규칙은 언표 자체와 동일한 층위에 속해 있다. 아마도 푸코와 [미국의 언어학자] 라보프(William Labov, 1927~)는 서로 닮아 있는 것처럼 보인다. 라보프가 어떻게 한 흑인 청년이 "블랙 잉글리시"로 부터 "미국 표준 영어"에로 끊임없이 이동해 가는가를 보여 줄 때, 그리고 역으로, 결코 동질성들이 아니라, 그 규칙성들을 정의 가능한 것으로 만들어 주는 **가변적 또는 임의적**(*variables ou facultatives*) 규칙들 자체 아래에서 그렇게 되는가를 보여 줄 때, 두 사람은 특히나 닮아 있다.[7] 심지어 동일한 언어 안에서 작동하고 있는 것처럼 보이는 경우에 조차 담론 형성작용(formation discursive)의 언표들은 기술(記述)로부터 관찰·계산·제도·규정으로 잇달아 이동하면서 그만큼의 체계와 언어들을 섭렵한다.[8] 언표들의 그룹 또는 가족을 "형성하는" 것은 그러므로 동일한 층위 안에서의 이행(passage) 및 변양작용의 규칙들이며, 이제 이 규칙들은 언표들의 "가족" 자체를 동질성(homogénéité)에 반하는 이질성(hétérogénéité) 또는 분산의 환경으로서 간주한다. 연결된 또는 인접한 공간이란 바로 이를 지칭한다. 각각의 언표는 이

---

7) cf. Labov, *Sociolinguistique*, Éd. de Minuit, 262~265; *Sociolinguistic Patterns*, Philadelphia: University of Pennsylvania Press, 1972 and Oxford: Blackwell, 1978. 라보프에게 있어 본질적인 것은 '어떤 상수(常數)도 동질성도 갖지 않는 규칙들'(règles sans constante ni homogénéité)이라는 관념이다. 성적 변태의 문제를 천착한 대저 『성정신병리』 (*Psychopathia sexualis*, 1886)를 저술한 [독일·오스트리아의 정신병리학자] 크라프트-에빙 (Richard von Krafft-Ebing, 1840~1902)의 사례는 최근 수행된 푸코의 연구와 매우 유사하다. 크라프트-에빙은 자신의 언표 대상이 지나치게 노골적인 것으로 생각될 경우, 독일어 문장을 라틴어로 분절해 버렸다. 이중적 의미에서 하나의 체계로부터 또 다른 체계에로의 부단한 이행이 존재한다. 우리는 이에 대해 그것이 (수치심 또는 자기 검열 등과 같은) 상황적 또는 외적 변이들(variables)에서 기인하는 것이라고 말할 수 있다. 그리고 그것은 문장의 입장에서 보면 옳은 말이다. 그러나 언표의 관점에서 보면, 크라프트-에빙의 섹슈얼리티(sexualité)에 대한 언표들은 자신에 고유한 내재적 변이들로부터 분리 불가능한 것이다. 모든 언표가 이런 경우에 속한다는 사실을 증명하기란 그리 어려운 일이 아닐 것이다.

8) *AS*, 48 [*AK*, 34; 『지식의 고고학』, 61~62] (19세기 의학적 언표들의 예를 보라).

행의 규칙들(벡터들, vecteurs)에 의해 스스로가 연결되어 있는 이질적 언표들로부터 분리될 수 없다. 그리고 이때 각각의 언표들은 "드문" 것인 동시에 규칙적인 하나의 다수성으로부터 분리될 수 없으며, 각각의 언표들 자체 또한 하나의 다수성이 된다. 그것은 단지 다수성일 뿐, 결코 어떤 구조 또는 체계가 아니다. 언표의 위상학은 문장의 변증법과 명제의 유형학을 모두 거부한다. 푸코를 따라, 우리도 하나의 언표, 하나의 언표 가족, 또는 하나의 담론 형성작용이란 무엇보다도 고유한 변양작용의 선(線)들 또는 연결되어 있는 공간 안에서 분산되는 벡터의 장(場)에 의해 결정되는 것임을 믿는다. 이것이 **원초적 기능**(*fonction primitive*)으로서의 언표 또는 "규칙성"의 첫째 의미이다.

공간의 두 번째 부분은 **상관적 공간**(*l'espace corrélatif*)인데, 이는 앞서의 연결된 공간과는 구분된다. 여기서 중요한 것은 이전과 같은 언표들 사이의 관계가 아니라, 언표가 자신의 주체·대상·개념과 맺는 관계이다. 우리는 여기서 언표와 단어(mot)·문장·명제 사이의 차이를 새롭게 발견한다. 실제로 문장들은 담론이 시작되게 만드는 힘을 소유한 듯이 보이는 언표작용(énonciation)의 이른바 주체에게로 귀착된다. 중요한 것은, 심지어 그것이 명확하게 형성되어 있지 않은 경우에조차, 결코 '그'(IL)에로 환원될 수 없는 언어학적 인칭으로서의 '나'(JE), 연동자(連動者, embrayeur) 또는 자기 지시적인 것(sui-référentiel)으로서의 "나"(Je)이다. 문장은 따라서 내재적 상수('나'라는 형식)와 외재적 변수('나'라고 말하면서 그 형식을 완성하는 사람)라는 이중적 관점에서 분석된다. 언표의 경우, 상황은 전적으로 다르다. 언표는 어떤 하나의 고유한 형식에로 귀착되지 않는다. 언표는 자신의 일부를 이루는 극히 가변적이고도 다양한 내재적 위치들에로 귀착된다. 예를 들어 만약 어떤 "문학적" 언표가 그것을 쓴 사람에게로 귀착한다면, 그와는 완전히 다른 의미에서이기는 하지만, 이름을 쓰지 않은 편지 역시 그것을 쓴 이에게 귀착하며, 마찬가지로 보통의 편지[1]는 서명인에게, 계약서는 보증인에게, 게시물은 작성인에게, 전집은 편집인에게 귀착된다.[9] … 그리하여 이 모든 것들은 문장이 아닌 언표의 일부를 이루게 된다. 이것이 바로 원초적인 것, 곧 언표로부터 파생된 기능이다. 언표와 가변적 주체와의 관계는 그 자체로 언표에 내재하는 하나의 변이(variable)가 된다. "오랫동안 나는 일찍 잠자리에 들었다…." 문장은 동일자(同一者)이나, 언표는 동일자가 아니다(la phrase est la même, mais l'énoncé n'est pas le même). 이 언표는 우리가 그 문장을 어떤 불특정의 주체에 연관시키는가, 또는 『잃어버린 시간을 찾아서』(A la recherche du temps perdu, 1913~1927)를 시작했으며 이를 한 화자(話者)에게 부여했던 작가 프루스트(Marcel Proust, 1871~1922)에게 연관시키는가에 따라 변화한다. 그러므로 이와 같은 방식을 거쳐 하나의 동일한 언표가 여러 개의 다른 위치들, 여러 개의 다른 주체들을 갖게 된다. 마치 세비녜 부인(Mme de Sévigné, 1626~1696)이 보낸 어떤 편지의 경우(이 두 경우, 수신인은 동일하지 않다), 또는 간접 화법의 경우처럼(특히 주체의 두 위치들이 상호 침투하는 자유 간접 화법에서처럼), 하나의 저자와 하나의 화자, 또는 하나의 서명인과 하

---

9) QA, 83 ['QA', DE, I, 824; WA, 124; 「저자란 무엇인가?」, 『미셀 푸코의 문학비평』, 247 이하]. 또 다음을 참조: AS, 121~126 [AK, 92~96; 『지식의 고고학』, 135~141] (특히 과학적 언표들의 경우를 보라).

나의 저자가 있다. 그러나 이 모든 위치들이 그로부터 언표가 파생되는 어떤 시원적 '나'(un Je primordial)의 형상들인 것은 아니다. 반대로, 이 위치들은 언표 자체로부터 파생되는 것이며, 결국 각각의 언표 가족들에 따라 매번 특화되는 하나의 "비인칭"(non-personne), "그"(IL) 또는 "사람들"(ON), "그가 말한다"(Il parle), "사람들이 말한다"(On parle)[2] 등등의 여러 양식이 된다. 푸코는 여기서 모든 언어학적 인칭 체계를 공격하면서 주체의 위치를 익명적 중얼거림(murmure anonyme)의 심연 속에 자리매김했던 블랑쇼(Maurice Blanchot, 1907~2003)와 다시 만난다. 푸코가 자리 잡고자 하는 곳은 바로 이 시작도 끝도 없는 중얼거림이며, 그곳에서 언표들은 그에게 하나의 위치를 지정해 준다.[10] 아마도 이를 우리는 푸코의 가장 감성적인 언표들이라 부를 수 있을 것이다.

우리는 이를 언표의 대상과 개념에 대해서도 동일하게 말할 수 있다. 하나의 명제는 하나의 지시 대상(référent)을 갖는 것으로 간주된다. 그 뜻은 이러하다. 지시 대상 또는 지향성(intentionalité)이란 명제의 내재적 상수인 반면, 명제를 충족시키는(또는 충족시키지 못하는) 사물의 상태는 외재적 변수이다. 그러나 언표의 경우에는 사정이 다르

---

10) 『담론의 질서』 첫 부분을 보라. 푸코에게 있어 "사람들이 말한다"(on parle)라는 말은 『말과 사물』에서는 "언어작용의 존재"(l'être du langage)로 그리고 『지식의 고고학』에서는 "언어가 있다"(Il y a du langage) 등과 같이 나타난다. 또 우리는 "그"(il)와 "사람들"(on)에 대한 블랑쇼의 다음 텍스트들을 참조해야 할 것이다. *La part du feu*, Gallimard, 29. [다음의 책들도 참조. 'Kafka and Literature', *The Siren's Song*, edited and with an introduction by G. Josipovici, trans. A. Rabinovici, Brighton: Harvester, 1982, pp. 30~42, 38. *L'espace littéraire*, Gallimard, 160~161; *The Space of Literature*, trans. A. Smock, Lincoln: University of Nebraska Press, 1983; 모리스 블랑쇼, 『문학의 공간』, 이달승 옮김, 그린비, 2010.]

다. 언표는 결코 어떤 겨냥된(visée) 사물의 상태 안에서 구성되는 것이 아니며, 반대로 자기 자신으로부터 파생되는 하나의 "담론적 대상"을 갖는다. 하나의 파생적 대상은 정확히, 마치 원초적 기능의 경우와 같이, 언표적 변양작용의 한계선 위에서 자신을 정의한다. 또한 그것은 지향성의 수많은 유형들을 분류하여, 어떤 것들은 사물의 상대에 의하여 충족될 수 있고, 또 다른 것들은 비어 있는 채로 남아 있다고, 또는 ('나는 일각수와 만났다'처럼) 일반적으로 허구적이거나 상상적이라든가, 심지어 ('사각의 원'처럼) 일반적으로 부조리한 것이라는 식으로 구분하려 들지 않는다. 사르트르(J.-P. Sartre, 1905~1980)는 각각의 꿈과 그 꿈의 이미지는, 지속적인 최면 상태 또는 깨어 있는 일상의 세계와는 달리, 자신만의 특별한 세계를 갖는다고 말했다.[11] 푸코의 언표는 마치 꿈과 같다. 각각의 것들은 자신만의 고유한 대상을 갖는다. 또는 그것은 하나의 세계에 의해 둘러싸여 있다. 따라서 "황금산은 캘리포니아에 있다"는 엄연한 하나의 언표이다. 그것은 지시 대상을 갖지 않지만, 그럼에도 불구하고 모든 것이 허용되는 공허한 지향성(허구 일반)과는 무관하다. "황금산은 …"이라는 이 언표는 분명히 하나의 담론적 대상, 즉 "이와 같은 지리학적 또는 지질학적 환상을 허용하거나 또는 허용하지 않는" 한정된 상상의 세계를 갖는다. 한편 "리츠 호텔만큼 큰 다이아몬드" 같은 예를 생각해 본다면, 이는 더 쉽게 이해될 수 있다. 이 언표는 허구 일반으로 귀착되지 않으며, 오히려 작가의 다른 언

---

11) J.-P. Sartre, *L'imaginaire: psychologie phénoménologique de l'imagination*, Gallimard, 322~323. [*The Psychology of Imagination*, trans. B. Frechtman, London: Rider, 1949; 장 폴 사르트르, 『사르트르의 상상력』, 지영래 옮김, 기파랑, 2008.]

표들과 연관되어 하나의 "가족"을 이루면서 하나의 특정 언표를 둘러싸는, 피츠제럴드(Scott Fitzgerald, 1896~1940)의 그것과도 같은, 아주 특별한 세계에로 귀착된다.[12] 결국 동일한 결론이 개념에 대해서도 가능하다. 분명 하나의 단어는 외재적 변수로서의 시니피에(signifié)처럼 하나의 개념을 갖게 된다. 동시에 단어는 (내재적 상수인) 자신의 시니피앙들(signifiants)에 의해 그 자신에 연결된다. 그러나, 이에 대해서도, 언표의 상황은 전혀 다르다. 언표는 자신의 개념들 또는 차라리 자신의 고유한 담론적 "도식들"(schèmes)을 갖는다. 언표는 이 도식들에 의해 이질적 체계들의 교차점에서 자신을 원초적 기능(fonction primitive)으로서 드러낸다. 예를 들면 (17세기의 광증狂症, manie이 19세기에 이르러 편집광증偏執狂症, monomanie으로 변화했던 것처럼…) 특정 시대, 특정 담론형성의 의학적 언표에서 보이는 징후들을 구분하는 다양한 그룹 및 분류들을 생각해 보라.[13]

만약 언표가 단어·문장·명제와 구분된다면, 그것은 언표가 자신 안에 마치 어떤 '파생물들'(dérivées)처럼 주체·대상·개념의 기능을 포함하고 있기 때문이다. 엄밀히 말해서, 주체·대상·개념이란 다만 원초적인 것, 곧 언표로부터 파생된 기능들에 불과하다. 따라서 상관적 공간이란 하나의 언표 가족 내에서 주체·대상·개념이 점유하는 입

---

12) *AS*, 118 [*AK*, 89; 『지식의 고고학』, 118] (황금산은 …).

13) "전(前)-개념적 도식들"에 대해서는 다음을 보라: *AS*, 80~81 [*AK*, 60~61; 『지식의 고고학』, 95~96]. 광기로 인한 질병의 예와 그에 대한 17세기의 분류에 대해서는 『광기의 역사』 2부를 참조 [*MAC*, 117쪽 이하: 『광기의 역사』, 291쪽 이하]. 19세기에 있었던 편집광증의 출현에 대해서는 다음을 보라: *MPR* [『나의 어머니와 누이와 남동생… 을 죽인 나, 피에르 리비에르』].

장들 또는 위치들로 구성되는 담론적 질서이다. 이것이 "규칙성"의 두 번째 의미이다. 이 다양한 위치들은 특이점들을 재현한다. 따라서 내재적 상수와 외재적 변수에 의해 진행되는 단어·문장·명제의 체계는 고유한 변이 및 내재적 변수에 의해 진행되는 언표들의 다수성에 대립된다. 이제 단어·문장·명제의 관점에서는 하나의 우연으로 간주되던 것이 언표의 관점에서는 규칙이 된다. 푸코는 이렇게 새로운 화용론(話用論, pragmatique)의 기초를 세운다.

이제 외재적인 공간의 세 번째 영역이 남아 있다. **보충적 공간** (*l'espace complémentaire*) 또는 (제도, 정치적 사건, 경제적 실천 및 과정을 포함하는) 비(非)담론적 형성작용들(formations non discursives)이 그것이다. 푸코가 자신의 정치 철학적 개념을 드러내기 시작하는 것은 바로 이곳에서이다. 하나의 특정 제도는 그 자체로 헌법·헌장·계약·등록·기입 등과 같은 일련의 언표들을 함축한다. 반대로 언표들은 하나의 특정한 제도적 환경에로 귀착된다. 이 특정 제도적 환경이 없다면, 언표의 이러저런 장소들에서 생겨나는 대상들, 또는 이러저런 위치에서 말하는 주체의 형성이란 불가능할 것이다(예를 들면, 한 특정 사회에 있어서의 작가가 갖는 지위, 병원 또는 진료소에서 의사가 갖는 지위는 주어진 시대의 새로운 대상을 출현시킨다). 그러나 여기서도 마찬가지로 제도들의 비담론적 형성작용과 언표들의 담론 형성작용 사이에는 서로서로를 상징화하는 두 표현들 사이에 존재하는 일종의 수직적 평행선(표현이라는 1차적 관계들), 또는 그에 따라 사건과 제도가 언표의 저자로 추정되는 존재로서의 인간을 결정해 주는 일종의 수평적 인과성(반성이라는 2차적 관계들)을 확립하고자 하는 커다란 유혹이 생겨난다. 이 능선은 언제나 **비담론적 환경을 수반하는 담론적 관계들**이라는 세 번째 길을 열어 놓는다. 이 담론적 관계들은 그 자체로는 언표 그룹들에 대해 내재적이지도 외재적이지도 않지만 우리가 곧 다루게 될 한계, 즉 그것 없이는 특정 언표 대상들이 나타날 수 없고 또 언표 자체 안에서도 특정 위치들이 설정될 수 없는, 특정의 한정된 지평을 구성한다. "물론 19세기 초 이래로 의학에 조직손상 또는 해부병리학적 상호관계와 같은 새로운 대상들을 부여했던 것이 정치적 실천이라는 말은 아니다. 그러나 정치적 실천은 (행정적으로 등록되고 감시되는 인구의 총 수 … 인민들로 구성된 대규모 군대 … 당시의 경제적 요구 및 사회 계급들 사이의 상호적 입장에 연관되는 구호·원조 제도들로 구성되는) 의학적 대상들의 위치설정(repérage)과 관련된 새로운 장을 열었다. 우리는 정치적 실천과 의학적 담론의 이런 관계가 의사에게 할당되는 위치의 경우에서도 동일하게 나타나는 것을 볼 수 있다…."[14]

이처럼 '고유성-진부성'의 구분이 적절성을 상실했기 때문에, 되풀이될 수 있는 것은 이제 언표에 속하게 된다. 하나의 문장은 다시 시작되거나 또는 다시 언급될 수 있고, 마찬가지로 하나의 명제 역시 다시 현실화될 수 있지만, "다시 되풀이될 수 있는 고유한 능력을 갖는 것은 오직 언표뿐이다".[15] 그러나 되풀이의 현실적 조건들은 매우 엄격해 보인다. 분산의 공간, 특이성들의 분포, 장소(lieux) 및 위치 사이

---

14) *AS*, 212~214 [*AK*, 163~164; 『지식의 고고학』, 226~229]. 또 다음도 참조: *AS*, 62~63 [*AK*, 46; 『지식의 고고학』, 77~78]. [인용문 중 '해부병리학적'이란 용어는 푸코의 원본에서는 '해부생리학적'anatomo-physiologiques으로 되어 있다. 들뢰즈의 착오이다. *AS*, 214; 『지식의 고고학』, 228.]
15) *AS*, 138 [*AK*, 105; 『지식의 고고학』, 154].

의 질서, 특정 제도적 환경과 맺는 관계, 이 모든 것이 언표의 되풀이를 가능케 하는 하나의 "물질성"(matérialité)을 구성한다. "종(種)은 변화한다"라는 언표가 18세기 자연사와 19세기 생물학에서 동일한 의미를 가졌던 것은 아니다. 그리고 이 언표의 기술은 전적으로 다른 측정 단위, 기리, 배치 및 제도에 따라 매번 상이한 가치를 갖게 되기 때문에, 우리는 심지어 다윈(Charles Darwin, 1809~1882)에서 심슨(George Gaylord Simpson, 1902~1984)에 이르기까지 이 언표가 언제나 동일한 가치를 유지해 왔다는 사실조차 확신할 수 없다. "광인들을 수용소로!"라는 하나의 동일한 슬로건-문장도 그것이 18세기처럼 광인과 죄수를 혼동하는 것에 대한 항의로서 주장되는가, 또는 반대로 19세기처럼 죄수들로부터 광인들을 분리하기 위한 수용소의 요구를 위한 것인가, 또는 오늘날처럼 의료 환경의 변화에 반하여 제기되고 있는가에 따라 완전히 구별되는 상이한 담론형성들에 속할 수 있다.[16] 또 우리들은 푸코가 행했던 것은 **맥락**에 대한 매우 고전적인 분석의 세련화 작업에 불과하다고 반박할 수도 있을 것이다. 그러나 이는 명백히 푸코가 제시했던 기준의 새로움에 대한 몰이해에서 기인하는 것이다. 푸코가 제시한 기준은 정확히 다음과 같은 것을 말하기 위한 것이다. 우리는 각각에 상응하는 언표 안에서 동일한 위치의 점유 또는 동일한 특이성들의 재생산 없이도 하나의 문장을 말하거나 하나의 명제를 형성할 수 있다. 그리고 만약 우리가 언표가 속하는 특정 담론형성을 결정해 주는 잘못된 되풀이를 표명하기에 이른다 하더라도, 우리는 이런 차별적

---

16) *HF*, 417~418 [*MAC*, 223; 『광기의 역사』, 620~621].

형성들 사이에서 동형성(同形性, isomorphisme) 또는 동위성(同位性, isotopie)의 현상들을 대신 발견하게 될 것이다.[17] 그러나 맥락은 이와 달리 아무것도 설명하지 않는데, 이는 맥락이 문제가 되는 언표들의 가족 또는 담론형성에 따라 매번 상이한 성질을 갖게 되기 때문이다.[18]

만약 언표들의 되풀이가 이와 같이 엄격한 조건들을 갖는다면, 이는 외재적 조건들에 의한 것이라기보다는 오히려 되풀이 자체를 언표의 고유한 역능(力能, puissance)으로 만드는 내재적 물질성에 기인하는 것이다. 하나의 언표가 정의되는 것은 언제나 자신이 속한 동일한 층위 안에 존재하는 어떤 **다른 것**(un *autre chose*), 곧 그 자신이 관련되는 어떤 다른 것과의 특정 관계에 의해서이다(언표는 결코 자신의 의미 또는 요소들에 의해 정의되지 않는다). 이 "다른 것"은 때로 그 언표가 공개적으로 되풀이되는 경우 하나의 언표가 될 수 있다. 그러나 그 극한에서 그것은 하나의 언표라기보다는 필연적으로 언표 이외의 어떤 것, 곧 하나의 '바깥'(un Dehors)이다. 그것은, 마치 확정되지 않은 여러 개의 위치들과도 같은, 특이성들의 순수한 방사작용이다. 왜냐하면 이 특이성들은 아직 자신들의 주변에서 이러저런 특정 형식으로 형성되면서 자신들을 결합시켜 주는 언표들의 곡선에 의해 한정되거나 특화되지 않았기 때문이다. 따라서 푸코가 보여 준 것은 다음과 같은 점이다. 하나의 곡선·그래프·피라미드는 언표들이지만, 그것들이 재현하는 것들은 언표가 아니다. 마찬가지로 내가 옮겨 쓰는 AZERT라는

---

17) *AS*, 210 [*AK*, 160; 『지식의 고고학』, 224~225].
18) *AS*, 129 [*AK*, 98; 『지식의 고고학』, 144] (맥락에 대한 이의 제기 부분).

일련의 문자들은 하나의 언표이지만, 타자기 자판 위의 동일한 문자들은 언표가 아니다.[19] 우리는 이 경우 하나의 비밀스러운 되풀이가 언표에 생기를 부여하고 있음을 알고 있다. 그리고 독자는 [푸코의] 『레몽 루셀』(*Raymond Roussel*, 1963)의 가장 아름다운 페이지들 속에서 빛나고 있는 하나의 테마, 즉 "역설적으로 동일싱을 유도해 내게 되는 아주 작은 차이"에 관한 테마를 재발견한다. 설령 언표가 되풀이하는 것이 "언표와 이상하리만큼 닮아 있는 거의 동일한 것"이라 부를 수 있는 "다른 것"이라 해도, 언표는 그 자체로 되풀이이다. 그러므로 푸코의 가장 중요한 문제는 언표가 전제하는 이 특이성들이 무엇으로 구성되어 있는가를 아는 일이었다. 그러나 『지식의 고고학』은 이 지점에서 중단되며 "지식"의 한계를 넘어서는 이런 문제를 더 이상 다루지 않는다. 푸코의 독자들은 하나의 새로운 영역, 즉 권력과 지식이 결합되는 곳에 이르러서야 그 의미를 간파할 수 있게 될 것이다. 푸코가 이 문제를 탐구하는 것은 이후의 책들을 통해서이다. 그러나 우리는 이미 자판 위의 AZERT가 권력 초점들의 총체이며 손가락의 사용 편차와 빈도에 따라 붙어 알파벳 문자들 사이에 존재하는 힘-관계들(rapports de forces)의 총체라는 것을 꿰뚫어 보고 있다.

푸코는 『말과 사물』에서 중요한 것은 사물도 말도 아니라고 설명한다. 이 점은 대상 또는 주체의 경우도 마찬가지이다. 문장 또는 명제, 문법적·논리적·의미론적 분석 역시 마찬가지이다. 언표는 말과 사물

---

19) *AS*, 114~117 및 109 [*AK*, 86~89 및 82; 『지식의 고고학』, 127~131 및 122].

의 종합, 또는 문장과 명제의 혼합과는 거리가 멀다. 오히려 반대로 언표는 자신을 암묵적으로 전제하는 문장 또는 명제에 선행하면서 단어와 대상을 형성시키는 것이다. 푸코는 두 번에 걸쳐서 자신의 후회를 고백했다. 푸코는 우선 『광기의 역사』에서 여전히 야생적(sauvage) 사물의 상태 및 명제들 사이의 이원성으로서 각인되어 있었던 광기의 "[벌거벗은] 체험"(expérience [nue])에 지나치게 의존했다. 다음으로 푸코는 『임상의학의 탄생』에서 대상영역과의 관계에 고착되어 있는 주체의 통일적 형식을 상정하는 "의학적 시선"에 지나치게 의존했다. 그러나 아마도 이런 후회는 매번 겉으로만 그랬던 것 같다. 푸코가 하나의 새로운 실증주의를 확립하기 위해 『광기의 역사』가 갖는 아름다움의 일부를 구성하고 있었던 낭만주의를 포기했던 것을 후회할 필요는 없었다. 그 자체로 시적인 이 희소화된 실증주의는, 담론 형성작용 및 언표의 산종(散種)작용(dissémination) 속에서, 늘 광기의 경험으로 나타나는 하나의 일반적 체험, 또한 — 어떤 '세계관'과도 무관하게 — 늘 모든 문명화된 의사·임상의·진단의·징후학자가 갖게 마련인 하나의 유동적 지위를 다시금 활성화시키려는 의도를 가졌을 것이다. 그렇다면 혁명적 실천과 융합되는 생산의 일반 이론에 의존하지 않으려는 『지식의 고고학』이 도달한 결론은 무엇이었을까? 나의 생명과 죽음에 무관하게 "바깥"이라는 요소 안에서 작동하는 담론이 형성되는 곳은 어디일까? 왜냐하면 담론 형성작용은 참다운 실천이며, 또한 그것의 언어는 어떤 보편적 로고스가 아니라 돌연변이를 촉진하고 표현하는 '사멸하는 언어작용들'(langages mortels)이기 때문이다.

따라서 언표들의 그룹 또는 하나의 언표란 결국 다수성들이다. 물리학 및 제반 수학들에 연관하여 "다수성" 및 다수성들의 유형(類型, genres)이라는 개념을 형식화한 것은 리만(Georg Friedrich Bernhard Riemann, 1826~1866)이다. 이 개념에 철학적 중요성이 부여된 것은 후설(Edmund Husserl, 1859~1938)의 『형식 논리와 선험 논리』(*Formale und transzendentale Logik*, 1929) 그리고 베르크손(Henri Bergson, 1859~1941)의 『의식의 직접적 소여(所與)에 관한 시론』(*Essai sur les données immédiates de la conscience*, 1889) 이후의 일이다. 리만이 이산적(離散的, discrètes) 다수성과 연속적(連續的, continues) 다수성을 구분하려 한 것과 유사하게, 베르크손은 지속(持續, la durée)을 공간적 다수성에 반하는 또 다른 유형의 다수성으로 정의하고자 했다. 그러나 이 두 방향 모두에서 다수성의 관념은 이후 사라져 버렸다. 왜냐하면 이런 구분은 다수성의 관념을 너무 단순한 이원론 안으로 은폐하거나 또는 그런 구분 자체가 공리(公理)적 체계의 지위를 지향하곤 했기 때문이었다. 그렇지만 다수성의 관념에 본질적인 것은 다음과 같은 점이다. "다수"(multiple)와 같은 어떤 실사(實辭)적인(substantif) 무엇이 구성되면, 그것은 '일자'(一者, l'Un)에 대립될 수 있거나, 또는 하나(un)로 지칭되는 특정 주체에 귀속될 수 있는 술어(述語, prédicat)이기를 그친다. 다수성은 전통적인 일자와 다자(多者)의 문제(problèmes du multiple et de l'un), 특히 다수성을 조건 짓고 사유하면서 하나의 기원으로부터 다수성을 이끌어 내는 것으로 가정되었던 주체의 문제와는 전혀 무관하다. 일자 안에서 재생되고 또 타자 안에서 전개되는 것으로 가정되면서 여하한 방식으로든 하나의 의식(conscience)으로 되돌아가는 일자 또는 다자는 더 이상 존재하지 않는다. 존재하는 것은 오직 특이점들을 갖는 희소한 다수성들, 특정 순간에 주체들로서 기능하기 위해 비어 있는 위치들, 그리고 누적과 되풀이가 가능하고 그 자체로 보존되는 규칙성들뿐이다. 다수성은 공리(公理)적이거나 유형학적인 것이 아니며, 오직 위상학적인 것이다. 푸코의 『지식의 고고학』은 다수성들의 이론-실천에 관련된 결정적인 한 걸음을 보여 준다. 블랑쇼는 문학 생산의 논리라는 영역에서 이와는 다른 방식으로 동일한 길을 보여 준 바 있다. 블랑쇼는 '하나의 의식 또는 주체의 형식'과 '무차별적이고 무한한 하나의 심연'을 동시에 거부함으로써, 특이한 것(le singulier)과 복수적인 것(le pluriel), 중립적인 것(le neutre)과 되풀이(la répétition) 사이에 엄밀한 연관성을 부여한다. 푸코는 블랑쇼와의 이런 친근성을 숨기지 않았다. 또한 푸코는 오늘날의 논쟁에서 본질적인 것은 사람들이 구조라 부르는 모델 또는 실재의 실존 여부에 관한 구조주의적 측면이 아니며, 오히려 전적으로 구조화 가능한 것으로는 믿어지지 않았던 다양한 차원들 안에서 주체에로 되돌아가는 위치와 지위에 관련된 것임을 보여 주었다. 따라서 구조와 역사를 직접적으로 대립시키는 한, 사람들은 주체가 구성·집약·통일하는 행위자로서의 일정한 의미를 지켜 낼 수 있으리라고 믿는다. 그러나 사람들이 "시대" 또는 역사적 형성을 다수성으로 간주한다면, 문제는 완전히 달라질 것이다. 이 경우 다수성은 주체의 지배와 구조의 제국으로부터 벗어나게 된다. 구조는 명제적인 동시에 이미 결정되어 있는 특정 층위에 한정되는 공리적 성격을 갖는다. 구조가 동질적 체계를 형성하는 것인 데 반해, 언표는 다양한 층위들을 가로지르며 "가능적인 단위들 및 구조들의 영역과 교차하면서 그것들이 시간과 공간 속에서 구체적 내용들을 통해 드러나도록 만드는"[20] 특정 다수성이다. 주체는 문장적인 것 또는 변증법적인 것이다. 주체는 담론을 시작하는 1인칭의 성격을 갖는 반면, 언표는 주체를 3인칭의 파생적 기능으로서만 존속시키는 하나의 익명적인 원초적 기능(fonction primitive anonyme)이다.

　고고학은 이제까지 "문서고학사들"에 의해 채용되어 왔던 두 가지 주요한 원칙적 기술들인 형식화(formalisation) 및 해석(interprét-ation)에 반대한다. 문서고학자들은 종종 이 두 기술에 동시에 의존함으로써 두 기술 중 하나로부터 다른 하나로 비약하기도 했다. 또는 때때로 그들은 문장으로부터 마치 그 문장의 명확한 의미처럼 기능하는 하나의 논리적 명제를 이끌어 내기도 했다. 그들은 이제 "등록되어"(inscrit) 있는 것을 넘어 하나의 이해 가능한 형식에로 향한다. 이때의 이해 가능한 형식이란 의심의 여지 없이 하나의 상징적 표면 위에 등록 가능한 것이지만, 그럼에도 불구하고 여전히 등록(inscription)의 질서와는 다른 또 하나의 질서를 따르는 것이다. 또는 때로 그들은 이와는 반대로 문장을 넘어 또 다른 하나의 문장을 향하기도 하는데 이를 통해 전자는 후자에로 은밀히 귀착하게 된다. 그리하여 사람들은 또 하나의 등록에 의해 이미 등록된 것을 이중화한다. 이 또 하나의 등록은 의심의 여지 없이 하나의 숨겨진 의미를 구성하는 것이지만, 그럼에도 불구하고 그것이 동일한 사물을 등록하거나 혹은 동일한 내용을 갖는 것은 아니다. 이런 두 가지 극단적 태도는 해석과 형식화가 진

---

20) *AS*, 115 및 259~266 [*AK*, 87 및 199~203; 『지식의 고고학』, 129 및 273~282. 원문: croise un domaine de structures et d'unités possibles et qui les fait apparaître, avec des contenus concrets, dans le temps et l'espace.].

동하고 있는 두 극점(極點, pôles)을 나타낸다(예를 들면, 우리는 이런 현상을 형식적-기능적fonctionnelle-formelle 가설과 "이중 등록"double inscription 의 위상학적 가설 사이에서 망설이는 정신분석에서 찾아볼 수 있다). 이들 중 하나는 문장에서 '지나치게-말해진-것'(un sur-dit)을, 또 다른 하나는 '말해지지-않은-것'(un non-dit)을 제거한다. 이로부터 하나의 동일한 문장이 존재하기 위해서는, 예를 들어, 두 개 이상의 명제를 구분해야 함을 보이려는 논리학적 경향, 그리고 하나의 문장은 앞으로 채워져야 할 일련의 틈새들을 포함하고 있음을 보이려는 해석에 연관되는 제 학문의 경향이 생겨난다. 따라서 실제로 말하여진 것 또는 말하여진 것의 단순한 등록에 만족한다는 것은 방법론적으로 매우 어려운 일로 보인다. 언어학조차도 여기에 만족하지 않는데, 특히 언어학의 단위들이 결코 말하여진 것과 동일한 층위에 속하지 않는 경우에는 더더욱 그러하다.

　　푸코는 이와는 전혀 다른 기획을 옹호했다. 진술(dictum)이 갖는 실증성으로 간주되는 말하여진 것에 대한 이 단순한 등록이 도착한 최종 지점은 물론 언표이다. 고고학은 "언어적 수행의 뒤쪽 또는 바깥쪽 표면 아래 존재하면서 그것들 안에 묻혀 있거나 또는 횡단하며 침묵 속에 드러나 있는 숨겨진 요소 또는 은밀한 의미를 발견하기 위해 그것들을 우회하려 하지 않는다. 물론 언표가 직접적으로 가시적인 것은 아니다. 언표는 문법적 또는 논리적 구조처럼 명확히 드러나 있는 것은 아니다(설령 그런 구조 역시 완전히 명확하기만 한 것은 아니고, 이를 해명하는 일 또한 매우 어려운 일이라 해도 말이다). 언표는 가시적이 아니지만, 그렇다고 은폐된 것도 아니다(L'énoncé est à la fois non visible et *non caché*)".[21] 이 책의 가장 중요한 몇몇 부분들에서 푸코는 모든 언표는 실제로 말해진 것에 관련되기 때문에 어떠한 언표도 잠재적 존재가 아님을 보여 준다. 그곳에서 나타나는 결여와 공백조차도 숨겨진 의미작용(significations)과 혼동되어서는 안 된다. 그것들은 단지 "가족"을 구성하는 분산작용의 공간 안에서 자신의 현존을 나타내고 있을 뿐이다. 그러나 역으로 만약 말해진 것과 동일한 층위에 속하는 이런 등록에 도달하는 것이 그렇게도 어렵다면, 그것은 언표가 즉각적으로 지각 가능한 것이 아니며 언제나 문장과 명제들에 의해 은폐되어 있다는 사실 때문이다. 우리는 이런 사실로부터 "초석"(socle)을 발견하고 다듬어야 하고, 때로 심지어는 형성하고 창조해 내야만 한다. 우리는 이 초석의 3중적 공간을 발명하는 동시에 그것을 절단해 내야만 한다. 또한 말하여진 것에 대한 단순한 등록으로서의 언표가 나타날 수 있는 것도 오직 이렇게 구성되는 다수성 안에서이다. 오직 그런 연후에야 해석과 형식화는 이런 단순한 등록을 자신들의 선행 조건으로서 전제하는가라는 질문이 제기된다. 일정한 조건들 아래에서 또 다른 하나의 등록 안으로 이중화되는 또는 하나의 명제 안으로 투영되는 모든 것은 실상 이미 언표의 등록(등록으로서의 언표)이 아닐까? 모든 기명(suscription) 및 서명(souscription)은 자신의 담론형성 안에서 언표의 독특한 등록으로 귀착된다. 이들은 오직 문서고의 기념비일 뿐, 결

---

21) *AS*, 143 [*AK*, 109; 『지식의 고고학』, 159]. 예를 들면, 게루(Martial Guéroult)가 파악하고 있는 의미에서의 철학사는 형식화와 해석 중 어느 것에도 의지하지 않으면서, 마찬가지로 가시적이지도 은폐되어 있지도 않은 이런 유일한 등록에 한정되어 있다. [Martial Guéroult, *Philosophie de l'histoire de la philosophie*, Paris: Edition Aubier Montaigne, 1979.]

코 자료가 아니다(monument d'archive, non document). "설령 언어작용이 대상으로 간주되고 구분 가능한 층위들 안에서 분해·기술·분석될 수 있다 해도, 그것에는 언제나 결정되어 있으며 무한하지 않은 하나의 '언표적 소여'(donné énonciatif)가 존재해야만 한다. 언어작용의 분석은 언제나 파롤과 텍스트라는 특정 **코르퓌스**(資料群, *corpus*) 위에서 이루어진다. 암묵적인 의미작용들을 해석하고 그것들을 햇빛 아래 드러내는 일은 언제나 특정 문장들로 이루어진 한정된 집합에 준하여 이루어진다. 체계에 대한 논리적 분석은 그것이 다시-쓰기(réécriture)이든 또는 어떤 형식적 언어에서이든 상관없이 늘 주어진 명제들의 특정 집합을 함축한다."[22]

이것이 바로 구체적 방법론의 본질이다. 우리는 단어와 문장과 명제로부터 출발하기를 강요받고 있는 것이다. 우리는 단지 제기된 문제에 따라 변화하는 특정 코르퓌스 안에서만 이들을 조직할 수 있을 뿐이다. 이것이 블룸필드(Leonard Bloomfield, 1887~1949)와 해리스(Zellig Harris, 1909~1992)가 주도했던 "분포주의"(distributionaliste) 학파의 요구였다. 그러나 푸코의 독창성은 코르퓌스를 한정하는 자신만의 방법론에 있다. 그것은 언어학적 빈도 또는 상수와 무관한 것이며, 또한 (위대한 사상가, 저명한 정치인 등) 말하고 쓰는 이들의 개인적 자질과도 무관하다. 에발드(François Ewald, 1946~)가 푸코의 코르퓌스는 "지시 대상 없는 담론들"이며, 이 문서고학자가 가능한 한 대가

---

22) *AS*, 146 [*AK*, 111~112; 『지식의 고고학』, 163. 강조는 들뢰즈].

들의 이름을 인용하지 않으려 했다고 말했던 것은 옳은 일이었다.[23] 문서고학자는 자신의 기초적 단어나 문장 또는 명제의 선택에 있어 결코 그것들을 생산한 어떤 저자-주체(sujet-auteur) 또는 구조라는 기준을 따르지 않는다. 그는 오히려 그것들이 하나의 전체로서 기능하는 특정의 단순 기능에 따라 그것을 선택한다. 수용소 또는 감옥의 감금에 관련된 규칙들, 군대와 학교에 있어서의 훈육 규칙들이 그 예이다. 물론 우리가 이에 사용되는 푸코의 기준들에 의문을 제기한다 해도, 우리가 이에 대한 답변을 듣게 되는 것은 『지식의 고고학』이후의 일이다. 특정 코르퓌스 안에 나타난 단어, 문장 및 명제는 이러저런 문제들과의 관계 안에서만 기능하는 권력(과 저항)이라는 분산된 초점의 주변에서 선택되어야만 한다. 예를 들어, 19세기의 "섹슈얼리티"(la sexualité)[3]라는 코르퓌스의 경우를 살펴보자. 우리는 고해실 주변에서 교환되는 단어들과 문장들 그리고 교리 지침서 안에서 생성되는 명제들을 찾게 될 것이다. 우리는 또한 출산 및 결혼에 관계되는 각종 제도 및 학교 등과 같은 여타의 요소들도 고려에 넣어야만 할 것이다…[24] 결국, 이론 자체는 보다 이후에 나타나게 되지만, 이런 기준은 이미 『지식의 고고학』에서 실제로 작동하고 있다. 그리하여 (언표에 대해 결코 어떤 것도 미리 전제하지 않는) 코르퓌스가 일단 한 번 구성되고 나면 이제 우리

---

23) François Ewald, 'Anatomie et corps politiques', *Critique* n° 343, décembre 1975, pp. 1229~1230.

24) 『지식의 의지』 2장 1절 '담론에의 선동'(L'incitation aux discours) 부분을 참조. 사실, 이런 기준이 그 자체로서 연구되기 시작한 것은 『감시와 처벌』에서부터이다. 그러나 이 기준은 하나의 원리로서 요청되기 이전에도 이미 푸코의 작업에서 현실적으로 기능하고 있었다.

는 언어가 이 코르퓌스 위로 집결하고 그 위로 "떨어지는" 방식을 결정할 수 있게 된다. 그것이 바로 『말과 사물』이 말했던 "언어작용의 존재"(être du langage)이고, 『지식의 고고학』이 제시했던 "언어작용이 있다"(il y a du langage)이다. 그리고 이는 매번의 전체적 상황에 따라 항시적으로 변화한다.[25] 이것이 바로 "사람들이 말한다"(On parle)이며, 또한 주어진 코르퓌스에 따라 각기 다른 억양을 갖게 되는 익명적 중얼거림이다. 이렇게 해서 이제 우리는 단어·문장·명제와는 혼동될 수 없는 언표를 식별해 낼 수 있다. 언표는 단어, 문장 또는 명제가 아니며, 오직 그것들의 코르퓌스로부터만 명료히 드러나게 되는 특정의 형성작용들(formations)이다. 한편 이때 문장의 주체, 명제의 대상, 단어의 시니피에에는 "사람들이 말한다"는 것 안에서 특정의 위치를 차지하게 된다. 또한 그것들은 언어의 농밀함 속에서 스스로 분산·분포되면서 본성 자체가 변화한다. 푸코에게 상존하는 이런 하나의 역설을 따라, 언어작용은 오직 언표들의 분포와 분산이라는 중심 즉 자연스럽게 분산되는 하나의 "가족"이라는 규칙을 향하는 하나의 코르퓌스 위로 집결하게 된다. 이런 방법론은 푸코의 모든 저작들 구석구석에서 실로 엄격하게 수행되고 있다.

고골은 죽은 넋들을 다룬 자신의 걸작[4]을 쓰면서 설명하기를, 자신의 소설은 시이며, 또한 소설이 어떤 지점에서 어떻게 필연적으로 시가 되어야만 하는가를 보여 주었다. 아마도 푸코 역시 이런 고고학을 통해, 자신의 방법론적 담론이라기보다는, 오히려 자신의 이전 작

---

25) AS, 145~148 [AK, 110~113; 『지식의 고고학』, 161~165].

품에 대한 시를 쓰고 있는지도 모른다. 또한 그는 이런 작업을 통해 철학이 필연적으로 시(말하여진 것의 시, 또한 가장 심오한 의미와 무의미의 의미를 함께 갖는 강력한 시)가 되어야만 하는 어떤 지점에 도달하고 있는 것인지도 모른다. 이런 의미에서, 푸코는 자신이 오직 허구만을 써 왔다고 선언할 수도 있다. 왜냐하면 우리가 살펴본 것처럼 언표는 꿈과 닮아 있고, 모든 것은 마치 만화경에서처럼 우리가 좇고 있는 능선과 주어지는 코르퓌스에 따라 늘 변화하고 있기 때문이다. 그러나, 또 다른 어떤 의미에서, 푸코는 자신이 오직 실재적인 것만을 다루었고 또한 그런 것만을 써 왔다고 말할 수도 있다. 왜냐하면 언표 안에서 모든 것은 실재적이고, 모든 실재는 오직 언표 안에서만 드러나기 때문이다.

실로 수많은 다수성들이 있다. 담론적 다수성과 비담론적 다수성이라는 거대한 이원론뿐만 아니라, 담론적 요소들 사이에도 각각의 시대를 따르는 무한히 다양한 수의 언표 가족들 또는 형성들이 존재한다. 특정 "문턱들"(seuil)[5]에 의해 구분되는 언표들의 다양한 종류들 역시 존재한다. 하나의 동일한 언표 가족이 수많은 언표의 종류들을 가로지를 수도 있으며, 마찬가지로 동일한 하나의 언표 종류가 수많은 언표 가족들을 나타낼 수도 있다. 예를 들면 과학은 "인식론화"(épistémologisation), "과학성"(scientificité) 또는 심지어는 "형식화"(formalisation)를 획득한 언표들의 저 너머에 존재하는 몇몇 문턱들을 함축한다. 그러나 그럼에도 불구하고 과학은 결코 자신을 구성시키는 언표 가족 또는 형성을 완전히 포괄할 수 없다. 정신의학의 과학으로서의 지위 또는 주장이 그에 대응하는 담론 형성작용의 구성적 부분을 이루는 갖가지 법률 텍스트, 문학적 표현물, 철학적 고찰, 정치적 결정 또는 여론 등등을 철폐시켜 버리지는 못한다.[26] 과학은 다만 언표의 형성을 지향하고 그 영역들 중 몇몇을 체계화 또는 형식화할 뿐이다. 또 과학은 역으로 하나의 단순한 과학적 불완전성이라는 신념으로 한정될 수만은 없는 하나의 이데올로기적 기능을 필연적으로 예비한다. 간단히 말해 과학은 자신이 완전히 포괄할 수 없는 특정 지식영역, 또는 그 자체가 (과학의 대상이 아니라) 지식의 대상인 특정 형성작용 안에서 구체화되는 어떤 것이다. 지식은 과학이 아니며, 심지어는 인식도 아니다(Le savoir n'est pas science ni même connaissance).[6] 지식은 이미 정의된 다수성들을 대상으로 한다. 또는 지식은 심지어는 자신의 특이점·위치·기능에 의해 기술되는 바로 그 엄밀한 다수성 자신을 대상으로 삼기도 한다. "담론실천은 자신이 탄생시키는 과학적 세련화 작업과 일치하지 않는다. 담론실천이 형성하는 지식 또한 어떤 구성적 과학의 일상적 부산물 또는 거친 미완성품이 아니다."[27] 그러나 우리는 여기서 몇몇 다수성 및 형성들이 이들을 인식론적 문턱으로 이끄는 지식을 지향하지 않는다는 점을 알 수 있다. 그것들은 다른 방향, 또는 전혀 다른 문턱을 지향한다. 이는 단순히 언표 가족들 중 몇몇이 만약 최소한 재배치 또는 실제적인 변이에 의하지 않는다면 과학으로서의 "자격을 결여하고" 있다는 뜻이 아니다(17세기와 18세기에 존재했던 정

---

26) *AS*, 234 [*AK*, 179; 『지식의 고고학』, 247~248].
27) *AS*, 240 [*AK*, 184; 『지식의 고고학』, 245. 원문: La pratique discursive ne coïncide pas avec l'élaboration scientifique à laquelle elle peut donner lieu; et le savoir qu'elle forme n'est ni l'esquisse rugueuse ni le sous-produit quotidien d'une science constituée.].

신의학의 선행적 형태들이 그 예가 될 수 있다). 우리가 묻는 것은 오히려 과학과는 다른 어떤 방향으로 지식을 추동하면서 동시에 하나의 문학적 텍스트 또는 하나의 회화적 작품을 자신이 속해 있는 담론적 실천으로 한정 짓는 어떤 문턱들(예를 들면, 심미적 문턱들)이 존재하는 것은 아닌가 하는 섬이다. 또한 심지어는 윤리적인 또는 정치적인 문턱들까지도 존재할 수 있다. 우리는 금지·배제·자유·위반 등이 어떻게 (혁명적 문턱들과 다소간은 맞물려 있는) 비담론적 주변부와의 연관 하에 "이미 결정된 특정의 담론실천에 결합되어" 있는가를 밝혀 볼 수도 있을 것이다.[28) 이렇게 해서 사건, 제도 및 다른 모든 실천들과의 연관 하에 고고학-시(poème-archéologie)는 모든 종류의 다수성들에 대한 기록들(registres)에 의해서뿐만 아니라, 말해진 것의 고유한 등록들(inscription)에 의해서도 스스로를 형성하게 된다. 여기서 본질적인 것은 결코 우리가 바슐라르(Gaston Bachelard, 1884~1962)의 저작을 철저하게 관통하고 있는 시-과학의 이중성(dualité science-poésie)을 극복했다거나, 또는 우리가 문학적 텍스트들을 과학적으로 다루는 방법을 발견했다는 등의 주장이 아니다. 본질적인 것은 어떤 문학적 형식, 과학적 명제, 일상적인 문장, 정신분열적 무의미 등등의 개별 언표들이 그것들을 담론적 동등성에로 이끌어 주는 어떤 환원 또는 공통의 척도 없이도 모두 동등한 하나의 언표들로서 존재하는 미지의 땅을 우리가 발견하고 또 측량했다는 사실이다. 그리고 이는 이전의 어떤 논리학자, 형식주의자, 또는 해석학자에 의해서도 답파된 적이 없던

---

28) *AS*, 251~255 [*AK*, 192~195; 『지식의 고고학』, 268~272].

새로운 영토이다. 과학과 시는 모두 지식이다(Science et poésie sont également savoir).

그렇다면 하나의 담론 형성작용 또는 가족은 어떻게 정의될 수 있을까? 우리는 이런 단절을 어떻게 파악할 수 있을까? 이는 문턱에 대한 질문과는 근본적으로 다른 질문이다. 이전과 마찬가지로 어떤 공리(公理)적, 또는 엄밀히 말하면 구조적 방법은 이를 해결하기 위한 타당한 방법일 수 없다. 왜냐하면 가장 일반적이며 형식화하기 쉬운 언표의 수준에서조차 특정 형식의 다른 형식으로의 대체가 항상 필연적으로 일어나는 것은 아니기 때문이다. 오직 오늘날의 역사가들[7]이 사용하고 있는 것과 같은 계열적(sérielle) 방법만이 특정의 특이점 주변에 계열을 구성하고 또 그 계열을 각기 다른 방향을 향하고 있는 여러 다른 지점들로 확장시켜 주는 또 다른 계열을 추적할 수 있게 해 준다. 언제나 계열들이 새로운 공간 안에서 분산되고 분포되는 하나의 순간 또는 일련의 장소들이 존재한다. 그리고 단절은 바로 이곳에서 일어난다. 이는 특이성들과 곡선들 위에 정초된 계열적 방법이다. 푸코는 이 방법이 역사가들에게는 아주 광범위한 장기지속에 대한 단절들을 행하도록 이끄는 반면, 인식론주의자들에게는 종종 아주 단기적인 지속에 대한 단절들을 다수화하도록 이끌기 때문에 상반된 두 가지 효과를 갖는 듯이 보인다고 지적했다.[29] 우리는 이 문제를 뒤에서 다시 다루

---

29) *AS*, 15~16 [*AK*, 7~8; 『지식의 고고학』, 27~28]. 역사에 있어서의 계열적 방법에 대해서는 다음을 참조: Fernand Braudel, *Ecrits sur l'histoire*, Paris: Flammarion, 1969/1977 [*On History*, trans. Sarah Matthews, Chicago: University of Chicago Press, 1980/1982; 페르낭 브로델, 『역사학 논고』, 이정옥 옮김, 민음사, 1990].

게 될 것이다. 그러나 모든 면에서 본질적인 것은 이런 계열의 구성이 결정 가능한 특정의 다수성 안에서 일단 한 번 성립되고 나면, 이후로는 철학자들이 상상해 왔던 바와 같은 어떤 '주체'의 연속적 역사가 전혀 불가능하게 된다는 사실이다("역사적 분석으로부터 연속적 담론을 이끌어 내는 것, 인간의 의식으로부터 모든 생성과 실천의 시원적인 주체를 이끌어 내는 것, 이는 하나의 동일한 사유 체계가 갖는 두 측면이다. 이때의 시간이란 오직 총체화의 개념 아래에서만 이해 가능한 것이며, 혁명 또한 단지 의식의 포착으로서만 이해 가능하다.…").[30]

언제나 '역사'(Histoire)[8]에 의존하면서 이를테면 "변이"(mutation)와 같은 개념의 불확정성(indétermination)에 저항해 왔던 사람들은 (수많은 요인들에 의해 다른 장소, 다른 시대에서 나타날 수 있었음에도 불구하고) 왜 바로 그 시대 그곳에서만 자본주의가 탄생했는가를 설명해야만 하는 진정한 역사가들의 당혹감에 대해 생각해 보아야 할 것이다. "계열들을 문제화하라…." 담론적이든 아니든, 모든 형성·가족·다수성은 역사적이다. 이들은 "파생물들의 시간적 벡터들"과 분리 불가능하다(단순히 공존하고 있는 것이 아니다). 새로운 규칙·계열과 함께 하나의 새로운 특정 형성작용이 나타났을 때, 그것은 결코 단번에 생겨난 하나의 문장 또는 하나의 창조라는 형식을 갖지 않는다. 그것은 오직 새로운 규칙들 아래에서도 살아남은 옛 요소들의 재활성화

---

30) *AS*, 22 [*AK*, 12; 『지식의 고고학』, 34. 원문: Faire de l'analyse historique le discours continu et faire de la conscience humaine le sujet originaire de tout devenir et de toute pratique, ce sont les deux faces d'un même système de pensée: le temps y est conçu en terme de totalisation et les révolutions n'y sont jamais que des prise de conscience …].

(réactivations), 변위(décalages), 잔존물(survivances)이라는 특성을 갖는 "벽돌"의 형식을 갖는다. 이때, 그것들 사이의 동형성 및 동위성에도 불구하고, 어떤 형성도 다른 한 형성의 모델이 되지 않는다. 단절의 이론은 따라서 체계의 본질적 부분이다.[31] 우리는 계열들을 추적하고 층위들을 횡단하며 문턱들을 뛰어넘어야 한다. 우리는 결코 현상들과 언표들을 수평적 또는 수직적 차원에 입각해 전개시키는 것에 만족해서는 안 되며, 오직 고고학자-문서고학자가 그것을 따라 움직일 수 있는 하나의 유동적 능선 또는 횡단선을 형성해 내야 한다. 베베른(Anton Webern, 1883~1945)의 '희소화된 우주'에 대해 불레즈(Pierre Boulez, 1925~2016)가 내렸던 판단은 푸코(와 그의 스타일)에 대해서도 옳은 말이다. "그는 우리가 능선적이라 부를 수 있을 새로운 차원을 창조했다. 그 능선적 차원은 단순한 기획이 아닌 실제의 공간에서 점·블록·형상의 재배치가 이루어지는 곳이다."[32]

---

31) 이에는 두 가지 문제가 있다. 첫째는 이렇게 구체적인 경우에 어느 곳에서 단절을 행해야 하는가를 아는 것에 관련되는 실천적 문제이며, 둘째는 단절 그 자체의 개념에 관한 문제로서 이는 첫째의 것과 연관되는 이론적 문제이다(이런 관점에서 알튀세르Louis Althusser, 1918~1990의 구조적 개념은 푸코의 계열적 개념과 대비되어야 할 것이다). [원문: La théorie des coupures est donc une pièce essentielle du système.]

32) Pierre Boulez, *Relevés d'apprenti*, Paris: Edition du Seuil, 1966, p. 372. [원문: Il a crée une nouvelle dimension, que nous pourrions appeler dimension diagonale, sorte de répartition des points, des blocs ou des figures non plus dans le plan, mais bien dans l'espace.]

2. 새로운 지도제작자 — 『감시와 처벌』

푸코는 결코 글쓰기 자체를 어떤 최종적인 것 또는 하나의 목적으로
생각하지 않았다. 그럼에도 불구하고 그는 위대한 작가였으며 바로 그
런 이유로 인해 그가 쓰는 작품들은 시간이 갈수록 더욱더 큰 환호와
칭송의 대상이 되었다. 『감시와 처벌: 감옥의 탄생』은 형벌의 신곡(神
曲)이다. 이 책은 무수한 도착적 속임수들, 냉소적 담론들, 신경을 자
극하는 공포 앞에서도 미친 듯한 웃음을 터뜨리지 않을 수 없을 지경
으로까지 우리가 매혹되고야 마는 기본적 권리를 드러낸다. 어린이들
의 자위행위를 금지하는 기구들(appareils)[1]로부터 성인들을 감옥에
수감하는 메커니즘에 이르는 일련의 연쇄가 펼쳐지면서, 우리는 어떤
수치심과 고통과 죽음도 잠재울 수 없으며 결코 예상하지 못했던 웃
음을 터뜨리게 된다. 고문을 집행하는 자들은 좀처럼 웃지 않으며, 설
령 웃는다 해도 그들의 웃음은 우리의 웃음과는 다르다. 발레스(Jules
Vallès, 1832~1885)는 이미 혁명가들에게 고유하게 나타나는 '공포 속
에서의 쾌활함'과 고문 '집행자들의 공포스러운 쾌활함'을 재치 있게
논증한 바 있다. 우리가 증오로부터 무엇인가를 얻고자 한다면, 즉 양

가적 감정으로서의 기쁨 또는 증오로부터 파생되는 기쁨이 아닌 커다란 기쁨, 생명을 손상시키는 모든 것들을 파괴하고자 원하는 그런 기쁨을 얻고자 원한다면, 우리에게 필요한 것은 단지 그 증오의 생생함일 뿐이다. 푸코의 『감시와 처벌』은 그 스타일의 화려함과 내용의 정치학이 서로 잘 어우러져 있는 그린 기쁨과 환희로 가득 차 있다. 이 책은 정성 들여 기술된 갖가지 끔찍스런 묘사들로 점철되어 있다. 다미앵(Robert-François Damiens, 1715~1757)에게 행해진 무서운 고문[2]과 그것이 가져온 실망스러운 결과, 페스트로 뒤덮인 도시와 도시의 봉쇄, 도시를 가로지르는 죄수들의 행렬과 시민들이 그들과 나누는 대화, 한편 "처벌 기술에 있어서의 또 다른 감수성(sensibilité)"을 증거해 주는 새로운 격리 장치로서의 감옥 또는 호송차 등, 푸코는 언제나 이런 분석의 기초에 대한 놀라운 정도로 뛰어난 밑그림을 그려 내는 방법을 너무나 잘 알고 있었다. 이제 분석은 점차로 미시물리학적인(microphysique) 것이 되어 가며, 묘사 또한 분석의 "효과들"(effets)을 표방하면서 점차로 물리학적인(physique) 것이 되어 간다. 이때의 물리학이란 어떤 인과적 의미가 아니라 색채와 빛이라는 광학적 의미를 갖는다. 고문의 붉디 붉은 핏빛으로부터 감옥의 암울하디 암울한 잿빛까지. 분석과 묘사, 권력의 미시-물리학과 신체에 대한 정치적 투자(investissement)가 점차로 맞물린다. 이 책은 가히 밀리미터 단위까지 세밀하게 표기된 지도 위에 색칠해진 풍경화들이다. 이 책은 푸코 이전 저작들의 연장선상에 위치하면서도 새로운 결정적 진보를 보여 주는 책으로 읽힐 수 있다.

산만하고 심지어는 혼돈된 방식이라 하더라도, 이제까지 이른바

'좌파'(gauchisme)를 규정해 왔던 한 가지 방식은, 우선 이론적으로, 권력의 문제를 재검토하는 것으로, 이는 부르주아적 개념뿐만 아니라 때로 마르크스주의까지도 비판의 대상에 포함시킨다. 또한, 실천적으로, 그것은 자신의 필연적 통합 및 관계맺음의 방식에 있어 어떤 중앙집중화(centralisation) 또는 총체화(totalisation)의 과정에도 더 이상 의존하지 않으며, 가타리(Félix Guattari, 1930~1992)의 말대로, 오직 횡단성(transversalité)으로부터 생겨나는 특수하고 국지적인(locale) 투쟁의 한 형식이다. 이때 이론과 실천이라는 두 측면은 밀접하게 결합되어 있다. 그러나 이른바 '좌파'는 스탈린주의를 포함한 낡은 실천 방식의 복권과 집단적 중앙집중화에로의 회귀를 위해 또 다시 마르크스주의의 표피적 파편들을 유지하고 재통합하려는 시도를 여전히 포기하지 않았다.[3] 아마도 푸코와 드페르(Daniel Defert, 1936~)[4]가 주도하여 1971~1973년 동안 활발히 활동했던 감옥에 관한 정보 그룹(G.I.P., Le Groupe d'information sur les prisons)[5]은 이런 마르크스주의와의 재통합을 피하면서 오늘날 존재하는 감옥 투쟁 및 여타 투쟁들 사이의 유대에 관련된 하나의 원초적 유형을 확립한 사건이었다고 말할 수 있을 것이다. [1975년] 푸코가 이 이론적 저작의 출판을 통해 돌아왔을 때, 그는 우리에게 권력에 대한 이런 새로운 개념을 창시한 최초의 인물처럼 보였다. 이전까지 우리는 우리가 추구하던 이런 개념을 찾아내거나 언표화할 수 있는 어떤 지식도 갖지 못했던 것이다.

물론 푸코는 『감시와 처벌』의 처음 몇 쪽에서만 이런 점들을 언급하고 있지만, 푸코가 이 책에서 진정으로 다루고자 했던 것은 바로 이런 문제들이었다. 이런 언급이 다만 몇몇 쪽에 지나지 않는 것은 푸코가 이전의 "테제들"과는 전혀 다른 방식으로 문제에 접근하고자 했기 때문이다. 푸코는 다만 이제까지 좌파의 전통적 입장을 특징지어 왔던 몇몇 요청들(postulats)[6]의 포기를 시사하는 정도로 만족한다.[1] 이런 논의의 보다 상세한 전개는 『성의 역사 1. 지식의 의지』에서나 나타날 것이다.

① **소유의 요청**(postulat de la propriété). 권력은 특정 계급에 의해 획득 가능한 것이며, 따라서 "소유물"이다. 그러나 푸코는 권력이 소유물이 아니며, 권력이 작동하는 방식 역시 그렇지 않음을 보여 주었다. 권력은 하나의 소유물이라기보다는 차라리 하나의 전략이다. 또한 권력의 효과는 어떤 점유에 귀속될 수 있는 것이 아니며, "오히려 다양한 배치·조작·전술·기술·기능에 속하는 것이다". "권력은 소유되는 것이라기보다는 오히려 행사되는 것이다. 권력은 지배 계급에 의해 획득 또는 유지될 수 있는 어떤 특권이 아니며, 오히려 다양한 전략적 위치들이 빚어내는 전체적 효과다." 이 새로운 기능주의(fonctionalisme) 또는 기능적 분석(analyse fonctionnelle)이 계급의 존재, 또는 계급들 사이의 투쟁을 부정하는 것은 아니다. 이 새로운 분석은 다만 우리들에게 익숙한 전통적 역사 또는 심지어 마르크스주의의 역사와도 전혀 다른 배경·인물·절차를 거쳐 계급과 투쟁에 관한 또 하나의 전혀 다른 그림을 우리들에게 보여 줄 뿐이다. 서로 간에 어떤 유사성, 동형성 또는 일의성(一義性)도 갖지 않으며 오직 가능적 연속성이라는 고유한 유형만을 갖는 "무수한 대립점들, 불확정적인 초점들이 존재하고 있

---

1) *SP*, 31~33 [*DP*, 26~29; 『감시와 처벌』, 57~60].

으며, 이들 각각은 갈등·투쟁, 그리고 최소한 힘관계의 일시적 역전이라는 위험을 수반한다". 간단히 말해, 권력은 동질성을 갖지 않으며 오직 자신이 지나는 특이점·특이성들에 의해 정의될 뿐이다.

　② **국지화의 요청**(postulat de la localisation). 권력이란 오직 국가 권력이며, 단일한 국가기구 안에 그 자체로 국지화되어 있다. 따라서 이런 관점에 따르면 심지어 "사적" 권력들조차 단순히 외적으로만 분산되어 있을 뿐 사실상은 국가의 특별한 기구들에 불과하다. 푸코는 반대로 국가 자체가 전혀 다른 차원에 위치하면서 스스로 "권력의 미시물리학"(microphysique du pouvoir)을 구성하는 무수한 톱니바퀴들·초점들에 의해 파생되는 특정한 전반적 효과, 특정한 다수성의 결과물로서 나타나는 것임을 보여 주었다. 사적 체계들만이 아니라, 국가기구의 명백한 구성 부분들 역시 동시에 하나의 기원, 곧 특정 절차들 및 실천들을 갖는다. 국가는 다만 이런 절차와 실천을 승인·통제 또는 때로 심지어 포괄하는 것에 만족할 뿐, 결코 제도화하지는 못한다. 『감시와 처벌』의 핵심적 관념들 중 하나는 근대 사회가 "규율적"(disciplinaire) 사회로서 정의될 수 있다는 주장이다. 그러나 규율(discipline)이 어떤 하나의 제도 또는 기구와 동일시될 수는 없다. 그 이유는 정확히 규율이 모든 종류의 기구들과 제도들을 가로지르면서 이들을 또 하나의 새로운 양식으로 재접합·연장하고, 나아가 집중·실행시키는 하나의 권력 유형, 즉 하나의 테크놀로지이기 때문이다. 내치(內治, police) 또는 감옥과 같이 명백히 국가에 속하는 특별한 요소들 또는 톱니바퀴들에 대해서도 이는 마찬가지이다. "만약 제도로서의 내치가 국가기구라는 형식 아래 잘 구성되어 있고 또 그것이 정

치적 지배의 중심부에 확고히 연결되어 있다 하더라도, 내치가 행사하는 권력의 유형, 내치가 작동되는 메커니즘, 또 내치가 적용되는 요소들은 모두 특수한 것들이다." 또한 그것은 특정한 사회적 장 안에 존재하는 무수하고도 유연한 세부들에 이르기까지 규율을 침투시키는 임무를 수행하며, 이로써 사신이 사법적 또는 심지어는 정치적 기구들에 비해 상대적으로 독립적인 광범위한 영역을 포괄하고 있음을 증명한다.[2] 더욱 강력한 이유에 의해, 감옥은 결코 "한 사회의 사법적·정치적 구조들"에 자신의 기원을 두지 않는다. 감옥이 법(이 경우에는 형법)의 진화에 의존해 형성된다는 관념은 오류이다. 형벌의 통제라는 점에서 감옥 역시 마찬가지로 자신에게 요청되는 일종의 자율성을 확보하고 있으며, 심지어 국가기구에 봉사할 경우에조차도 국가기구를 넘어서는 "규율적 보충물"임을 증거하고 있다.[3] 간단히 말해, 푸코의 기능주의는 권력의 근원으로 인정되는 어떤 특권적 영역을 더 이상 승인하지 않으며, 마찬가지로 어떤 특정한 국지화도 더 이상 인정하지 않는 새로운 근대적 위상학에 상응한다(이에는 마치 앞서 논의했던 현대의 수학적 또는 물리적 공간과 유사한 사회적 공간이라는 새로운 개념이 존재한다). 우리는 이 "국지적"이라는 용어가 전혀 다른 두 가지 의미를 가지고 있음을 유념해야만 한다. 권력은 국지적이다. 왜냐하면 권력은 결코 일반적인 것이 아니기 때문이다. 그러나 동시에 권력은 국지적이지 않으며 또한 국지화 가능한 것도 아닌데, 이는 권력이 분산(分散)적 특

2) *SP*, 215~217 [*DP*, 213~216; 『감시와 처벌』, 328~332].
3) *SP*, 223, 249, 251 [*DP*, 221~222, 246, 247; 『감시와 처벌』, 339, 372, 375].

성을 갖기 때문이다.[7]

③ **종속의 요청**(postulat de la subordination). 국가기구 안에서 구체화되는 권력은 하부 구조로 간주되는 특정 생산 양식에 종속되어야 한다. 또한 모든 거대 형벌 제도들은 의심의 여지 없이 각기 자신에 상응하는 생산 체계들을 갖는다. 규율메커니즘은 특히 이윤을 증가시키고 다양한 힘들을 새롭게 구성했으며 신체로부터 가능한 한 최대의 유용한 힘을 이끌어 내고자 했던 18세기의 생산증대 및 인구급증 현상과 분리 불가능하다. 그러나 설령 우리가 상부 구조의 상대적 작용 또는 반작용 능력을 인정한다 하더라도 이에서 "최종 심급(審級)으로서의"(en dernière instance)[8] 어떤 경제적 결정성을 찾아내기란 쉽지 않은 일이다. 거꾸로, 권력메커니즘이 예를 들면 작업장 또는 공장과 같은 경제 전체의 전제가 된다. 권력의 메커니즘은 이미 안쪽으로부터 신체와 마음에 대해 작용하고 있으며, 이미 경제적 장의 내부에서 생산력과 생산 관계에 대해 작용하고 있다. "권력관계는 여타 관계 유형의 외부에 위치하지 않는다. … [권력관계는] 상부 구조에 위치하지 않는다. … 권력관계는 스스로 직접적으로 생산적 역할을 수행하는 곳에 이미 존재하고 있다."[4] 기능주의적 미시-분석(micro-analyse fonctionnelle)은 마르크스주의적 이미지 안에 여전히 존재하고 있는 피라미드적 요소를 하나의 엄격한 내재성(intériorité)으로 대치한다. 이 내재성 안에서 권력의 초점들 및 규율적 기술들은 온 힘을 다해 서로서로를 분절시키는 그만큼의 선분들(線分, segments)을 형성시키고,

---

4) *VS*, 123~124 [*HS*, 94; 『지식의 의지』, 103~104].

한 집단 내의 개인들은——예를 들면 가족·학교·병영·공장 그리고 필요하다면 감옥 등과 같은——선분들을 통과하거나 또는 그것들 위에 머무르게 된다. 이른바 "권력"이란 어떤 초월적 통일성이 아닌 자신이 속하는 장(場) 안에서의 내재성, 일반적 집중화가 아닌 자신이 존재하는 선(線) 위에서의 연속성, 명확한 총체화가 아닌 자신이 맞닿은 다양한 선분들과의 인접성을 특징으로 삼는다. "권력"은 계열적 공간이다.[5]

④ **본질 또는 속성의 요청**(postulat de l'essence ou l'attribut). 권력은 그것을 소유하는 자들(즉 지배자들)을 그것이 작용하는 자들(즉 피지배자들)로부터 구분시켜 주는 하나의 본질인 동시에 속성이다. 그러나 권력은 어떤 본질도 갖지 않으며, 다만 작용하는 것일 뿐이다. 권력은 속성이 아니라 관계이다. 권력관계는 지배 세력 못지않게 피지배 세력에 의해서도 실행되며 이 양자 모두에 의해서만 특이점들이 구성되는 다양한 힘관계들의 총체이다. "(피지배자들에게) 집중된 권력은 피지배자들에 의해 그리고 피지배자들을 가로질러 실행된다. 마치 권력에 대한 피지배자들의 투쟁에서 피지배자들이 자신들에게 권력이 실행되는 바로 그 지점들에 의존하고 있는 것과 꼭 같이, 권력은 피지배자들에 의존한다." 푸코는 후에 봉인장(封印狀, lettres de cachet)[9]에 대

---

5) *SP*, 148 [*DP*, 147; 『감시와 처벌』, 230~231]. (물론 위계적인 모습 자체는 지속되겠지만, 그것은 오직 그것의 모든 표면 위에 부과되는 어떤 분산적이며 배분적인 기능이 함께 할 경우에만 그러하다.) ['이른바 "권력"이란 ~ 특징으로 삼는다'의 원문은 다음과 같다. "Le" pouvoir a pour caractères l'immanence de son champ, sans unification transcendante, la continuité de sa ligne, sans une centralisation globale, la contiguïté de ses segments sans totalisation distincte espace sériel.]

한 다양한 분석을 통해 이른바 "왕의 자의(恣意)"가 마치 왕의 초월적 권력에서 나오는 하나의 속성으로서 하향적으로 행해졌던 것이 아니라, 오히려 하층민·부모·친척·동료의 탄원에 의한 것이었음을 보여 줄 것이다. 그들은 골치 아픈 문제를 일으키는 최하층민이 수감되기를 간청했으며, 또한 절대 왕권을 마치 자신들의 가정·부부·직업·지방의 갖가지 갈등을 조정해 줄 수 있는 하나의 내재적 "공공기관"(service public)처럼 사용하였다.[6] 봉인장은 이제 마치 우리가 정신의학에서 "자발적 수용"(placement volontaire)이라 부르는 것의 시초처럼 보인다. 권력관계는 어떤 일반적 또는 공인된 차원에서 행사되는 것이 아니라 "이웃들 사이의 분쟁, 부모·자식들 사이의 언쟁, 가정불화, 지나친 음주와 섹스, 공적 쟁의 그리고 또한 은밀한 정사" 등과 같은 힘관계들, 또는 아무리 사소한 것이라도 특이점들이 존재하는 곳이면 어디에서건 자신의 모습을 드러낸다.

⑤ **양상의 요청**(postulat de la modalité). 권력은 경찰력 또는 선전 활동을 통해 때로는 진압하고 때로는 기만하며 때로는 믿음을 강요하는 폭력(violence) 또는 이데올로기(idéologie)에 의해 수행된다. 그러나 여기에서도 이런 양자택일은 여전히 적절치 못한 것이다(우리는 이를 정당들 사이의 의회 정치에서도 마찬가지로 확인할 수 있다. 집회장소와 거리에서는 폭력이 난무한다. 의회의 연단에서는 언제나 이데올로기가 횡행한다. 그러나 권력의 구성이라는 조직상의 문제는 다른 곳, 옆방에서 은

---

6) *VHI*, 22~26 ['La vie des hommes infâmes', *DE*, II, 248~251; *LIM*, 82~86. 이 글은 원래 잡지 *Les Cahiers du chemin*의 1977년 1월호(통권 29호)에 발표되었다].

밀히 결정된다). 권력은 그것이 심지어 영혼에 작용하고 있을 때조차도 이데올로기에 의해 수행되는 것이 아니다. 권력은 그것이 육체를 짓누르고 있는 경우조차도 필연적으로 폭력이나 억압에 의해서만 작용하는 것이 아니다. 또는 차라리 폭력이야말로 대상 또는 존재로서의 무엇인가에 대해 가해시는 특정 힘이 발생시키는 효과(effet d'une force)로서 보다 잘 표현될 수 있을 것이다. 그러나 폭력이 권력관계, 즉 "특정 행동에 대응하는 특정 행동"(une action sur une action), 또는 힘과 힘의 관계(le rapport de la force avec la force)를 표현하는 것은 아니다.[7] 하나의 힘관계는 "자극하고 촉발시키고 결합하는…" 유형의 한 기능이다. 규율사회의 경우, 우리는 이렇게 말할 수 있으리라. 힘관계는 재분배하고 계열화하며 구성하고 규범화한다. 이 일람은 각각의 상황에 따라 무한히 달라진다. 권력은 현실을 억압하기 이전에 "현실을 생산한다". 또한 권력은 진실을 이데올로기화·추상화 또는 은폐하기 이전에 진실을 생산한다.[8] 후에 『지식의 의지』는 섹슈얼리티를 특권적 사례로 다루면서, 만약 우리가 지배적 언표들, 특히 교회·학교·병원에서 실천되고 있으며 성의 실재(la réalité du sexe)와 성 안에 존재하는 진실(la vérité dans le sexe)을 동시에 추구하는 고백(告白)의 과정들을 명확히 구분해 내지 못한 채 여전히 단어와 문장에만 집착할 경

---

7) 다음 저작에 실린 푸코의 글을 보라: *MFF*, 313 [M. Foucault, 'Afterword: The Subject and Power', in *MF*, 208~226, 220; 미셸 푸코, 「후기: 주체와 권력」, 드레피스·라비노우, 『미셸 푸코』, 297~319, 312. 푸코의 이 「주체와 권력」은 푸코 연구서인 드레피스·라비노우의 저작에 붙이는 푸코 자신의 '후기'이다. 이 후기의 1부는 푸코 자신에 의해 영어로 씌어졌고, 2부는 푸코가 불어로 쓴 것을 레슬리 소여Leslie Sawyer가 영어로 옮겼다].

8) *SP*, 196 [*DP*, 194; 『감시와 처벌』, 302].

우, 우리가 어떻게 이른바 '언어작용 안에서 작동하는 성적 억압'의 존재를 믿게 되는가를 밝히게 될 것이다. 또한 푸코는 억압과 이데올로기가 작동하는 어떤 "장치"(dispositif)[10] 또는 배치(agencement)를 가정하지 않는다면, 억압과 이데올로기는 아무것도 표현하지 않으며, 그 역도 사실이 아님을 밝히게 될 것이다. 푸코는 결코 억압이나 이데올로기의 존재를 부정하지 않는다. 그러나 니체(Friedrich Nietzsche, 1844~1900)의 고찰처럼, 힘들 사이의 투쟁은 억압과 이데올로기에 의해 구성되지 않는다. 억압과 이데올로기는 단지 그 투쟁의 와중에서 결과적으로 피어오르게 되는 미세한 흙먼지들에 지나지 않는다.

⑥ **합법성의 요청**(postulat de la légalité). 국가 권력은 법 안에서 스스로를 표현하며, 이 법은 때로는 야만적 힘들 위에 부과된 평화 상태, 또 때로는 가장 강한 자들이 승리한 투쟁 또는 전쟁의 결과로서 인식되는 것이다(그러나 이 두 경우 모두 법은 한 전쟁의 자발적 또는 강제적 중지로서 정의되며 법에 의해 배제로서 규정되는 위법성illégalité에 반대된다. 그리고 혁명가들은 단지 권력의 획득과 새로운 국가기구의 설립에 의해 가능해지는 또 하나의 합법성을 내세울 수 있을 따름이다). 푸코의 이 책이 갖는 가장 심오한 주제들 중 하나는 '법-위법성'(loi-illégalité)이라는 이전의 거대한 대립을 위법 행위들-법들(illégalismes-lois)이라는 섬세한 상관관계로 대체시킨 점에 있다. 법은 언제나 자신과의 차별화를 통해 형성되는 다양한 위법 행위들에 의해 구성된다. 이와 연관해 우리는 상행위에 관련된 일련의 법률들을 간단히 살펴보는 것만으로도 법과 위법성이 서로에 대해 전반적으로 대립되는 것이 아니며, 오히려 이들 중 하나는 나머지 하나를 회피하려는 명백한 목적 아래 구성된

것임을 충분히 이해할 수 있다. 법은 위법 행위들을 관리하기 위한 것이다. 법이 허용하는 어떤 행위들은 지배 계급의 특권이라는 명목 하에 발명되거나 가능해진다. 또 다른 어떤 행위들은 피지배 계급에 대한 보상으로서 묵인되거나, 때로는 심지어 지배자들에게 봉사하기도 한다. 마지막으로 법의 대상으로 간주되지만 어떤 경우에도 역시 하나의 지배 수단으로 간주되면서 금지·고립되는 일련의 행위들이 존재한다. 이렇게 해서 18세기 전반에 걸쳐 일어났던 법의 변화는 근본적으로 위법 행위들에 대한 새로운 배치에 의해 이루어졌다. 이는 단지 당시의 범법 행위(infraction)가 점차로 개인보다는 재산에 관한 것으로 그 성질이 변화했다는 점뿐만 아니라, 규율권력이 이런 범법 행위들을 "비행"(非行, délinquance)이라 명명된 하나의 고유한 형식으로 규정하면서 이전과는 다른 방식으로 구분하고 형식화했다는 점에 기반한 것이다. 이런 "비행"의 규정은 위법 행위들에 대한 새로운 차별화 및 관리방식을 가능케 했다.[9] 이는 1789년의 대혁명에서 보인 인민의 저항들 중 몇몇은 구체제 하에서 용인되고 이해되었던 위법 행위들이 새로운 공화주의 권력 아래에서는 더 이상 용인될 수 없는 것으로 간주되었다는 사실을 통해 명확히 설명될 수 있다. 그러나 서구 공화제와 군주제 모두에 공통적 요소는 이른바 '법'이라는 실체를 권력의 기초

---

9) *SP*, 84, 278 [*DP*, 82, 273; 『감시와 처벌』, 136, 416~418]. 일간지 『르 몽드』(*Le Monde*) 1975년 2월 21일자에 실린 인터뷰에서 푸코는 이렇게 말했다. "위법 행위들은 다소간 불가피했던 어떤 결함 또는 사고가 아니다. … 극단적으로 말하자면, 나는 법이 이러저런 유형의 행위를 피하기 위한 것이 아니라 법 그 자체를 회피하기 위한 다양한 방식들 사이의 구분을 위해 만들어졌다고 말하고 싶다."

적 원리로 간주하는 시각이었고, 이는 그 자체를 법적 동질성을 갖는 재현(再現)작용(représentation)으로서 확립하기 위한 것이었다. "법적 모델"(modèle juridique)이 전략적 지도를 뒤덮게 되었다.[10] 그러나 위법 행위들의 지도는 합법성의 모델에 따라 계속 기능한다. 또한 푸코는 법이 더 이상 어떤 성공한 전쟁의 결과 또는 어떤 평화의 상태가 아님을 보여 주었다. 법은 전쟁 자체이자, 교전 중인 이 전쟁의 전략이다 (elle[la loi] est la guerre elle-même, et sa stratégie de cette guerre en acte). 그리고 이는 권력이 지배 계급에 의해 획득된 어떤 소유물이 아니라, 그 전략의 현실적 실천 행위인 것과 정확히 마찬가지이다.

이렇게 해서 드디어 마르크스(Karl Marx, 1818~1883) 이후의 새로운 무엇인가가 솟아오른다. 이러게 해서 '국가'를 둘러싼 모종의 공법 관계가 위기에 처하게 된다. 푸코는 단지 몇몇 개념들을 재검토해 보아야 한다는 말에 만족하지 않는다. 아니, 푸코는 심지어 그런 말조차 하지 않는다. 푸코는 단지 그것을 행동에 옮긴다. 그리고 푸코는 이제 실천을 위한 새로운 세부 지침들을 제시한다. 이면의 가장 깊숙한 곳에서는 총체화가 아니라 오히려 중계(relais)·연결(raccordement)·수렴(convergence)·연장(prolongement)에 의해 진행되는 국지적 전술들 그리고 전반적 효과들과 함께 하나의 새로운 투쟁이 폭발하려 한

---

10) *VS*, 114~120, 135 [*HS*, 86~91; 『지식의 의지』, 96~100]. 푸코는 결코 "법치 국가"(l'État de droit)의 숭배에 동참하지 않았다. 또한 푸코에 따르면 법치적 개념이 억압적 개념에 비해 그리 나은 것도 아니다. 두 경우 모두 우선시되는 것은 권력 개념 그 자체이며, 법이란 단지 어떤 경우에는 욕망에 대한 하나의 외적 반응으로서, 또 다른 경우에는 욕망에 대한 하나의 내적 조건으로서 나타나는 어떤 것에 불과하다. *VS*, 109 [*HS*, 82~83; 『지식의 의지』, 91~92].

다. 문제는 오직 다음과 같은 질문이다. **무엇을 할 것인가?**(*Que faire?*) 권력 기구로서의 '국가'에 대해 우리가 부여하는 이론적 특권은 어떤 면에서는 국가 권력을 쟁취하고자 하는 중앙집권적·지도적 정당이라는 실천적 개념으로 우리를 이끌기도 한다. 그러나 실은 이와 반대로 이런 권력 이론에 의해 정당의 조직 개념이 정당화된다. 푸코의 이 책이 의도하는 것은 또 다른 이론, 또 다른 투쟁적 실천, 또 다른 전략적 조직이다.

푸코의 이전 저작은 『지식의 고고학』이었다. 그렇다면 『감시와 처벌』은 전작과 비교해 어떤 진전을 보이고 있을까? 『지식의 고고학』은 단순히 일반적 방법론 또는 반성을 수행한 저작이 아니라 이전 작업들과의 단절을 수행하는 하나의 새로운 이정표 또는 방향 설정을 보여 주었다. 『지식의 고고학』은 다음과 같은 두 가지 실천적 형성작용들에 대한 구분을 제안했다. "담론적" 또는 언표적("discursives" ou d'énoncés) 형성작용들 및 "비담론적" 또는 환경적("non-discursives" ou de milieux) 형성작용들 사이의 구분이 그것이다. 예를 들면, 18세기 말의 임상의학은 하나의 담론 형성작용이다. 그러나 그것은 "제도들, 정치적 사건들, 경제적 실천 과정들" 등의 비담론적 환경들을 포괄하는 또 다른 형성작용의 유형들, 곧 대중 및 인구와도 관계한다. 명백히 환경은 언표를 생산하며, 언표 역시 환경을 결정한다. 또한 이 두 유형의 형성작용들은 서로 맞물려 있지만, 그럼에도 불구하고 이질적이다. 양자 사이에는 어떤 상응관계 또는 동형성도 존재하지 않으며, 마찬가지로 어떤 직접적 인과관계 또는 상징성도 존재하지 않는다.[11]

『지식의 고고학』은 따라서 전환점의 역할을 수행한다. 『지식의 고고학』의 주된 목표는 언표들의 형식에 대한 정의를 제공하는 것이었으므로, 이 책은 이 두 형식들 사이의 엄밀한 구분을 제안하면서도, 이 다른 형식을 그저 "비담론적"인 것이라는 부정적 방식으로 지칭하고 있을 뿐이다.

『감시와 처벌』은 이런 점에서 새로운 한 걸음을 내딛었다. 즉 감옥이라는 하나의 "사물"(chose)이 존재한다고 가정하자. 감옥은 "감금" 환경이라는 하나의 환경을 형성하는 것이자, 또한 수감자들을 그 내용으로 하는 하나의 **내용형식**(*forme de contenu*)이다. 그러나 이런 사물 또는 형식은 그것을 지칭하는 어떤 "단어"(mot), 또는 심지어는 그런 시니피에를 가능케 해주는 어떤 시니피앙에로 되돌아가는 것이 아니다. 그것은 범법 행위와 형벌 및 그 주체 등을 언표하는 또 하나의 새로운 방식을 의미하는 전혀 다른 단어들과 개념들로 회귀한다. 이를테면 '비행' 또는 '비행인'(非行人, délinquant)이 바로 그런 개념들이다. 우리는 이런 언표들의 형성을 **표현형식**(*forme d'expression*)이라고 부르도록 하자. 그런데 이 두 형식은 18세기에 동시적으로 생겨났음에도 불구하고 서로에 대해 여전히 이질적이다. 형법은 이후 자신으로 하여금 (군주권의 회복 또는 복수를 위해서가 아니라) 사회의 방어 기능과 관련하여 죄와 벌을 언표할 수 있도록 만들어 주는 하나의 진화를 거치게 된다. 마음 또는 영혼에 호소하면서 범법 행위와 처벌 사이의 관념 연합을 확립시켜 주는 기호들(코드)이 그것이다. 그러나 한편 감옥은

11) *AS*, 212~213 [*AK*, 162~163; 『지식의 고고학』, 226~227].

신체를 다루는 하나의 새로운 방식이며, 따라서 이전의 형법과는 전혀 다른 또 하나의 지평으로부터 나온 것이다. "온갖 규율들이 엄격히 집중된 이 감옥이라는 형식은 18~19세기의 전환기에 규정되었던 형벌 체계에서 파생된 요소가 아니다."[12] 형법은 범죄적 요소들의 언표 가능한 것(le énonçable)에 관계한다. 범법 행위들을 구분하고 해석하며 형벌들을 계산해 내는 것은 바로 이런 언어작용의 체제(régime de langage)이다. 이는 하나의 언표 가족이자, 하나의 문턱이다. 감옥은 이제 가시적인 것(le visible)에 관계한다. 감옥은 범죄와 범죄자가 보여지기를 원할 뿐 아니라, 그 자신을 하나의 가시성(可視性, visibilité)으로서 구성한다. 또한 감옥은 돌로 지어진 어떤 형상이기에 앞서 특정한 빛[봄]의 체제(régime de lumière)로서, 무엇보다도 자신을 (중앙의 감시탑과 원형으로 주변을 둘러싼 감방들로 구성된) "판옵티콘"(le "Panoptisme")으로서 정의한다. 판옵티콘이란 간수는 자신을 드러내지 않고 모든 죄수들을 감시할 수 있으나, 죄수들은 매 순간 감시될 뿐 간수들을 볼 수 없도록 고안된 하나의 시각적 환경 및 빛의 배치를 의미한다.[13] 빛의 체제와 언어의 체제는 동일한 형식이 아니며, 마찬가지로 동일한 형성과정을 갖지도 않는다. 우리는 이제 푸코가 왜 이전의

---

12) *SP*, 259 [*DP*, 255; 『감시와 처벌』, 390~391]. 책의 II부, 특히 (형벌 개혁 운동과 그 언표들을 다룬) 1장 및 (어떻게 해서 감옥이 형벌 체계가 아닌 또 다른 모델들에로 귀착하는가를 다룬) 2장을 보라.

13) 『감시와 처벌』, III부 3장("판옵티콘"Panopticon에 관한 기술을 보라). [본 역서에서는 이를 판옵티콘으로 옮긴다. 이는 pan(汎) + optisme(視覺)이란 어원을 갖는다. 일망감시법(一望監視法), 원형감옥 등으로 옮기기도 한다. 이는 『감시와 처벌』에 실린 감옥의 설계도·사진에서 확인할 수 있는 바와 같이 감옥의 구조적 특성에서 기인한 말이다. 판옵티콘은 공리주의의 창시자이기도 한 영국의 벤담(Jeremy Bentham, 1748~1832)이 최초로 고안·설계했다.]

저작들을 통해 끊임없이 이 두 가지 형식에 대한 탐구를 지속해 왔는 가를 보다 잘 이해할 수 있다. 『임상의학의 탄생』은 가시적인 것과 언표 가능한 것을, 『광기의 역사』는 로피탈 제네랄(l'hôpital général)[11]에 서 찾아볼 수 있는 광기와 의학에서 언표되는 비이성을 언급했다(이는 17세기까지만 해도 의학의 대상에 속하지 않았다). 『지식의 고고학』에서 비담론적 환경이라는 이름 아래 부정적으로 인식되었던 것은 『감시와 처벌』에 이르러 이후 푸코의 모든 저작들에서 지속적인 관심을 받게 될 긍정적 형식을 획득하게 되는데, '언표 가능성 형식'과의 차이에 의 해서만 자신의 모습을 드러내는 '가시성 형식'이 그것이다. 예를 들면, 대중과 인구는 19세기 초에 들어서면서 가시화되어 조명을 받게 되었 고, 이와 동시에 의학적 언표들이 새롭게 언표 가능성을 획득했다(세 포손상과 해부생리학적 상관관계 등…).[14]

물론 내용형식으로서의 감옥은 그 자체로 자신의 언표 및 규칙 을 갖는다. 물론 비행의 언표들, 즉 표현형식으로서의 형법 또한 자신 의 내용을 갖는다. 범법 행위의 이 새로운 유형은 개인에 대한 공격이 라기보다는 오히려 재산에 대한 침해가 된다.[15] 그리고 이 두 형식들 은 서로 끊임없이 접촉하고 스며드는 동시에 상대로부터 각기 하나의 선분을 탈취해 낸다. 형법은 끊임없이 사람들을 감옥으로 보내고 죄 수들을 공급하는 한편 감옥은 끊임없이 비행을 재생산하고 어떤 "대 상"을 만들어 낸다. 또한 감옥은 또 다른 방식에 의해 형법이 의도하

---

14) *AS*, 214 [*AK*, 163; 『지식의 고고학』, 228].
15) *SP*, 77~80 [*DP*, 75~77; 『감시와 처벌』, 126~131] (이 부분은 범법 행위의 변천·변화를 다룬다).

는 목표들을 현실화한다(사회의 방어, 수형자의 개조, 형벌의 조정, 개별화individuation).[16] 물론 이 두 형식들 사이에는 상호적 전제가 존재한다. 그러나 이들 사이에는 어떤 공통 형식 또는 동일한 상응성 내지는 일관성도 존재하지 않는다. 『감시와 처벌』은 바로 이 지점에서 '지식'(Savoir)과 지식에 있어서의 언표에 우위를 부여했던 『지식의 고고학』이 결코 제기할 수 없었던 두 가지 문제를 제기한다. 첫째, 사회적 장에 내재하는 어떤 공통 원인이 형식들 외부의 일반적 차원에 존재하고 있는가? 둘째, 이 두 형식의 배치, 조정 및 상호 침투는 구체적인 개별적 경우에서 어떻게 나타나는가?

형식은 그 자체로 두 가지 의미를 갖는다. 우선 형식은 내용을 형성 또는 구성한다. 또한 형식은 다양한 기능들을 형성 또는 목적화하면서 목표를 부여한다. 감옥뿐 아니라 병원·학교·병영·공장까지도 이미 형성된 내용들이다. 처벌은 하나의 형식화된 기능일 뿐만 아니라, 보살피고 교육하고 훈련하고 노동하게 만드는 것이다. 현실에서 이 두 형식은 일종의 대응 관계를 보이고 있지만, 실제로 이 두 형식은 서로 환원 불가능하다. 사실상 보살핌이란 17세기의 로피탈 제네랄과는 무관한 개념이며, 18세기의 형법 또한 감옥과는 본질적으로 아무 연관도 없다. 그렇다면 우리는 이런 상호 결합을 어떻게 설명해야할까? 우리는 자료들 및 기능들을 현실화하는 형식들을 추상화해 봄으로써 순수 내용들 및 순수 기능들을 구분해 볼 수 있다. 푸코는 판옵

---

16) 『감시와 처벌』, IV부 1~2장: 감옥은, 두 번째로, 비행을 "생산하거나"(produire) 또는 특정의 "대상-비행"(délinquance-objet)을 구성하기 위하여 어떻게 형벌 체계와 연관하여 자신을 규정하는가(SP, 282 [DP, 277; 『감시와 처벌』, 422]).

티콘을 때로는 구체적으로 감옥을 특징짓는 하나의 광학적 또는 빛의 배치로서, 또 때로는 추상적으로 ── 단순히 (감옥과 공장·병영·학교·병원 등과 같은) 일반적인 가시적 내용을 넘어서는 ── 모든 언표 가능한 기능들을 일반적으로 가로지르는 하나의 기계(machine)로서 정의한다. 따라서 판옵티콘의 추상적 공식은 "(자신은) 보여지지 않으면서 (다른 사람들을) 보는 것"(voir sans être vu)이 더 이상 아니다. 그것은 어떤 인간적 다수성에 대해 특정한 품행방식을 부과하는 것이다. 우리는 다음과 같은 점을 명확히 확인해 두어야 한다. 이때의 다수성은 제한된 특정 공간 안에 한정되어 파악된 것이며, 특정한 품행의 부과 역시 주어진 특정 공간 안에서의 분배이자, 주어진 특정 시간 안에서의 질서화 및 계열화인 동시에, 주어진 특정 시공간 내에서의 구성이다….[17] 이는 하나의 무한한 목록이지만, 그것은 동시에 언제나 서로 분리 불가능한 방식으로 결합되어 있는 두 변수들, 즉 형성작용 또는 조직되지 않은 '내용들', 아직 형식화 또는 목표화되지 않은 '기능들'에 연관되어 있다. 이 비정형적인(informelle) 새로운 차원을 우리는 무엇이라 불러야 할까? 푸코는 이에 대해 실로 너무도 정확한 하나의 이름을 부여했다. 그것은 하나의 "다이어그램"(diagramme)이며 "모든 장애와 마찰로부터 추상화된 하나의 기능이다. … 우리는 이를 모든 다른 특

---

17) 이런 엄밀성은 『지식의 의지』가 이후 또 다른 순수 기능-내용의 쌍을 발견하면서 더욱 필수적인 것이 된다. 이 경우 주어진 열려진 공간 안에 존재하는 무수한 다수성들이 나타나게 되는데, 이런 다수성들의 기능은 더 이상 행위의 강제가 아닌 "생명의 관리"(gérer la vie)가 된다. 『지식의 의지』는 이 두 개의 쌍들을 모두 다루게 될 것이다(VS, 182~185 [HS, 139~140; 『지식의 의지』, 149~151]). 우리는 이를 뒤에서 다시 살펴보게 될 것이다.

정 용법들로부터 구분해야만 한다".[18] 다이어그램은 더 이상 듣거나 볼수 있는 문서고가 아니며, 다만 모든 사회적 장과 외연을 함께 하는 지도(地圖)이자 지도제작법일 뿐이다. 다이어그램은 하나의 추상기계이다. 비정형화된 내용 및 기능에 의해 정의되는 다이어그램은 내용과 표현 사이의, 담론 형성작용과 비담론 형성작용 사이의 모든 형식적 구분을 무시한다. 그것은 그 자신 보게 하고 말하게 만드는 존재임에도 불구하고, 스스로는 거의 보지도 듣지도 못하는 하나의 기계이다.

만약 다이어그램에 수많은 기능 그리고 심지어는 내용이 존재하고 있다면, 그것은 우선 모든 다이어그램이 하나의 특정한 시공간적 다수성이기 때문이기도 하지만, 이는 또한 역사 안에는 주어진 사회적 장의 수들만큼의 다이어그램들이 존재하고 있기 때문이기도 하다. 푸코가 다이어그램의 개념을 내세운 것은 권력이 사회의 모든 장들을 분할하는(quadrille) 우리의 규율적 근대 사회와 연관되어 있기 때문이다. 규율사회의 모델은 전염된 도시를 분할시키고 도시의 모든 구석구석까지 스며드는 "페스트"의 모델이 될 것이다. 그러나 이전의 군주제 사회들을 살펴볼 경우에도, 우리는 그런 사회들 역시 ── 비록 상이한 내용 및 기능을 통해시이긴 하지만 ── 자신만의 다이어그램들을 가지고 있었음을 알 수 있다. 그런 사회들에서도 역시 하나의 힘이 다른 힘들에 대해서 행사되었다. 그러나 이런 힘의 행사는 어떤 조합 또는 구성을 위해서라기보다는 오히려 선취(先取)를 위한 것이었으며,

---

18) *SP*, 207 [*DP*, 205; 『감시와 처벌』, 318] (이와 연관하여 푸코는 우리가 만약 판옵티콘을 단순한 "건축적·광학적 체계"로만 규정하여 고찰한다면 매우 불만족스러운 규정만을 얻게 될 것임을 분명히 했다).

또한 세부의 단절을 위해서라기보다는 오히려 대중의 분배를 위한 것이었고, 분할을 위한 것이기보다는 오히려 추방을 위한 것이었다(이는 "나병"의 모델이다).[19] 그리고 이는 공장보다는 오히려 극장에 더 가까운 또 하나의 다이어그램, 기계일 것이다. 그것은 결국 또 다른 힘관계들이다. 나아가 우리는 하나의 사회에서 다른 사회로 이행하는 것으로서의 매개적 다이어그램들을 생각해 볼 수 있을 것이다. 예를 들면, "전제성의 군주적·제식적 실천과 무한한 규율의 지속적·위계적 실천이 맞물리는 지점에서"[20] 규율적 기능이 전제적 기능과 맞물리게 되는 나폴레옹적 다이어그램(diagramme napoléonien)이 존재한다. 왜냐하면 다이어그램은 근본적으로 불안정하고 유연한 것이며 끊임없이 변이들을 구성해 내는 방식으로 내용과 기능을 뒤섞는 것이기 때문이다. 결국 모든 다이어그램은 간(間)-사회적이며 또 생성 중인 것이다(intersocial, et en devenir). 다이어그램은 결코 이미 존재하는 어떤 세계를 재현하기 위해 기능하지 않는다. 다이어그램은 다만 하나의 새로운 실재 유형, 하나의 새로운 진실 모델을 생산한다. 다이어그램은 역사의 주체 또는 역사 위에 우뚝 솟아 있는 어떤 존재가 아니다. 다이어그램은 기존의 의미 작용과 현실을 해체하고, 출현 또는 창조, 예기치 못한 접속, 불가능할 듯이 보이는 연속체의 지점들을 구성하면서 역사를 만들어 낸다. 다이어그램은 특정 생성방식과 함께 역사를 이중화한

---

19) 이 두 유형의 대비에 대해서는 다음을 보라. *VS*, 178~179 [*HS*, 135~136; 『지식의 의지』, 146~147]. 나병과 페스트라는 예시적 비유에 대해서는 다음을 보라. *VS*, 197~201 [*HS*, 195~200; 『지식의 의지』, 161~162].

20) *SP*, 219 [*DP*, 217; 『감시와 처벌』, 333~334].

다(Il double l'histoire avec un devenir).

모든 사회는 하나 또는 그 이상의 다이어그램들을 갖는다. 정교하게 결정되어 있는 계열들에 기초하여 신중하게 작업을 수행했던 푸코는 결코 이른바 원시(primitives) 사회들에 대해서는 직접적 관심을 갖지 않았다. 그렇지만 아마도 이런 사회들 역시 다이어그램의 매우 적절한 사례가 될 수 있을 것이다. 왜냐하면 이런 사회들 역시 자신만의 정치와 역사를 갖고 있으며, 친족구조로부터 귀납되거나 혈족들 사이의 교환 관계로 환원될 수 없는 결합(alliances)의 그물망(réseau)을 갖기 때문이다. 결합 관계는 지역적인 소그룹들로부터 생겨나고 힘관계들을 구성하며(증여와 역-증여dons et contre-dons) 또한 권력을 관리한다. 다이어그램은 여기서 구조와의 차이점을 드러낸다. 결합 관계는 수직적 구조에 대해 직각으로 교차되는 수평적이며 유연하고 횡단적인 그물망을 직조하면서, 여타의 모든 결합들로부터 구분되는 하나의 실천·진행·전략을 결정하며, 폐쇄적인 교환의 순환 대신 지속적인 비평형 상태의 불안정한 물리적 체계를 형성해 낸다. 그리고 리치(Edmund Ronald Leach, 1910~1989)[12]와 레비-스트로스(Claude Lévi-Strauss, 1908~2009) 사이의 논쟁, 부르디외(Pierre Bourdieu, 1930~2002)의 이른바 '전략 사회학'(sociologie des stratégies)은 이로부터 탄생한 것이다. 나는 그렇다고 푸코의 권력 개념이 그가 다루지도 않았던 원시 사회들에 특별히 적합하다고 결론지으려는 것은 아니다. 내가 말하고자 하는 것은 오히려 푸코가 말하는 근대 사회 역시 자신만의 힘관계들 또는 특수한 전략들을 표출하는 특정 다이어그램들을 발전시킨다는 사실이다. 실상 우리는 — 원시적 연계이든 또는 근대적 제도이든 — 언제나 거대한 전체적 수준과의 연관 아래 미시관계들(micro-rapports)을 추적할 필요가 있다. 이런 미시관계들은 위와 같은 보다 거시적인 관계들을 파괴한다기보다는 오히려 이들을 구성하는 것이다. 드 타르드(Gabriel de Tarde, 1843~1904)가 자신의 '미시사회학'(micro-sociologie)을 확립하면서 수행했던 것은 바로 이런 작업이었다. 드 타르드는 '개인적인 것'(l'individu)으로 '사회적인 것'(le social)을 설명하지 않는다. 반대로 드 타르드는 '무한히 작은(infinitésimaux) 관계들'을 설정함으로써 거대한 집합들을 설명한다. 드 타르드는 "모방"(imitation)을 신념 또는 욕망(量子, quanta)이라는 흐름의 전파로서, "발명"(invention)을 두 모방적 흐름의 만남으로서 설명한다…. 무한히 작은 관계들은, 단순한 폭력을 넘어서는 만큼, 진정한 힘관계이다.

하나의 다이어그램이란 도대체 무엇인가? 다이어그램은 앞서 분석했던 다양한 특성들을 따라 권력을 구성하는 힘관계들의 표출이다. "판옵티콘 장치는 권력의 메커니즘과 기능 사이에 존재하는 단순한 하나의 저장소 또는 변환점이 아니다. 판옵티콘은 특정 기능 안에서 권력관계들이 기능하도록 만드는 특정한 방식이고, 마찬가지로 하나의 기능은 그런 권력관계들에 의해서만 비로소 작동된다."[21] 우리는 힘관계 또는 권력관계가 미시물리학적이고 전략적이며 복수의 점들

---

21) *SP*, 208 [*DP*, 206~207; 『감시와 처벌』, 320. 원문: Le dispositif panoptique n'est pas simplement une charnière, un échangeur entre un méchanisme de pouvoir et une fonction, c'est une manière de faire fonctionner des relations de pouvoir dans une fonction, et une fonction par ces relations de pouvoir.].

에 걸쳐 있는(multiponctuels) 분산적 관계임을 이미 살펴보았다. 또한 우리는 이런 관계들이 특이점들을 결정하고 순수한 기능들을 구성하는 것임을 알고 있다. 다이어그램 또는 추상기계는 어느 한 지점으로 수렴 불가능한 원초적 연계작용들에 의해 진행되며 매 순간 모든 점들 "또는 차라리 한 점에서 다른 점으로 이행히는 모든 관계들 안"[22]을 통과하는 밀도(密度, densité) 및 강도(強度, intensité)의 지도, 힘관계들의 지도이다. 물론 다이어그램은 어떤 초월적 '이념' 또는 이데올로기적 상부구조와는 아무 관련이 없다. 마찬가지로 다이어그램은 실체로 규정되면서 자신만의 형식과 용법에 의해 정의되는 경제적 하부구조와도 더 이상 관련되지 않는다. 다이어그램은 이제 모든 사회적 장과 동일한 외연을 공유하면서도 결코 어떤 통합 효과를 발생시키지 않는(non-unifiante) 하나의 내재적 원인처럼 작동한다. 추상기계는 마치 힘관계들을 실현하는 구체적 배치들의 원인과도 같다. 그리고 이런 힘관계들은 "위쪽으로" 통과하는 것이 아니라(passent "non pas au-dessus"), 자신들이 생산하는 배치들의 조직 자체 안에서 생겨난다.

여기서 내재적 원인이란 무엇을 의미하는가? 내재적 원인은 자신의 효과 안에서 현실(現實)화되고, 자신의 효과 안에서 통합(統合·蓄積·積分)되며, 자신의 효과 안에서 차이(差異·微分)를 낳는(s'actualise, s'intègre, se différancie) 그런 원인이다. 또는 오히려 내재적 원인은 효과가 그것을 현실화하고 통합하며 차이를 낳는 그런 원인이다. 또

---

22) *VS*, 122 [*HS*, 93; 『지식의 의지』, 102] ("권력은 도처에 있다. 그 이유는 권력이 모든 것을 포괄하기 때문이 아니라 차라리 권력이 모든 곳으로부터 생성되고 있기 때문이다." Le pouvoir est partout, ce n'est pas qu'il englobe tout, c'est qu'il vient de partout).

이런 원인과 효과 사이, 추상기계와 구체적 배치(agencements) 사이에는 상호전제 또는 상관관계가 존재한다(푸코는 배치 대신 "장치들"dispositifs이란 명칭을 더 자주 사용했다). 만약 효과들이 현실화된다면, 그것은 힘관계 또는 권력관계가 잠재적·가능적·불안정적·소거적·분자적인 것이기 때문이자 또한 단순히 상호작용의 가능성과 확률만을 정의하는 것이기 때문이다. 힘관계 또는 권력관계는 결코 하나의 형식에 대해 그것이 갖는 유연한 내용과 분산적 기능을 부여할 수 있는 거시적 집합에 속하지 않는다. 다른 한편, 현실화는 처음에는 국지적이나 이후 일반적 또는 일반적이 되려는 경향을 가지면서 힘관계들의 정렬(alignement)·동질화(homogénéisation)·총합화(sommation)를 실현하는 하나의 통합작용(intégration), 또는 그런 점진적 통합작용들의 총체이다. 위법 행위들에 대한 통합작용으로서의 법(la loi comme intégration des illégalismes).[13] 학교·공장·군대…등의 구체적 배치들은 (어린이·노동자·군인과 같은) 규정된 실체들 및 (교육 등과 같은) 목적화된 기능에 대한 통합을 작동시킨다. 그 범위는 '국가', 나아가 전지구적 '시장'에까지 이르게 된다.[23] 결국 통합화-현실화는 하나의 차이화이다(Enfin l'actualisation-intégration est une différenciation).[14] 그 이유는 이때 현실화되고 있는 원인이 어떤 주권

---

23) 통합요소들(intégrants), 특히 '국가'는 권력을 설명하지 못하며, 역으로 권력관계들을 전제한다. '국가'는 단지 권력관계들의 갱신·안정화에 만족할 뿐이다. 다음을 참조하라. *VS*, 122~124 [*HS*, 93~94; 『지식의 의지』, 101~103]. 또 1984년 6월 30일자(n° 967) 『리베라시옹』(*Libération*) 22면에 실린 푸코의 글을 보라. [『리베라시옹』에 실린 글은 「정부에 대한, 인간의 권리」이며, 다음처럼 재간되었다. 'Face aux gouvernements, les droits de l'homme', *DE*, II, 1526~1527.]

적 '단위'(Unité souveraine)이기 때문이 아니다. 반대로 다이어그램적 다수성이 현실화되고 힘들의 차이화가 통합화되는 것은 오직 그것이 다양한 경로를 취하고 이원적으로 나뉘면서 차이화의 선(이것이 없다면 모든 것이 어떤 비실제적 원인의 분산에 그치게 될 것이다)을 따를 경우에만 가능하다. 현실화는 오직 딜이중화(dédoublement) 또는 탈결합(dissociation) 작용[15]에 의해서만, 또 그 안에서 스스로가 분할되는 다양한 형식들의 창조 작용에 의해서만 가능하다.[24] 그러므로 계급들, 또는 통치하는 자와 통치되는 자, 공적인 것과 사적인 것이라는 거대한 이중성이 출현하는 것은 이런 작용으로부터이다. 표현형식과 내용형식, 담론적 형식과 비담론적 형식, 가시적인 것의 형식과 언표 가능한 것의 형식이라는 현실화의 두 형식이 분열 또는 차이화되는 것은 바로 이 지점이다. 이는 정확히 내재적 원인이 ── 한편으로는 가시적 자료들을 형성하면서, 또 다른 한편으로는 언표 가능한 기능들을 형식화하는 ── 하나의 중심적 차이화 작용을 따르면서 자신을 현실화하는 형식들을 내용과 기능의 양 측면 모두에서 무시하고 있기 때문이다. 가시적인 것과 언표 가능한 것 사이에는 어떤 균열(béance)·이접(離接, disjonction)이 존재한다. 그러나 동시에 형식들 사이의 이런 균열 또는 이접은 비정형적 다이어그램이 흘러 들어가고, 앞서 언급한 두 방향 안에서 필연적으로 서로에 대해 환원 불가능하게 되고 차이화되며 분산되고 구체화되는 장소(lieu)이다. 그리고 푸코는 이를 "비-장소"

---

24) "차이화의 내적 조건들"(conditions internes de différenciation)로서의 권력관계들: *VS*, 124 [*HS*, 94; 『지식의 의지』, 103]. 어떤 잠재적인 것의 현실화는 언제나 하나의 차이화라는 주제를 우리는 베르크손의 심오한 분석에서도 찾아볼 수 있다.

(non-lieu)¹⁶라고 불렀다. 구체적 배치들은 따라서 추상기계가 스스로를 현실화하는 이 틈새(interstice)에 의해 갈라진다.

이것이 『감시와 처벌』이 제시했던 두 가지 문제에 대한 대답이다. 첫째, 형성작용 또는 형식화의 이원성은 비정형적인 것들 안에서 작동하는 내재적 공통원인을 배제하지 않는다. 둘째, 각각의 경우 각각의 구체적 장치 안에서 작동하는 이 공통원인은 두 형식이 갖는 요소들 또는 선분들이 설령 환원 불가능하며 이형적인 것이라 할지라도 그들 사이의 혼합·포획·방해를 끊임없이 측량한다. 모든 장치는 가시적인 것과 언표 가능한 것을 뒤섞어 놓은 혼합물이라 해도 과언이 아니다. "감금 체계는 담론과 건축", 프로그램과 메커니즘을 "하나의 동일한 형상 안에서 결합한다".²⁵⁾ 『감시와 처벌』은 푸코의 이전 책들을 지배하고 있었던 이원론을 명백히 넘어선 책이다(물론 이 이원론은 이미 당시에도 다수성의 이론으로 이행 중이었다). 만약 지식의 기능이 가시적인 것과 언표 가능한 것을 서로 얽히게 만드는 것에 있다면, 권력은 지식이 전제하는 원인이며 반대로 권력은 자신이 현실화되기 위해 반드시 필요한 이분화, 차이화로서의 지식을 필요로 한다. "지식의 장과 상관적으로 구성되지 않는 권력관계는 존재하지 않으며, 권력관계를 전제하거나 구성하지 않는 지식 역시 존재하지 않는다."²⁶⁾ 힘관계가 유보된 지점에서만 지식이 나타난다고 믿는 것은 오류이자 위선이다. 특정

---

25) *SP*, 276 [*DP*, 271; 『감시와 처벌』, 414~415].

26) *SP*, 32 [*DP*, 27; 『감시와 처벌』, 58~59. 원문: Il n'y a pas de relation de pouvoir sans constituition corrélative d'un champ de savoir, ni de savoir qui ne suppose et ne constitue en même temps des relations de pouvoir.].

유형의 권력으로도 되돌아가지 않는 진실 모델이란 존재하지 않으며, 마찬가지로 현실에서 수행되고 있는 특정 권력을 표현하거나 함축하지 않는 지식, 심지어는 과학이란 존재하지 않는다. 모든 지식은 가시적인 것에서 언표 가능한 것으로, 또 그 반대로 이행 중이다. 한편 그럼에도 불구하고 이에는 전체화를 지향하는 어떤 공동 형식, 또는 심지어는 어떤 1 : 1 대응 관계, 일치성도 존재하지 않는다. 존재하는 것은 오직 형식들의 이중성 안에서 자신의 고유한 작용 및 현실화의 조건을 발견하며 횡단적으로 작용하는 특정의 힘관계뿐이다. 만약 형식들 사이에 일정한 상호적응성이 존재한다면 그것은 형식들 사이의 "만남"에서 유래하는 것이지, 그 역이 아니다. 물론 이때의 강조점은 '만남'에 있다. "만남은 오직 자신이 확립하는 새로운 필연성에 의해서만 정당화된다." 이렇게 해서 감옥의 가시성과 형법의 언표 사이의 만남이 이루어진다.

추상적이든 구체적이든, 푸코가 '기계'라 불렀던 것은 무엇일까? (푸코는 다만 "감옥-기계"machine-prison를 이야기했을 뿐이지만, 우리는 또한 학교-기계machine-école, 병원-기계machine hôpital 등에 대해서도 이야기해 볼 수 있을 것이다.)[27] 구체적 기계들, 그것은 이중 형식을 갖는(biformes) 장치들, 배치들이다. 추상기계, 그것은 비정형적 다이어그램이다. 간단히 말해 기계들은 기술적 속성 이전에 사회적 속성을 갖는다. 또는 차라리 '물질을 대상으로 하는 테크놀로지'(technologie matérielle) 이전에 '인간을 대상으로 하는 테크놀로지'(technologie

---

27) 참조: SP, 237 [DP, 235; 『감시와 처벌』, 356].

humaine)가 존재한다. 물론 인간을 대상으로 하는 테크놀로지는 사회적 장 안에서 자신의 효과를 증진시킨다. 그러나 그것이 존재하기 위해서는 그것은 우선 다이어그램에 의해 선택되고 배치에 의해 확인된 도구 또는 물질적 기계들의 존재를 전제해야만 한다. 역사가들은 종종 이런 제약에 직면해 왔다. 이른바 (고대 그리스의) 장갑 보병부대는 보병 밀집 부대의 배치 안에 포괄되었다. 또 마구(馬具)는 봉건제라는 다이어그램에 의해 선택되었다. 땅을 파는 봉, 괭이 및 쟁기는 일직선적 진보를 이룬 것이 아니라, 각각 인구 밀도 및 휴경(休耕) 기간에 따라 달라지는 집단적 기계들(machines collectives)에 귀속된다.[28] 푸코는 이런 면에서 총(銃)이 어떻게 더 이상 "주둔해 있든 이동 중이든, 집단적인 부대형이 아닌, 분할 가능하며 구성 가능한 선분들의 기하학을 자신의 원리로 삼는 하나의 기계류(machinerie)"에 속하는 도구인가를 밝힌다.[29] 테크놀로지는 따라서 언제나 기술적 의미 이전에 사회적 의미를 갖는다. "용광로 또는 증기 기관에 비해 판옵티콘은 이제까지 거의 주목받지 못했다. … 그러나 규율의 방식들을 곧바로 증기 기관과 같은 발명품과 대비시키는 것은 공정하지 못하다. … 규율의 방식들은 어떤 관점에서는 더 열등한 것이지만 또 다른 관점에서는 훨씬

---

28) 이는 푸코와 현대의 역사가들이 공유하는 노선들 중 하나이다. 땅을 파는 봉(bâton fousseur) … 등에 대해 언급하면서 브로델은 다음과 같이 말했다. "도구는 결과이지 원인이 아니다", 『물질문명과 자본주의』(Civilisation matérielle et capitalisme, I, 128). 한편 장갑 보병 부대에 대해 데티엔(Marcel Detienne)은 이렇게 말했다. "기술은 사회와 정신에 대해 일종의 내재적 성질을 갖는다", 『고대 그리스에 있어서의 전쟁의 문제』(Problèmes de la guerre en Grèce ancienne, Mouton, 1968, p. 134).

29) SP, 165 [DP, 163; 『감시와 처벌』, 257].

더 우월한 것이다."[30] 만약 좁은 의미의 기술이 배치라는 개념 안에 포함된다면, 그것은 배치 자체가 이미 그 기술과 함께 다이어그램에 의해 선택된 것이기 때문이다. 예를 들면 감옥은 군주제 사회에서는 주변적 존재에 불과할 수도 있을 것이다(봉인장). 감옥은 오직 하나의 새로운 다이어그램 즉 규율적 다이어그램에 의해 "테크놀로지의 문턱"[31]을 뛰어넘었을 때에야 비로소 장치로서 존재하게 된다.

추상기계와 구체적 배치들은 두 개의 극(極)을 구성하고 있으며, 우리는 부지불식간에 한쪽 극에서 다른 극으로 이동하고 있는 것처럼 보인다. 우선, 이 배치들은 때로 칸막이와 물샐틈없는 장벽 또는 형식적 불연속성에 의해 명확히 분리되는 견고하고 단단한 선분들 안에 분포되어 있다(학교·군대·공장, 그리고 마지막으로 감옥이 있다. 그리고 우리가 군대에 들어가는 즉시 그들은 우리에게 "넌 더 이상 학생이 아니야"라고 말한다). 다음으로, 이 배치들은 때로 그와는 반대로 유연하고 분산적인 미시선분성(micro-segmentarité)을 자신에게 부여해 주는 추상기계 안에서 상호 소통한다. 이렇게 해서 배치들은 모두 서로 닮아가며, 감옥은 형식 없는 하나의 동일한 기능, 또는 하나의 연속적 기능들이 갖는 변수로서, 다른 배치들을 횡단하면서 스스로를 확장한다(학교·병영·작업장은 이미 감옥이다…).[32] 우리가 만약 하나의 극에서 또 다른 극으로 끊임없이 움직인다면, 이는 각각의 배치들이 그 자체로 각각의 정도만큼 추상기계에 영향을 미치고 있기 때문이다. 이것이 다

---

30) *SP*, 226 [*DP*, 224~225; 『감시와 처벌』, 345].
31) 참조: *SP*, 225 [*DP*, 224; 『감시와 처벌』, 342].
32) 이와 연관된 가장 중요한 텍스트는 다음이다. *SP*, 306 [*DP*, 298~299; 『감시와 처벌』, 454~454].

이어그램의 실행을 위한 계수들(係數, coefficients)이다. 이 계수의 정도가 클수록 배치 역시 다른 배치들 속으로 더욱더 분산되면서 사회적 장 전체를 뒤덮게 된다. 푸코의 방법론이 최고의 유연성을 획득하는 것은 바로 여기에서이다. 왜냐하면 계수란 무엇보다도 하나의 배치에서 다른 배치로 변화하는 것이기 때문이다. 예를 들면 해군 병원은 회로들(circuits)의 교차점에 위치하면서 온갖 방향으로의 여과 및 변환 작용을 지향하고 온갖 종류의 유동성을 통제하면서, 이를 통해 전체 다이어그램을 뒤덮는 하나의 의학적 공간, 고밀도의 교차점을 만들어 낸다.[33] 그러나, 동일한 하나의 배치에 대해서도, 계수는 때로는 하나의 사회적 장으로부터 다른 사회적 장으로, 때로는 하나의 동일한 사회적 장 안에서 늘 변화하고 있다. 이렇게 해서 감옥의 세 단계가 나타난다. ① 군주제 사회의 감옥은 전제성이라는 다이어그램을 낮은 정도로만 실현하고 있었기 때문에 처벌이라는 또 다른 배치와는 동떨어진 것으로 남아 있었다. ② 이후, 감옥은 반대로 모든 방향으로 분산되기 시작하면서 형법의 목적 실현을 떠맡고 여타의 배치들에까지도 스며들게 된다. 감옥은 이제 규율의 다이어그램이 요구하는 조건들을 고도로 실현한다(그러나 여전히 감옥은 이전에 자신이 수행했던 역할에서 비롯된 "악명"을 극복해야만 한다). ③ 그러나, 마지막으로, 앞으로 규율사회가 더욱 발달하면서 형벌의 목적을 현실화하고 그것을 다이어그램의 모든 부분에서 실현하는 새로운 수단들이 발견되더라도 감옥이 여전

---

33) *SP*, 145~146 [*DP*, 143~144; 『감시와 처벌』, 227] ("의학적 감시는 여기서 다른 일련의 모든 통제와 밀접한 관계를 맺는다. 탈영병에 대한 군사적 통제, 군수품에 대한 세무상의 통제, 의약품·식량·실종자·사망자·꾀병 환자에 대한 통제 등…").

히 지금과 같은 고도의 계수를 보존할 수 있는가 하는 점은 불분명하다. 나아가 사회적 장에서 앞으로 더욱 자주 논의될 감옥 제도의 개혁, 극단적으로는, 결국 감옥을 국지적이고 한정된 고립적 배치의 단계로 다시 끌어내림으로써 감옥의 대표성을 박탈하고자 시도하는 논제가 존재한다.[34] 모든 것은, 마치 규율 다이어그램의 실현 징도를 나다내는 눈금 위에서 부침하는 감옥처럼, 나타나고 또 사라진다. 마치 다이어그램의 생성과 변이가 존재하는 것처럼, 배치들의 역사가 존재한다.

　이는 단지 푸코의 방법론에 한정되는 특징에 그치지 않으며 푸코의 전체 사상에서 커다란 중요성을 갖는다. 우리는 종종 푸코를 무엇보다도 감금의 사상가였던 것처럼 간주해 왔다(『광기의 역사』의 로피탈 제네랄, 『감시와 처벌』의 감옥). 그러나 푸코는 전혀 그런 인물이 아니며, 이런 오해는 우리가 푸코의 전체적 기획을 파악하는 데 큰 방해가 되어 왔다. 예를 들면 폴 비릴리오(Paul Virilio, 1932~2018)는 근대 사회의 문제, "내치"의 문제는 감금의 문제가 아니라 열려진 공간 안에서의 우회와 분할, 속도의 지배와 통제, 속도와 가속, 즉 "도로"(voirie)[17]의 문제라고 주장하면서 푸코를 반박한다. 그렇지만 실은 푸코 역시 이와 동일한 주장을 펼치고 있다. 이 두 저자가 공통적으로 다루고 있는 요새(要塞)에 대한 분석, 그리고 푸코의 해군 병원에 대한 분석이 이런 점을 잘 보여 준다. 그러나 비릴리오의 오해와 같은 경우는 그리 심각한 것이 아니다. 왜냐하면 비릴리오의 연구 방식이 보여 주는 힘과 독창

---

34) 형벌 제도의 개혁 및 감옥이 왜 하나의 함축적 형식이기를 그쳤는가 하는 이유들에 대해서는 다음을 참조하라. *SP*, 312~313 [*DP*, 305~306; 『감시와 처벌』, 460~461].

성은 독립적 사상가들끼리의 만남은 언제나 일정한 맹목성을 띠게 됨을 단적으로 증명하기 때문이다. 반면 보다 둔한 작가들이 기존의 비판에만 집착하면서 푸코가 오직 감금의 분석에만 머물러 있었다고 비난하거나 또는 반대로 푸코가 감금 형식에 대한 너무도 훌륭한 분석을 수행했다고 일방적으로 찬양할 경우, 문제는 더욱 심각해진다. 실상 푸코에게 있어 감금은 언제나 또 다른 우선적 기능에 의해 파생된 부차적 소재에 지나지 않았고, 더욱이 그것은 매번의 경우마다 매우 다양한 모습을 갖는 것으로 간주되었다. 더욱이 17세기의 로피탈 제네랄 또는 수용소가 광인들을 감금했던 방식과 18~19세기에 감옥이 비행인들을 감금했던 방식은 전혀 다르다. 광인들의 감금은 "추방"(exil)의 양식 또는 나병 환자의 모델에 따라 수행되었고, 비행인들의 감금은 "분할"(quadrillage)의 양식 또는 페스트 환자의 모델에 따라 수행되었다.[35] 이런 분석들이 푸코 저작의 가장 탁월한 페이지들을 채우고 있다. 그러나 분명히 추방과 분할은 무엇보다도 감금의 장치들에서만 실현되고 형식화되며 조직되는 외재성(extériorité)의 기능들이다. 독방들로 구성된 견고한 선분성(segmentarité)으로서의 감옥은 유연하고 유동적인 하나의 기능, 잘 통제된 하나의 순환, 자유로운 환경들을 가로지르면서 감옥으로부터 도피하는 방식을 가르쳐 주는 하나의 그물망 전체에로 귀속된다. 이는 어떤 체포 또는 선고도 더 이상 필요로 하지 않는 카프카의 "무한한 지연"과 상당히 닮아 있다. 블랑쇼가 푸코에 대해 이렇게 말한 것처럼, 감금은 하나의 바깥으로 되돌아가고, 감금

---

35) *SP*, 197~201 [*DP*, 195~200; 『감시와 처벌』, 303~309]. 또한 『광기의 역사』 1장을 보라.

된 것은 다름 아닌 바깥이다.[36] 감금은 바깥"에" 둠 또는 배제라는 배치에 의해 행해지는데, 이는 신체적 감금뿐만 아니라 정신적 내재성에 대해서도 동일하게 행해진다. 푸코는 종종 담론적인 것의 형식, 비담론적인 것의 형식에 호소한다. 그러나 이런 형식들은 아무것도 감금하지 않으며, 어떤 것도 내재화하지 않는다. 때로는 언표들이 때로는 가시적인 것들이 이 "외재성의 형식들"을 가로질러 스스로를 분산시킨다. 그것은 일반적 방법론의 문제이다. 드러나 있는 어떤 외재성으로부터 본질적이라고 가정되는 어떤 표면적인 "내재성의 핵(核)"에로 옮겨 가는 대신, 우리는 말과 사물을 그들의 '구성적 외재성'에 돌려주기 위해 우선 환상적 내재성을 배척해야만 한다.[37]

우리는 적어도 세 가지의 상관적 심급들(instances)을 구분해야만 한다. ① 우선, 힘들의 비정형적 요소로서의 **바깥**(*le debors*)이 있다. 힘들은 바깥으로부터 생겨나고, 바깥에 의존한다. 한편 바깥은 그것의 관계들을 휘젓고, 그것의 다이어그램들을 추출해 낸다. ② 또한 두 번째로, 힘관계들이 현실화되는 구체적 배치들의 환경으로서의 **외부**(*l'extérieur*)가 있다. ③ 마지막으로, **외재성의 형식들**(*les formes d'extériorité*)이 있다. 이는 현실화가 서로에 대해 외부저이고 차별화되면서 배치들을 분할하는 두 형식들 사이의 어떤 분열 또는 분리에서 발생하기 때문이다(감금과 내재화intériorisations는 이런 형식들의 표층

---

36) Blanchot, *L'entretien infini*, Paris: Gallimard, 1969, 292. [원문: l'enfermement renvoie à un dehors, et ce qui est enfermé, c'est le dehors.]

37) "외재성의 체계적 형식"(la forme systématique de l'extériorité)과 역사에 대해서는 다음을 참조하라. *AS*, 158~161 [*AK*, 120~122; 『지식의 고고학』, 130~133].

에 존재하는 과도기적 형상에 불과하다). 우리는 궁극적으로 이른바 "바깥의 사유"(la pensée du dehors)라 불리는 이 집합 전체에 대한 분석을 시도하고자 한다. 그러나 이제 푸코의 사유에서는 결코 어떤 것도 사실상 닫힌 채로 존재하지 않는다는 점이 분명히 설명되지 않았을까. 형식들의 역사 곧 문서고는 힘들의 생성 곧 다이어그램에 의해 이중화된다. 그것은 힘들이 "한 점에서 다른 점에 이르는 모든 관계들"(toute relation d'un point à un autre) 안에서 이루어지기 때문이다. 하나의 다이어그램은 한 장의 지도, 또는 차라리 수많은 지도들의 중첩이다. 나아가 하나의 다이어그램에서 다른 다이어그램으로 이행하면서 수많은 새로운 지도들이 만들어진다. 또한 자신이 연결하는 무수한 점들 곁에 상대적으로 자유롭고 느슨한 점들, 곧 창조성과 변이와 저항의 점들을 갖지 않는 다이어그램이란 존재하지 않는다. 우리는 아마도 이런 점들로부터 출발해야 할 때에만 전체를 이해할 수 있을 것이다. 마찬가지로 우리는 각 시대의 투쟁들 및 이 투쟁들의 스타일로부터 출발할 때에만 다이어그램들의 이어짐, 또는 불연속성들을 넘어서는 다이어그램들 사이의 되-묶임(ré-enchaînement)을 이해할 수 있을 것이다.[38] 이는 각각의 다이어그램들이란 멜빌(Herman Melville, 1819~1891)이

---

38) 『감시와 처벌』은 "투쟁의 포효"를 다루는 부분에서 돌연 중단된다("나는 여기서 이 책을 중단한다…", j'interromps ici ce livre…, SP, 315 [DP, 308; 『감시와 처벌』, 465]). 한편 "저항점들"(points de résistance)이라는 주제는 『지식의 의지』에서 다시 다루어진다(VS, 126~127 [HS, 95~96; 『지식의 의지』, 104~106]). 푸코는 이후의 텍스트들에서 힘들의 다이어그램들과 연관하여 투쟁의 유형들을 분석하게 된다(cf. MFF, 301~304 ['Why Study Power: The Question of the Subject', MF, 208~216; 1. 왜 권력을 연구하는가─주체의 문제, 「주체와 권력」, 『미셸 푸코』, 297~307]).

말했던 **바깥의 선**(*ligne du dehors*)이 뒤틀리는 방식을 증명하고 있는 것들이기 때문이다. 이 **바깥의 선**은 온갖 저항점들을 지나면서 언제나 가장 새로운 것들과 함께 작용하면서, 다이어그램들을 굴리고 서로 부딪치게 만드는 시작도 끝도 없는 대양적(大洋的) 선(*ligne océanique*)이다. 1968년은 얼마나 놀라운 신의 뒤틀림이었던가! 수천 개에 이르는 일탈선의 뒤틀림! 이로부터 글쓰기에 대한 삼중의 정의가 나타난다. 글쓰기는 투쟁, 저항이다. 글쓰기는 되기(devenir)이다. 글쓰기는 지도 그리기이다. "나는 한 명의 지도제작자이다…."[39]

---

39) 1975년 3월 17일자 『누벨 리테레르』(*Nouvelles littéraires*)의 인터뷰 [n. 2477, 17-23 mars, 1975, p. 3; 'Sur la sellette (entretien avec J.-L. Ezine)', *DE*, I, 1588~1593, 마지막 인용문은 1593쪽. 원문: écrire, c'est lutter, résister; écrire, c'est devenir; écrire, c'est cartographier, "je suis un cartographe…"].

II.

위상학: "다르게 생각하기"

Topologie: "Penser Autrement"

1. 역사적 형성작용 또는 지층 :
가시적인 것과 언표 가능한 것 — 지식

실증성 또는 경험성으로 불리는 지층들은 언제나 일련의 역사적 형성작용들이다. "퇴적층들"은 사물과 말, 보기와 말하기, 볼 수 있는 것과 말할 수 있는 것, 가시성의 해변과 가독성(可讀性, lisibilité)의 들판, 내용과 형식에 의해 형성된다. 우리는 옐름슬레우(Louis Trolle Hjelmslev, 1899~1965)로부터 이 마지막 용어를 차용해 왔다. 하지만 우리가 이를 푸코에게 적용시키는 것은 전혀 다른 의미에서인데, 이는 더 이상 내용과 시니피에, 표현과 시니피앙이 일치하지 않기 때문이다. 우리는 매우 엄격한 새로운 재분배를 필요로 한다. 내용은 하나의 형식(forme)과 하나의 실체(substance)를 갖는데, 예를 들면, 형식으로서의 감옥과 실체로서의 수감된 자들, 죄수들이 그것이다(누가? 왜? 어떻게?).[1] 표현 역시 하나의 형식과 하나의 실체를 갖는데, 예를 들면, 형식으로서의 형법과 실체로서의 언표대상인 "비행"이 그것이다. 표

---

1) "감옥-형식"(forme-prison)과 그에 상응하는 동시대의 표현형식(즉 여기서는 형법) 사이의 차이점에 대해서는 다음을 참조하라. *SP*, 233 [*DP*, 231; 『감시와 처벌』, 351].

현형식으로서의 형법은 발화 가능성(dicibilité)의 장을 결정한다(비행의 언표들). 마찬가지로 내용형식으로서의 감옥은 가시성의 장소를 결정한다("판옵티콘"이란 매 순간 자신은 보여지지 않은 채 다른 이들을 볼 수 있는 하나의 장소이다). 이런 예들은 푸코가 『감시와 처벌』(1975)에서 행했던 지층에 대한 최후의 위대한 분석에 의거한 것이다. 그러나 이러한 분석은 이미 『광기의 역사』(1961)의 사례에서도 찾아볼 수 있다. 고전시대의 수용소는 광기에 대한 하나의 가시적 장소로서 출현했으며, 이와 동시에 의학은 "비(非)이성"(déraison)에 관한 기초적 언표들을 형성했다. 이 두 권의 사이에는 『레몽 루셀』(1963)과 『임상의학의 탄생. 의학적 시선의 고고학』(1963)이 있다(이 두 권의 책은 동시에 작성되었다). 『레몽 루셀』은 루셀(Raymond Roussel, 1877~1933)의 작품들이 어떻게 '일련의 놀라운 기계들을 따르는 가시성의 창조작용' (des inventions de visibilité suivant des machines extraordinaires)과 '하나의 기묘한 "절차"를 따르는 언표들의 생산작용'(des productions d'énoncés suivant un "procédé" insolite)이라는 두 부분으로 구분될 수 있는가를 보여 준다.[1] 『임상의학의 탄생』은 임상의학과 병리해부학이라는 전혀 다른 영역에서 어떻게 이들이 "가시적인 것과 언표 가능한 것" 사이의 가변적 분포들을 만들어 내는가를 보여 준다.

하나의 "시대"는 자신을 표현하는 언표들과 자신을 채워 주는 가시성들에 앞서 존재하는 어떤 것이 아니다. 이의 본질적인 두 측면은 다음과 같다. 한편으로 각각의 지층들 및 역사적 형성작용은 자신에 대해 작용하는 가시적인 것과 언표 가능한 것의 재분배를 함축한다. 다른 한편으로 하나의 지층에서 다른 지층으로 옮겨 가는 과정에는 가시성 자체의 양상 변화 및 언표 가능성 자체의 체제 변화가 생겨나기 때문에 재분배상의 변이가 나타나게 된다. 예를 들면 "고전시대의" 수용소는 광인들을 바라보는 또는 볼 수 있도록 만드는 하나의 새로운 방식으로서 출현했는데, 이는 이전 '중세'나 '르네상스'의 방식과는 전적으로 구별되는 것이었다. 또한 의학뿐만 아니라, 각종 법률·법규·문학 등은 비이성을 하나의 새로운 개념으로 간주하는 언표 체제를 창조했다. 17세기의 언표들이 광기를 비이성(열쇠-개념)의 극단적 단계로서 등록했다면, 수용소 또는 감금 행위는 광인을 부랑자, 빈민, 게으름뱅이 및 모든 종류의 방탕아 등을 통칭하는 하나의 집합 속으로 포괄해 버렸다. 바로 이 점에 하나의 담론 체계, 하나의 역사적 지각 또는 감수성, 하나의 "명증성"(évidence)이 존재한다.[2] 훨씬 이후에, 감옥은 전혀 다른 조건 아래에서 범죄를 바라보는 또는 볼 수 있게 만드는 새로운 방식으로서 떠오르게 될 것이고, 마찬가지로 비행(非行, délinquance) 역시 범죄를 말하는 새로운 방식으로서 나타나게 될 것이다. 각각의 지층들은 말하는 방식과 보는 방식, 담론성(discursivités)과 명증성^{2}이라는 두 요소들의 조합에 의해 형성된다. 한편 하나의 지층에서 다른 하나의 지층으로 옮겨 가는 과정에는 이 요소들 및 요소들 사이의 조합에 변화가 나타나게 된다. 푸코가 '역사'(l'Histoire)에 기대한 것은 각각의 시대에 있어 가시적인 것들 및 언표 가능한 것들에 대한 이런 결정작용(détermination)이다. 이 결정작용은 행위

---

2) 이후에는 사라지게 될 "사회적 감수성"을 함축하고 있었던 17세기 로피탈 제네랄의 "명증성"에 대해서는 다음을 참조하라. *HF*, 66 [*MC*, 45; 『광기의 역사』, 130]. 같은 논점에 연관된 "감옥의 명증성"에 대해서는 다음을 참조하라. *SP*, 234 [*DP*, 232; 『감시와 처벌』, 352~353].

(comportements), 멘털리티(心性, mentalités), 이념(idées)을 가능케 하는 것으로, 이들을 넘어선다. 그러나 '역사'가 이렇게 응답할 수 있었던 것은 오직 푸코가 — 의심의 여지 없이 역사가들이 고안한 새로운 몇몇 개념들과의 연관 하에 — 철학적 질문제기의 고유한 방식을 창조하는 방법을 알고 있었기 때문이다. 그리고 이는 그 자체로 새로운 방법인 동시에, '역사'에 대해서도 새로운 활력을 제공하는 것이었다.

지층화(stratification)의 두 요소들, 즉 언표 가능한 것 및 가시적인 것, 담론 형성작용 및 비담론 형성작용, 표현형식 및 내용형식에 관한 일반화된 이론을 형성하고 방법론적 결론을 이끌어 내었던 책은 『지식의 고고학』이다. 이 책은 그러나 언표에 근본적 우위(primat)를 부여하고 있는 것처럼 보인다. 이 책에서 가시성의 해변은 오직 언표적 장의 보충적 공간에 불과한 "비담론 형성작용들"이라는 부정적 방식으로만 묘사된다. 푸코는 담론적 언표와 비담론적 언표 사이에 담론적 관계들이 있다고 말한다. 그러나 푸코는 결코 비담론적인 것이 하나의 찌꺼기 또는 환상이라거나, 언표에로 환원 가능한 것이라고 말하지 않는다. 『지식의 고고학』에 나타나는 우위성의 문제는 본질적이다. 언표가 우위를 갖는데, 우리가 탐구해야 할 것은 그 이유이다. 물론 이때의 우위가 환원(réduction)을 의미하는 것은 결코 아니다. 책 전체를 가로질러, 가시성은 결코 언표로 환원시킬 수 없는 것으로서 남아 있는데, 가시성은 그것이 언표작용과 관련된 일종의 정념을 형성하고 있는 것처럼 보이는 만큼이나 환원 불가능하다. 『임상의학의 탄생』의 부제는 "시선의 고고학"(archéologie du regard)[3]이다. 푸코는 언제나 자신의 이전 저작들을 수정해 왔으므로, 그가 이 부제 역시 폐기했을 것이라고[4] 말하는 것만으로는 부족하다. 우리는 푸코가 왜 몇몇 경우에 이런 작업을 수행했는가를 물어야만 한다. 그런데 폐기의 요점은 명백히 우위성의 문제에 관련되어 있었다. 푸코는 점차로 자신의 이전 저작들이 지각 또는 시각 방식들에 대한 언표체제의 우위성을 충분히 부각시키지 못했다고 평가하게 되었다. 이것이 현상학에 대한 푸코의 대응이다. 그러나 푸코에게 언표의 우위성이란 결코 시각적인 것의 역사적 환원 불가능성을 방해하는 것이 아니며, 실상 그와는 정반대로 기능한다. 언표가 우위를 갖는 이유는 오직 가시적인 것이 언표의 지배요소, 즉 자기 자율성(héautonomie)과 함께 자신의 자율성과 자신의 고유한 법을 소유하는 것이기 때문이다. 가시적인 것이 자신의 고유한 형식을 언표 가능한 것에 대립시킬 수 있는 이유는 오직 언표 가능한 것의 우위성에 있다. 물론 이 고유한 형식은 오직 결정될 수 있을 뿐, 환원 가능한 것이 아니다. 푸코에게 있어 가시성의 장소들은 결코 언표들의 장과 동일한 리듬·역사·형식을 갖는 것이 아니다. 언표의 우위는 오직 이런 한에서만, 곧 환원 불가능한 어떤 무엇에 대해 작용하는 한에서만 가치를 갖는다. 따라서 가시성의 이론을 망각할 경우 우리는 푸코가 역사에 부여했던 개념을 단순히 훼손하는 것에 그치지 않고, 나아가 푸코의 사유와 이 사유에 대한 푸코의 개념화까지도 훼손하게 될 것이다. 이렇게 된다면, 우리는 푸코의 사유를 현대 분석철학의 한 변종쯤으로 취급하게 될 것이다. 그러나 실상 푸코의 사유는 분석철학과는 거의 아무런 공통점도 없다(다만 우리가 비트겐슈타인Ludwig Wittgenstein, 1889~1951으로부터 가시적인 것과 언표 가능한 것 사이의 근원적 관계를 추출해 낼 수 있다면, 아마도 이 경우만이 예외가 될 것이다). 푸코는 본 것에 대해서뿐만 아니라 듣거나 읽은 것에 대해서도 끊임없는 매혹을 느꼈다. 푸코가 생각했던 고고학은 (과학사로부터 시작되는) 하나의 시각적-청각적 문서고였다. 푸코는 오직 자신이 보고자 하는 열정을 가지고 있을 경우에만 언표화의 즐거움, 그리고 이런 언표들을 구분해 보는 즐거움을 누렸다. 푸코 자신을 정의하는 것은 무엇보다도 목소리이며, 또한 그만큼의 눈길이다. 눈길, 목소리(Les yeux, la voix). 푸코는 언제나 한 사람의 보는 자(voyant)이기를 결코 그치지 않았으며, 동시에 철학에 하나의 새로운 언표 스타일을 부여했다. 양자는 서로 다른 하나의 걸음, 서로에 의해 이중화되는 하나의 리듬 위에 기초해 있다.

지층화되는 것은 이후에 출현하는 어떤 지식의 간접적 대상이 아니며, 반대로 하나의 지식이 그에 따라 직접적으로 구성된다. 사물에 대한 학습과 문법에 대한 학습이 그러한 것들이다. 지층이 고고학의 문제가 되는 이유는 정확히 고고학이 반드시 과거로 돌아가는 것은 아니기 때문이다. 현재의 고고학 또한 존재한다. 현재든 과거든, 가시적인 것은 언표 가능한 것과 같다. 이들 모두는 현상학의 대상이 아닌, 인식론의 대상이다. 이후 푸코가 『광기의 역사』에 대해 후회한 부분은 자신이 여전히 당시의 현상학자들과 마찬가지로 어떤 '날것의 상태로 체험된 경험'(expérience vécue sauvage)에 호소하거나 또는 바슐라르식으로 '상상적인 것의 영원한 가치'(valeurs éternelles de l'imaginaire)를 옹호하고자 했다는 사실이었다. 그러나 실상 푸코에 의해 새롭게 개념화된 지식은 오직 매 지층, 매 역사적 형성작용에 고유한 가시적인 것과 언표 가능한 것의 조합에 의해서만 정의되기 때문에, 지식 이전에는 어떤 것도 존재하지 않는다. 지식은 언표들과 가시적인 것들이 빚어내는 하나의 "장치"이자, 실천적 배치이다. 따라서 지식의 배후에는(sous le savoir) 아무것도 존재하지 않는다. 물론 뒤에서 살펴보게 될 것처럼 지식의 바깥에는(hors savoir) 사물들이 있다. 결국 지식은 오직 주어진 지층에 다양한 층위(feuillets)와 분열(clivages) 그리고 방향설정(orientations)을 부여하는 무수히 다양한 "문턱들"의 기능에 의해서만 존재하게 된다. 이런 점에서 단순히 특정 "인식론화의 문턱"(seuil d'épistémologisation)만을 이야기하는 것은 불충분한 일이다. 인식론화의 문턱은 우리를 과학으로 이끌면서, "과학성"의 고유한 문턱 또는 사실상은 "형식화의 문턱"을 횡단하는 특정한 방향으로 이미 정향되어 있다. 그러나 지층들 위에는 이들뿐 아니라 윤리화(éthisation) · 감성화(esthétisation) · 정치화(politisation)의 문턱들처럼 다양한 방향을 향하는 또 다른 문턱들이 존재하고 있음을 잊지 말도록 하자.[3] 지식은 과학이 아니며, 또한 그것이 놓인 특정 문턱들과 분리 가능한 것도 아니다. 심지어 지각 경험, 상상적인 것의 가치, 시대의 이념, 또는 현금의 여론조차도 그러하다. 지식은 다양한 문턱들에 분포되어 있는 지층의 단위이다. 지층 자체 역시 오직 다양한 방향 설정 아래에 있는 이러한 문턱들의 축적으로서만 존재한다. 심지어 과학조차도 단지 이런 다양한 방향 설정들 중 하나에 불과하다. 오직 지식을 구성하는 실천들 또는 실증성들만이 존재하는데, 언표의 담론적 실천들, 가시성의 비담론적 실천들이 바로 그런 실천들이다. 그러나 이런 실천들은 언제나 역동적 재분배를 통해 지층들 사이의 역사적 차이

---

3) *AS*, 236~255 [*AK*, 181~195; 『지식의 고고학』, 251~272].

를 구성하는 특정 고고학적 문턱들 아래에서만 존재한다. 이것이 푸코의 실증주의 또는 프래그머티즘(pragmatisme)이다. 따라서 푸코에게는 결코 과학과 문학, 또는 상상적인 것과 과학적인 것, 알려진 것(du su)과 체험된 것(du vécu) 사이의 관계라는 문제가 제기되지 않는다. 왜냐하면 푸코의 지식 개념은 각각의 문턱들을 역사적 형성작용으로서의 지층이 보여 주는 다양한 변수들로 간주함으로써, 모든 문턱들에 침투하여 그것들을 활성화시키는 것이기 때문이다.

물론 말과 사물은 지식의 두 축을 묘사하기에는 너무도 막연한 개념이고, 푸코는 『말과 사물』이라는 제목이 반어적으로 이해되어야 한다고 말한다.[5] 고고학의 임무는 무엇보다도 — 그것이 무엇이든 — 기존의 언어학적 단위, 시니피앙, 단어, 문장, 명제, 언어작용과는 전적으로 다른 '참다운 표현형식'의 발견에 있다. 푸코는 "담론이 시니피앙의 질서를 따를 경우 그 실체는 폐기된다"고 말하면서, 특히 '시니피앙' 개념을 비판한다.[4] 우리는 이제까지 푸코가 어떻게 "언표"라는 참으로 독창적인 개념 아래 표현형식을 발견해 내는가 하는 점을 살펴보았다. 이때의 언표는 다양한 단위들을 가로지르는 기능이며, 시니피앙의 체계보다는 오히려 음악에 더 가까운 하나의 능선을 따르는 것이다. 따라서 우리는 — 마치 루셀이 자신만의 "절차"를 창조하면서 그렇게 했던 것처럼 — 언표를 추출해 내기 위해 단어와 문장 또는 명제를 절개하고 개방해야만 한다. 한편 내용형식에 대해서도 이와 유사한 작업이 필수적이다. 표현형식이 더 이상 시니피앙이 아닌 것처럼, 이

---

4) *OD*, 51 [*TDL*, 228; 『담론의 질서』, 40].

제 내용형식 또한 시니피에가 아니다. 내용형식은 어떤 사물의 상태(état de choses) 또는 지시대상이 아니다. 가시성은 더 이상 성질, 사물, 대상 및 대상들의 조합과 같은 가시적인 요소들, 보다 일반적으로는 감각적인 요소들과 혼동되어서는 안 된다. 이 점에서 푸코는 언표기능 못지않게 독창적인 또 하나의 기능을 구성해 냈다. 우리는 사물들을 절개하고 분쇄해야만 한다. 가시성은 대상형식이 아니며, 심지어는 빛과 사물의 접촉에 의해 드러나는 어떤 형식도 아니다. 가시성은 빛 자체에 의해 창조되어, 사물들 또는 대상들을 오직 반짝임, 빛남, 섬광으로만 존속시키는 밝기(照度, luminosité)의 한 형식이다.[5] 이것이 푸코가 루셀로부터 이끌어 낸 두 번째 측면인데, 이는 아마도 푸코가 마네(Édouard Manet, 1832~1883)로부터도 이끌어 내고자 했던 점일 것이다. 만약 언표의 개념이 우리에게 언어학보다는 베베른(Anton Webern, 1883~1945)의 음악적 영감에 더 가까운 개념으로 보인다면, 가시적인 것의 개념 또한 빛을 하나의 형식으로 간주하면서 그에 적절한 형식과 운동을 창조하고자 했던 들로네(Robert Delaunay, 1885~1941)에 더 가까운 회화적 개념으로서 우리에게 나타나게 될 것이다. 들로네는 이렇게 말했다. 세잔(Paul Cézanne, 1839~1906)은 과일바구니를 깨 버렸다. 그리고 우리는 큐비스트들처럼 그것을 다시 이어 붙이고자 시도해서는 안 된다. 단어와 문장과 명제를 **개방하라**, 성질과 사물과 대상들을 **개방하라**. 고고학의 임무는 루셀의 기획처럼 이중적이다. 고고학은 단어와 랑그로부터 각각의 지층과 문턱에 대응하는

---

5) *RR*, 140~141 [*DL*, 108~109].

언표를 추출해야 한다. 고고학은 또한 사물과 시선으로부터 각각의 지층에 고유한 "명증성"과 가시성을 추출해야 한다.

왜 이와 같은 추출이 필요한가? 언표로부터 시작해 보자. 언표는 결코 은폐되어 있는 것이 아니지만, 마찬가지로 우리가 직접적으로 읽을 수 있거나, 또는 심지어 말할 수 있는 것도 아니다. 우리는 때로 언표들이 종종 위장, 보류 또는 심지어는 억압되곤 하기 때문에, 언표들을 은폐되어 있는 것으로 생각하게 될지도 모른다. 그러나 이런 믿음은 단순히 우리가 단어, 문장 또는 명제에 집착하고 있는 경우에 생겨나는 '권력'에 대한 잘못된 개념을 함축할 뿐이다. 푸코가 『지식의 의지』 첫 부분에서 섹슈얼리티와 관련하여 명백히 밝히고자 하는 것이 바로 이것이다. 우리는 물론 빅토리아 시대에는 모든 어휘가 금지되고 문장들은 은유화되었으며 언어 역시 순화되었을 뿐만 아니라, 나아가 섹슈얼리티가 근본적 비밀로서 구성되었으며, 이는 단지 담대하고 저주를 두려워하지 않는 위반자들에 의해서만 예외가 되어 왔고, 이런 사정이 프로이트(Sigmund Freud, 1856~1939)가 나타나기 전까지 유지되었다고 믿을 수도 있을 것이다…. 그러나 이는 전혀 사실이 아니다. 오히려 어떤 역사적 형성 또는 지층도 이토록 수많은 조건, 체제, 장소, 계기, 대화자들을 결정하면서 섹슈얼리티의 언표들을 이렇게 증식시키지는 못했다(정신분석은 이에 더하여 자신만의 고유한 방식을 덧붙이게 될 것이다). 성적 담론의 이런 증식을 이해하지 못할 경우 우리는 트렌토 공의회[6] 이래 '교회'가 수행했던 역할을 제대로 이해하지 못하게 된다. "성(le sexe)을 직접적으로 지칭하지 못하게 하는 언어 순화 작용 아래에서 성은 어떤 애매성 또는 유예도 허용치 않는 하나의 담론에 의해 구속되고 추적당한다. … 근대 사회의 고유성은 성을 어둠 속에 놓아두는 것이 아니라 성을 하나의 비밀로 취급함으로써 성에 대해 끊임없이 이야기하도록 조장한다는 점이다." 간단히 말해 언표는 은폐되어 있지만, 이는 우리가 그것을 추출할 수 있는 조건에 도달하지 못한 경우에만 그러하다. 반대로 언표는 우리가 그런 조건에 도달하는 즉시, 거기에 있으며 모든 것을 말한다(il est là, et dit tout). 정치 또한 마찬가지이다. 각각의 언표체제는 단어·문장·명제를 교차시키는 일정한 방식을 전제로 하지만, 정치 자체는 어떤 외교·입법·규제·통치 행위도 은폐하지 않는다. 물론 늘 쉬운 일은 아니지만, 우리는 그것을 읽어 낼 수 있다. 비밀은 폭로되기 위해서, 그 자신을 폭로하기 위해서만 존재한다. 각각의 시대는 자신의 정치를 가장 냉소적인 방식으로, 또 자신의 섹슈얼리티를 가장 적나라한 방식으로 완전히 언표한다. 그것의 위반에서 우리가 거의 아무런 이익도 얻어 내지 못할 정도로까지 말이다. 각각의 시대는 자신의 언표 조건들에 의해 자신이 말할 수 있는 모든 것을 말한다. 『광기의 역사』 이후 푸코는 광인을 사슬로부터 해방시켰던 "박애주의"(Philanthrope) 담론을 분석했다. 그리고 푸코는 이것이 박애주의자가 광인들을 속박했던 보다 효율적인 또 하나의 감금 행위임을 숨기지 않았다.[6] 매 시대마다 언제나 말해지

---

6) 피넬과 튜크에 의한 광인들의 "해방"(libération)은 『광기의 역사』, '수용소의 탄생'(Naissance de l'asile) 부분을 참조하라. 문제는 광인들을 지속적인 하나의 "시선" 및 "판단" 아래 굴복시키는 것이다(가시성과 언표). 18세기에 있었던 형벌의 "인도주의화"(humanisation)에 대해서는 『감시와 처벌』, '일반화된 처벌'(La punition généralisée) 부분을 참조하라. 사형제도 폐지의 흐름에 대해서는 『지식의 의지』를 참조하라. *VS*, 181 [*HS*, 138; 『지식의 의지』, 148~149]. 문제는 더 이상 죽음의 결정이 아닌 생명의 "경영과 관리"(gérer et contrôler)를 일반과제로

는 모든 것들이야말로 역사를 구성하는 푸코의 가장 중요한 원칙일 것이다. 장막 뒤에서 우리는 아무것도 볼 수 없다. 장막의 뒤 또는 아래에는 어떤 것도 존재하지 않기 때문에, 보다 중요한 것은 각각의 경우에 대해 그것의 장막 또는 초석을 묘사하는 일이다. 은폐된 언표가 존재한다는 반론은 단지 다양한 체제들, 조건들을 따르는 다양한 화자들과 발신자들이 존재하고 있음을 확인하는 행위에 불과하다. 그러나 화자와 발신자는 언표의 변수들 중 일부이며, 언표 자체를 기능으로 정의하는 여러 조건들에 엄밀히 의존한다. 간단히 말해 언표는 자신을 그런 존재로서 만드는 것, 즉 자신의 독특한 등록을 하나의 "언표적 초석" 위에서 구성하는 다양한 조건들에 관계될 경우에만 해독 가능한 것, 발화 가능한 것이 된다(우리는 이미 등록이 '드러난 것'과 '은폐되어 있는 것'으로 구분되는 것이 아님을 살펴본 바 있다). 특정의 등록, 표현형식은 언표와 그것의 조건, 초석 또는 장막으로부터 형성된다. 언표 가능한 것이라는 조각품, 또는 언표라는 무대에 대한 푸코의 취향은 "문서들"(documents)이 아니라 "기념비들"(monuments)이다.

담론 형성작용 또는 언표의 가장 일반적인 조건은 어떤 것일까? 푸코의 답변은 그것이 언표작용의 주체를 처음부터 배제하고 있다는 면에서 매우 중요하다. 주체는 하나의 변수, 또는 차라리 언표가 갖는 변수들의 집합이다. 주체는 어떤 본원적인 것, 곧 언표 자체로

삼는 하나의 '권력'에 처벌을 적용시키는 것이다. [프랑스의 정신의학자 피넬(Philippe Pinel, 1745~1826)은 1793년 비세트르 로피탈 제네랄에서 최초로 광인들의 쇠사슬을 풀어 주었다. 영국의 퀘이커교 개혁가인 튜크(Samuel Tuke, 1784~1857)는 1795년 광인들을 위한 특수시설을 요크지방에 설립했다. 이후 푸코 이전까지 그들의 행위는 일반적으로 '인도주의화'로서 이해되어 왔다.]

부터 파생되는 하나의 기능이다.『지식의 고고학』은 이런 주체-기능(fonction-sujet)을 분석한다. 주체는 언표의 유형 또는 문턱에 따라 변화하는 하나의 자리(place) 또는 위치(position)이다. 한편 "저자"(auteur) 자체는 특정 경우에 가능한 위치들 중 하나에 불과하다. 심지어 하나의 동일한 언표가 다수의 위치들을 점유할 수도 있다. 그러므로 무엇보다 우선적인 것은 '사람들이 말한다'(un ON PARLE)라는 하나의 사실, 익명적 중얼거림이며, 그 안에서 가능적 주체들이 배치된다. 이는 "담론의 무질서하고 끊임없는 거대한 웅성거림"이다. 푸코는 몇 번이나 되풀이하여 이 거대한 중얼거림에 대해 이야기했으며, 스스로를 그 안에 위치시키려고 했다.[7] 푸코는 언어작용을 시작하게 만드는 기존의 세 가지 방식에 도전한다. 먼저 ① 인칭들, 심지어 언어학적 또는 연동소(連動素)적(embrayeurs) 인칭들로부터 시작하는 방법이 있다. 푸코는 언어학적 인칭 체계(personnologie linguistique)에 기반한 "나는 말한다"(je parle)를 반박하면서, 이미 비인칭으로서의 3인칭이 그 이전에 존재하고 있음을 끊임없이 주장한다. 다음으로 ② 언어작용이 되돌아가는 것으로서의 우선적 방향 또는 내적 조직(organisation)으로서의 시니피앙으로부터 시작하는 방법이 있다. 푸코는 언어학적 구조주의(structuralisme linguistique)에 기반한 "그것이 말한다"(ça parle)를 반박하면서, 이미 결정된 언표들에 의해 주어진 것으로서의 특정 집합 또는 코르퓌스가 이미 존재하고 있음을 주

---

7) 언표 주체에 대해서는 다음을 보라. *AS*, 145~148 [*AK*, 110~113;『지식의 고고학』, 161~165]. 한편 거대한 중얼거림에 대해서는『담론의 질서』의 첫 부분, 또「저자란 무엇인가?」의 마지막 부분을 보라.

장한다. 마지막으로 ③ 기원적 관계, 곧 우리로 하여금 그것에 대해 말할 수 있는 가능성을 기초 짓는 동시에 언표 가능한 것의 기초를 가시화하는 세계와의 우선적 공모 관계로부터 시작하는 방법이 있다. 푸코는 모든 가시적 사물들이 이미 우리의 언어작용이 택할 수밖에 없는 하나의 의미를 중얼거리고 있으며, 또한 언어작용을 어떤 표현석 침묵에 의해 유지되는 것으로 간주하는 현상학에 기반한 "세계가 말한다"(Monde parle)를 반박하면서, 보는 것과 말하는 것 사이의 본질적 차이를 들고 있다.[8]

언어작용(langage)은 전체로서 주어지거나, 혹은 전혀 주어지지 않는 것이다. 그렇다면 언표의 조건은 어떤 것일까? 그것은 "언어작용이 있다"(il y a du langage), "언어작용의 존재"(l'être du langage) 또는 언어작용-존재(l'être-langage)이다.[7] 이는 언어작용을 가능케 하는 차원이지, 결코 언어작용이 되돌아가는 방향들과 혼동되어서는 안 된다. "진실 또는 의미의 장소가 되면서 그것을 지적하고 명명하고 지시하고 나타나게 하는 권력을 무시하라. 그 대신 그것만의 특이하고 유한한 존재를 결정하는 (시니피앙과 시니피에의 놀이에 의해 응결되고 장악되는) 그 순간을 주목하라."[9] 그러나 징확히 무엇이 푸코의 데제에 구

---

8) 이 세 논제에 대한 요약은 다음을 보라. *OD*, 48~51 [*TDL*, 227~229; 『담론의 질서』, 38~40].
9) *AS*, 145~148 [*AK*, 110~113; 『지식의 고고학』, 161~165]. 원문: Négliger le pouvoir qu'il a de désigner, de nommer, de montrer, de faire apparaître, d'être le lieu du sens ou de la vérité, et s'attarder en revanche sur le moment (aussitôt solidifié, aussitôt pris dans le jeu du signifiant et du signifié) qui détermine son existence singulière et limitée.]. 『지식의 고고학』은 "언어작용이 있다"에 관련된 핵심적 텍스트이다. 이와 함께 '언어작용의 존재'에 대해서는 『말과 사물』의 다음 부분을 참조하라. *MC*, 316~318, 395~397 및 57~59 [*OT*, 307~309, 386~388 및 42~44; 『말과 사물』, 419~422, 522~525 및 80~83].

체적 의미를 부여하는 것일까? 무엇이 푸코를 현상학적 또는 언어학적 방향이 갖는 일반성에로의 함몰을 막아 주는 것일까? 무엇이 푸코로 하여금 특이하고 유한한 어떤 존재에 호소하게 만드는 것일까? 푸코의 입장은 "분포주의"(distributionalisme)와 유사한데, 푸코는 『지식의 고고학』 이후 늘 결정되어 있으며 무한하지 않은 특정의 코르퓌스로부터 출발한다. 이 특정의 코르퓌스는 특정 시대에 방사된 파롤과 텍스트, 문장과 명제로 구성되는 실로 다양한 코르퓌스이며, 푸코는 이로부터 언표적 "규칙성들"을 추출해 내고자 한다. 이제 조건 자체가 역사적이므로, 아 프리오리 역시 역사적이다(Dès lors, la condition est elle-même historique, l'a-priori est historique). 거대한 중얼거림, 달리 말하면 언어작용-존재, 또는 언어작용이 "있다"(il y a)는 각각의 역사적 형성작용에 따라 변화한다. 또한 그것은 익명적인 동시에 이러저런 양식으로부터 결코 분리할 수 없는 "수수께끼 같으며 불안정한" 것, 너무도 특이한 것이다. 각각의 시대는 자신의 코르퓌스에 의거해 언어작용을 모으는 자신만의 방식을 갖는다. 예를 들어 고전시대 언어작용의 존재가 자신이 그 틀을 그려 내는 재현작용 안에서 온전히 드러나고 있다면, 19세기는 재현의 기능을 벗어나면서 집중의 통합 기능을 상실하는 반면, 새로운 기능으로서의 문학이라는 새로운 양식 안에서 그것을 되찾고자 한다. "인간[8]은 언어작용의 두 존재 양식 사이에서 생겨난 하나의 형상이었다."[10] 따라서 언어작용이라는 역사적 존재는 결

---

10) *MC*, 313~318 [*OT*, 299~307; 『말과 사물』, 415~422]. 또 '언어작용의 집중'으로서의 근대 문학의 기능에 대해서는 다음을 참조하라. *MC*, 59, 313 [*OT*, 44, 299; 『말과 사물』, 82~83] 및 *VHI*, 28~29 [*DE*, II, 251~253; *LIM*, 90~91. 이에 더하여 문학과 언어작용, 광기에 관한 푸코

코 이 같은 새로운 기능을 어떤 최초의 시원적 또는 단순히 매개적 의식의 내재성으로 집중시키지 않는다. 반대로 언어작용은 주어진 특정 코르퓌스의 언표들을 드러내기 위해 분포·분산되는 하나의 외재성 형식을 구성한다. 이는 하나의 분포적 단위이다. "실증적 아 프리오리는 단순한 시간적 분산의 체계가 아니며, 그 자체로 변형 가능한 하나의 집합이다."[11]

　이제까지 우리가 언표와 그것의 조건에 대해 이야기해 왔던 모든 것은 가시성에 대해서도 동일하게 적용 가능하다. 왜냐하면 가시성 역시 은폐되어 있는 것은 아니지만 그렇다고 직접적으로 볼 수 있거나 보일 수 있는 것도 아니기 때문이다. 가시성 자체는 우리가 대상, 사물 또는 감각적 성질에만 머무르면서 이들을 개방시키는 조건들로까지 상승하지 못하는 한 비가시적인 것으로 남아 있다. 그리하여 만약 사물들이 폐쇄되어 버린다면, 가시성들 역시 모호해지고 혼란스러워질 것이고 "명증성"도 마찬가지로 다른 시대에는 전혀 파악 불가능한 것이 되고 말 것이다. 또한 고전시대가 하나의 동일한 장소 안에 광인, 부랑자, 실업자를 집합시켰을 때 "지금의 우리에게는 단지 무차별적 감수성에 불과한 것이 당시의 고전시대 사람들에게는 명확히 분절되는 하나의 지각방식이었음에 틀림없다". 가시성이 연관되어 있는 조

　의 1963~1964년, 1970년의 강의를 모은 다음의 책을 주요한 참조로서 언급할 수 있다. Michel Foucault, *La grande étrangère. À propos de littérature*, Édité et présenté par Artières, Jean-François Bert, Mathieu Potte-Bonneville et Judith Revel, Édition de l'EHESS, 2013; 미셸 푸코, 『문학의 고고학』, 허경 옮김, 인간사랑, 2015].

11) *AS*, 168 [*AK*, 127; 『지식의 고고학』, 185. 원문: L'a-priori des positivités n'est pas seulement le système d'une dispersion temporelle, il est lui-même un ensemble transformable.].

건은 그러나 어떤 주체를 보는 방식이 아니다. 보는 주체는 그 자체로 늘 가시성 안의 특정 장소이며, 가시성으로부터 파생되는 하나의 기능이다(고전주의적 재현작용에서의 왕의 위치, 또는 감옥 체제에서의 관찰자의 위치가 바로 이렇다). 이제 우리는 지각을 방향 지어 주는 상상적 가치들, 또는 "지각적 주체들"을 구성하는 감각적 성질의 놀이에 호소해야 하는 것일까? 가시적인 것의 조건을 구성하는 것은 어떤 역동적 성질 또는 이미지인지도 모른다.『광기의 역사』에서 때로 푸코가 바슐라르적 방식으로 표명했던 것은 이런 점이었다.[12] 그러나 푸코는 곧 또다른 해결책에 이르게 된다. 예를 들어 건축물이 가시성 또는 가시성의 장소라면, 이는 건축물이 단순히 돌로 이루어진 형상을 넘어선 사물들의 배치이자 성질들의 조합일 뿐만 아니라, 무엇보다도 밝음과 어둠, 불투명과 투명, 보이는 것과 보이지 않는 것 등을 분산시키는 빛의 형식이기 때문이다. 푸코는『말과 사물』의 유명한 장에서 벨라스케스 (Diego Rodríguez de Silva y Velázquez, 1599~1660)의 그림「시녀들」 (Las Meninas, 1656)을 빛의 체제(régime de lumière)로서 묘사한다. 이 빛의 체제는 고전주의적 재현작용의 공간을 개방하면서 보이는 것과 보는 자들, 교환과 반사를 분산시켜 그림의 바깥에 있는 것으로 추론될 수밖에 없는 왕의 장소에 도달하게 만든다(마네에 대해 쓰인 푸코의 파기된 초고[9]는 거울의 또 다른 이용, 반사의 또 다른 분산작용과 함께 전혀 다른 빛의 체제를 묘사하지 않았던가?).『감시와 처벌』은 '판옵티콘'의

---

12) 특히『광기의 역사』2부 3장 '광기의 여러 형태들'(figures de la folie) 부분을 참조하라. 이 장은 "어떤 질적 세계의 반쯤은 지각적이고 반쯤은 상상적인 법칙들"(les lois mi-perceptives, mi-imaginaires d'un monde qualitatif)을 예로 든다.

건축을 '자신은 보지 못하면서 오직 보여질 뿐인 죄수들'과 '자신은 보여지지 않으면서 모든 것을 보는 어떤 관찰자'의 배치에 의해 주변의 독방들을 비추면서, 가운데의 탑은 어두컴컴한 채로 두는 어떤 빛의 형식(forme lumineuse)으로서 묘사한다. 언표와 체제가 분리 불가능한 것처럼, 가시성과 기계 역시 분리 불가능하다. 모든 기계가 광학적인 것은 아니다. 하지만 기계는 하나의 사물을 가시적으로 만들고 빛과 명증성 안에 위치 짓는 기능들, 기구들의 짜맞춤(assemblage)이다("감옥-기계", 또는 루셀의 기계들). 이미 『레몽 루셀』에서 푸코는 이에 대한 가장 일반적 형식을 수립한 바 있다. 제1의 빛(lumière première)은 사물들을 개방하여 가시성들을 하나의 번갯불(éclairs), 별빛(scintillements) 또는 "제2의 빛"(lumière seconde)으로 출현시킨다.[13] 푸코가 『임상의학의 탄생』에 '시선의 고고학'이라는 부제를 달 수 있었던 것도 각각의 역사적인 의학적 형성작용이 이런 제1의 빛을 조정하면서 질병의 가시성에 관련된 특정 공간을 구성해 내고 있었기 때문이다. 이 의학적 구성은 징후들을 밝힌다. 이러한 구성은 때로는 임상의학처럼 징후들을 두 개의 차원들로 펼침에 의해, 또 때로는 병리해부학처럼 시선에는 깊이를, 질병에는 부피를 부여하는 제3의 차원을 따라 징후들을 포개어 놓음에 의해 이루어진다(생명체의 "해부"로서의 질병).

따라서, 마치 언어작용-존재의 경우처럼, 하나의 빛[밝힘]이 "있다"(un "il y a" de la lumière), 빛의 존재(être de la lumière) 또는 빛-존재(être-lumière)가 있다. 이들 각각은 절대적인 동시에 역사적인데,

---

13) *RR*, 140 [*DL*, 108~109].

왜냐하면 이들 각각은 자신이 특정한 이러저러한 형성작용 또는 코르퓌스에 스스로 부과되는 방식과 분리될 수 없기 때문이다. 이들 중 하나는 가시성들을 가시적인 것 또는 지각 가능한 것으로 만들고, 다른 하나는 언표들을 언표 가능한 것, 말할 수 있는 것 또는 읽을 수 있는 것으로 만든다. 그러나 이는 가시성이 보는 주체의 행위도, 시각적 의미의 소여도 아닌 경우에 한해서만 그렇다(이제 푸코는 "시선의 고고학"이라는 부제를 폐기한다). 가시적인 것이 더 이상 어떤 감각적 성질 또는 사물로 환원되지 않는 것처럼, 빛-존재도 더 이상 물리적 환경으로 환원되지 않는다. 결국 푸코는 뉴턴(Isaac Newton, 1642~1727)보다는 괴테(Johann Wolfgang von Goethe, 1749~1832)에 더 가깝다. 빛-존재는 매번 가시적인 것의 조합 자체를 따름으로써 가시성을 시선에 연결시키면서 동일한 자극을 다른 의미에 연결시키는 유일한 아 프리오리인 동시에 결코 조합 자체와 엄격히 분리할 수 없는 하나의 조건이다. 예를 들면, 만질 수 있는 것(le tangible)이란 어떤 가시적인 것이 또 다른 가시적인 것을 은폐하는 하나의 방식이다. 『임상의학의 탄생』은 모든 지각경험을 지배하고 있으며 (언제나 청각 및 촉각이라는 또 다른 감각영역들과 함께 할 경우에만 호명되는) 시각을 호명하는 어떤 "절대적 시선", "잠재적 가시성", "시선 바깥의 가시성"을 이미 발견했던 것이다.[14] 가시성들은 시각에 의해 정의되지 않는다. 가시성들은 차라리 능

---

14) *NC*, 167 [*BC*, 165; 『임상의학의 탄생』, 266] (그리고, "코르비자르가 병이 든 가슴에 귀를 대고 무엇인가를 들으려 했고, 라외넥이 날카롭게 떨리는 목소리를 들으려 했다면, 그들의 청각에 또는 그 위로 자극을 주던 시선 안에서 그들이 진정으로 보려고 했던 것은 기관의 이상비대현상hypertropie 또는 유출현상épanchement이었다.").

동과 수동, 작용과 반작용의 복합체들이며, 빛에 의해 나타나게 되는 다중-감각적 복합체들(complexes multi-sensoriels)이다. 푸코에게 보낸 마그리트(René Magritte, 1898~1967)의 편지에서 이야기되었던 것처럼, "보는 것, 시각적으로 묘사될 수 있는 것이 사유이다"(ce qui voit, et qui peut être décrit visiblement, c'est la pensée).[10] 그렇다면 우리는 이런 푸코의 1차적 빛을 — 자유로운 것이든 개방된 것이든, 오직 2차적인 것으로서만 우리의 시각에 드러나는 — 메를로-퐁티(Maurice Merleau-Ponty, 1908~1961) 또는 하이데거(Martin Heidegger, 1889~1976)의 '밝힘'(Lichtung)과 연관시켜야 할까? 차이점은 두 가지이다. 우선 ① 푸코의 빛-존재는 특정의 이러저런 양식으로부터 분리할 수 없는 것이며, 또한 그것의 아 프리오리 역시 현상학적이기보다는 차라리 역사적·인식론적인 것이다. 한편 ② 빛-존재는 시각뿐 아니라 파롤에 대해서도 개방되어 있지 않다. 이는 언표로서의 파롤이 언어작용-존재와 그 역사적 양식들 안에서 전적으로 다른 개방의 조건을 발견해 내기 때문이다. 우리의 결론은 각각의 역사적 형성들이 가시성의 조건들 안에서 가능한 한 모든 것을 보고 또 보이게 만드는 동시에 언표 조건들의 기능에 따라 자신이 말할 수 있는 모든 것을 말한다는 것이다. 비록 어떤 것도 직접적으로 볼 수 있거나 직접적으로 읽힐 수 있는 것은 아니지만, 마찬가지로 어떤 비밀도 존재하지 않는다. 이 조건들은 어떤 경우에도 특정 의식 또는 주체의 내부(l'intérieur)에서 하나의 '동일자'(同一者, un Même)를 구성하는 것 이상으로 통합되지 않는다. 때로는 언표들이, 때로는 가시성들이 분포·분산되는 곳은 바로 이 외재성의 두 형식들 안에서이다. 언어작용은 단어, 문장, 명제를 "내포한다". 하지만 언어작용은 어떤 환원 불가능한 거리를 따라 분산되는 언표들을 내포하지 않는다. 언표들은 자신들의 문턱, 가족을 따라 분포된다. 마찬가지로 빛이 내포하는 것은 오직 대상들일 뿐 가시성들이 아니다. 이런 점에서, 우리가 이미 살펴보았듯이, 푸코의 진정한 관심이 이러저런 '감금 환경'이라고 말하는 것은 오류이다. 병원과 학교는 무엇보다도 특정한 외재성 형식 안에서 분포·분리·분할되는 특정 외부 기능으로 되돌려지는 가시성의 장소들이다.

이것은 망탈리테(mentalité)의 역사도 행위(comportements)의 역사도 아니다. 말하는 것과 보는 것, 또는 차라리 언표와 가시성은 순수한 '요소들', 초월적 조건들이며, 사유가 형성되고 행동이 나타나는 것은 바로 이런 '요소들' 아래 구성된 특정 순간이다. 이런 조건들에 대한 탐구가 푸코 사유의 한 특징을 이루는 일종의 신칸트주의를 구성한다. 물론 푸코와 칸트(Immanuel Kant, 1724~1804)는 몇 가지 본질적 차이를 보인다. 우선 ① 푸코의 조건은 모든 가능한 경험들의 조건이 아닌 현실적 경험들의 조건이다(예를 들면 언표는 이미 결정되어 있는 특정 코르퓌스를 가정한다). 다음으로 ② 푸코의 조건은 어떤 보편적 주체에 관한 것이 아니라 역사적 형성작용 및 "대상"에 관한 것이다(아 프리오리 자체가 역사적이다l'a-priori lui-même est historique).[11] 결국 ③ 모든 것은 외재성의 형식들이다.[15] 그러나 만약 푸코에게 신칸트주의적 측면이 존

---

15) *MC*, 257 [*OT*, 244; 『말과 사물』, 342~343]. 또 *AS*, 167 [*AK*, 127; 『지식의 고고학』, 184] (특히 "외재성의 형식"에 대해서는 다음을 보라. *AS*, 158~161 [*AK*, 120~122; 『지식의 고고학』, 174~178]).

재한다면, 그것은 이 조건들과 더불어 가시성이 '수용성'(Receptivité, Empfänglichkeit)을, 언표가 '자발성'(Spontanéité, Spontaneität)을 형성하기 때문이다. 이는 언어작용의 자발성과 빛의 수용성이라는 두 축을 구성한다. 따라서 수용성을 수동성으로, 자발성을 능동성으로 설정하는 것만으로는 충분치 못하다. 빛을 드러내는 작용 안에는 수동성 못지않게 능동성도 존재하고 있으므로 이때의 수용성을 단순한 수동성으로만 이해해서는 곤란하다. 마찬가지로 자발성 또한 항상 능동성만을 의미하는 것은 아닌데, 이때의 자발성은 차라리 수용적 형식 위에서 작동하는 어떤 "타자"(Autre)의 활동을 의미한다. 이 점에 한해서는 칸트도 마찬가지이다. 한편 칸트에게 있어 "나는 생각한다"(Je pense)의 자발성은 필연적으로 이 자발성을 타자로 재현하는 수용적 존재들에 대해 작동하는데,[16] 푸코의 경우는 이와는 전혀 다르다. 지성(知性, l'entendement, Verstand)과 '코기토'(Cogito)의 자발성은 언어작용의 자발성(언어작용의 "있음")에, 직관의 수용성은 빛의 자발성(시-공의 새로운 형식)에 자신의 지위를 양보한다. 가시적인 것에 대한 언표의 우위는 이제 쉽게 설명될 수 있다. 『지식의 고고학』은 담론 형성작용으로서의 언표에 **결정적** 역할을 부여했다. 하지만, 그럼에도 불구하고, 가시성 역시 결코 특정 결정형식으로 환원 불가능한 종류의 **결정 가능성** 형식으로 회귀하기 때문에, 환원 불가능하다. 이것이 바로 데

---

16) 『순수이성비판』의 '초판'에서 칸트는 이를 "친화적 의미의 역설"(paradoxe du sens intime)이라 불렀다. I. Kant, *Critique de la Raison pure*, PUF, 136 [칸트, 『순수이성비판 1』, 백종현 옮김, 제1부 초월적 분석학, 순수 지성개념들의 연역(A판), 제2절 경험의 가능성을 위한 초월적 근거들에 대하여, 아카넷, 2006, 318~343쪽].

카르트(René Descartes, 1596~1650)와 칸트 사이의 거대한 단절이다. ('나는 생각한다'라는) '결정'의 형식은 이제 — [데카르트의 경우처럼] ('나는 존재한다'라는) 어떤 '결정되지 않은 것'이 아닌 — ('시-공간'이 라는) 순수 '결정 가능성' 형식에 연관된다. 문제는 본질적으로 다른 두 형식 및 조건 사이의 상호적응이다. 우리가 푸코에게서 발견하는 것은 이와 같은 방식으로 변형된 문제, 곧 두 "있음"의 사이, 빛과 언어작용 의 사이, 결정 가능한(déterminables) 가시성과 결정적(déterminants) 언표 사이의 관계이다.

처음부터 푸코의 본질적 테제들 중 하나는 내용형식과 표현형식, 가시적인 것과 언표 가능한 것 사이의 본질적 차이라는 문제였다(물론 이들은 각각의 지층 및 지식을 구성하기 위해 끊임없이 상호 침투하며 중첩 된다). 아마도 이것이 푸코가 블랑쇼와 만나는 최초의 지점일 것이다. "말하는 것은 보는 것이 아니다"(parler, ce n'est pas voir). 그러나 블 랑쇼가 결정적인 것으로서의 '말하기'의 우위를 주장하는 반면, 푸코 는 블랑쇼와의 유사성에도 불구하고 결정 가능한 것으로서의 '가시성' 이 갖는 환원 불가능성, 곧 '보는 것'의 특수성을 유지한다.[17] 블랑쇼와

---

17) cf. Blanchot, *L'entretien infini*, Gallimard, 1969, "parler, ce n'est pas voir". 이는 블랑쇼 의 모든 텍스트들에서 나타나는 이러한 주제와 연관되는 결정적 텍스트이다. 또한 의심의 여 지 없이 이 텍스트는 "보기"와 시각적 이미지의 우월성을 인정하고 있다(42쪽, 또 다음 책의 266~277쪽을 보라. *L'espace littérature*, Gallimard, 1955 [모리스 블랑쇼, 『문학의 공간』, 이달승 옮김, 그린비, 2010]). 그러나 블랑쇼 자신의 말처럼 이런 지위는 그것이 '보기가 말하기는 아 니다'(voir n'est pas parler)라기보다는 단지 '말하기가 보기는 아니다'(parler n'est pas voir) 를 확증하는 것에 그치는 것이기 때문에, 여전히 애매한 것으로 남아 있다. 이는 블랑쇼가 어 떤 의미에서는 데카르트주의자로 남아 있기 때문이라고 할 수 있다. 관계(또는 '비-관계')를 만드는 것은 순수한 '결정되지 않은 것' 그리고 '결정작용'이다(ce qu'il met en rapport (ou en "non-rapport"), c'est la détermination et l'indéterminé pur). 이에 비해 푸코는 보다 칸트적이

푸코 사이에는 비록 언표의 우위라는 공통의 전제가 존재하고 있긴 하지만, 어떤 동형성(isomorphisme) 또는 일치도 존재하지 않는다. 언표의 우위를 주장하는 『지식의 고고학』에서조차도 푸코는 이렇게 말하고 있다. 언표와 가시성 사이에는 어떤 상호적 인과성 또는 상징작용도 없다. 만약 언표가 어떤 대상을 갖는다 해도, 그것은 언표에 고유한 담론 대상이며, 이 대상은 시각적 대상과는 어떤 동형성도 갖지 않는다. 임상의학이 징후(symptôme)와 기호(signe), 장면(spectacle)과 파롤(parole), "가시적인 것과 언표 가능한 것 사이에 존재하는" 어떤 구조적 동일성을 제시하고자 할 때와 같은 인식론적 꿈의 경우이든, 또는 하나의 "칼리그람"(calligramme)[12]이 텍스트와 그림(au texte et au dessin), 언어적인 것과 조형적인 것(au linguistique et au plastique), 언표와 이미지 등에 어떤 동일한 형식을 부여하고자 할 때와 같은 심미적 꿈의 경우이든, 분명 우리는 언제나 동형성을 꿈꿀 수 있다.[18] 마그리트에 대한 언급에서 푸코는 텍스트와 형상, 파이프 그림과 "이것은 파이프이다"(ceci est une pipe)라는 언표를 분리시키는 "무색의 중성적인 얇고 작은 띠"가 끊임없이 재생되고 있음을 보여 주었다. 그리고 어떤 그림, 언표, 공통적으로 가정된 형식으로서의 '이것'도 파이프가 아니기 때문에, 이 띠는 언표가 "이것은 파이프가 아니다"(ceci n'est pas une pipe)에 이를 때까지 이들을 분리시킨다. "파이프 그림과 그

다. 관계 또는 비-관계는 '결정작용'과 '결정 가능성'이라는 두 형식의 사이에 존재한다.
18) 임상의학을 가로지르는 동형성이라는 "꿈"(rêve)에 대해서는 다음을 보라. *NC*, 108~117 [*BC*, 107~117; 『임상의학의 탄생』, 187~200]. 칼리그람에 대해서는 다음을 보라. *CNP*, 19~25 [*TNP*, 20~23; 『이것은 파이프가 아니다』, 17~23].

것에 이름을 붙여야만 하는 텍스트가 만나는 곳은 더 이상 흑판 위, 또는 흑판의 바깥이 아니다", 그것은 하나의 "비-관계"(non-rapport)이다.[19] 아마도 이는 푸코가 자신의 역사 연구에서 확립한 방법 중 가장 유머러스한 사례일 것이다. 이와 관련하여 『광기의 역사』는 다음과 같은 점을 보여 준다. 광기에 연관된 가시성의 장소 또는 내용형식으로서의 로피탈 제네랄은 결코 의학에 자신의 기원을 두지 않는다. 로피탈 제네랄의 기원은 내치에 있다. 한편 "비이성"이라는 언표의 생산주체 또는 표현형식으로서의 의학은 자신의 담론체제, 진단과 처치를 로피탈 제네랄의 바깥으로까지 확장했다. 후에 푸코에 대해 언급하면서 블랑쇼는 '비이성 및 광기의 차이, 충돌'에 대해 말한다. 『감시와 처벌』은 이와 인접한 주제를 심화시킨다. 범죄의 가시성으로서의 감옥은 표현형식으로서의 형법에서 파생된 것이 아니다. 감옥은 전혀 다른 또 하나의 지평 즉 "규율적" 지평에서 나온 것이다. 감옥은 사법적 지평에서 나온 것이 아니다. 형법은 감옥과는 독립적으로 "비행"이라는 언표를 생산한다. 이는 마치 형법이 언제나 일정한 방식으로 '이것은 감옥이 아니다'라고 말하게 되었던 것과도 같다. … 이 두 형식들은 '게슈탈퉁'(Gestaltung)이라는 고고학적 의미에서의 동일한 형성작용을 갖는 것도, 동일한 발생 또는 계보학을 갖는 것도 아니다. 그럼에도 불구하고 설령 어떤 마술에 의해서라도 이 둘은 만나게 된다. 우리는 이제까지 감옥이 또 다른 개인을 형사상의 비행인으로 치환하고, 그런 치환

---

19) *CNP*, 47 [*TNP*, 36; 『이것은 파이프가 아니다』, 56~57]. 여기서 푸코는 블랑쇼의 "비-관계"라는 표현을 차용한다.

에 힘입어 비행을 생산 또는 재생산하고 있으며, 법이 죄수들을 생산 또는 재생산하고 있다는 것을 이야기했다.[20] 이 양자 사이의 얽힘이 맺어지고 풀리며 또 엇갈림이 접히고 펼쳐지는 것은 늘 이러저런 지층, 이러저런 문턱 위에서이다. 그렇다면 블랑쇼와 푸코 양자 모두에게 있어, 비-관계는 어떻게 해서 여전히 하나의 관계, 심지어는 보다 심원한 하나의 관계인 것일까?

우리는 여기서 "진실 놀이들"(jeux de vérité) 또는 심지어는 진실의 절차들(procédures du vrai)이 있다고 말할 수 있겠다. 진실은 그것을 확립시키는 절차와 분리 불가능하다(『감시와 처벌』은 중세 말 자연 과학의 모델로서의 "종교재판적 심문"과 18세기 말 인문과학의 모델로서의 "규율적 검사"를 비교한다). 그러나 하나의 절차는 무엇으로 구성되는가? 아마도 그것은 대략 하나의 과정 또는 방식으로서 구성되는 프래그머티즘일 것이다. 과정이란 무엇보다도 '보는' 과정이며, 지식에 대해 아래와 같은 일련의 질문들을 제기하는 것이다. 사람들은 이러저런 문턱 또는 지층 위에서 무엇을 보는가? 우리는 지금 단순히 우리가 출발하는 대상, 우리가 추적하는 성질, 우리가 위치한 사물의 상태(지각 가능한 코르퓌스)가 어떤 것인기를 묻고 있는 것이 아니다. 우리의 질문은 오히려 다음과 같은 것들이다. 어떻게 우리는 이 대상, 성

---

20) 『감시와 처벌』의 몇몇 부분은 감옥의 측면에서 비행을 다룬다. 그러나 실제로는 언표로 되돌아가는 "위법 행위로서의 비행"(délinquance-illégallisme)과 감옥으로 되돌아가는 "대상으로서의 비행"(délinquance-objet)이라는 두 가지 종류의 비행이 존재한다. 중요한 것은 『감시와 처벌』이 18세기 형법의 진화 및 감옥의 출현 사이의 이질성을 드러내고 있으며, 마찬가지로 『광기의 역사』가 17세기 수용소의 출현 및 의학의 상태 사이의 이질성을 확언하고 있다는 점이다.

질 및 사물로부터 가시성을 추출해 낼 수 있는가? 이런 가시성은 어떤 빛 아래에서 어떻게 반짝이고 빛나는가, 또한 그 빛은 어떻게 하나의 특정 지층 위에 모이게 되는가? 또한 이 가시성의 변수로 이해되는 주체의 위치는 어디인가? 무엇이 이 위치를 점유하고 또 보는가? 그러나 또한 각각의 지층에는 각기 다른 언어의 방식들이 존재하고 있다. 마치 루셀의 "절차"와 브리세(Jean-Pierre Brisset, 1837~1919)의 절차가 다르듯이 말이다.[21] 단어·문장·명제의 코르퓌스는 무엇인가? 우리는 어떻게 이들을 가로지르는 "언표들"을 추출할 수 있는가? 이 언표들은 어떤 언어작용의 집중 방식 아래에서 언표 가족 및 문턱을 따라 분산되는가? 나아가 이때 말하는 것은 무엇인가? 다시 말해, 변수로서의 언표의 주체란 무엇이며, 또한 무엇이 주체의 위치를 채워 가는가? 간단히 말해 언표적 방식들, 그리고 기계적 과정들이 있다.

---

21) J.-P. 브리세의 다음 저작에 붙인 푸코의 서문 xvi쪽을 참조하라. 'Préface' à *La Grammaire logique, résolvant toutes les difficultés et faisant connaitre par l'analyse de la parole la formation des langues et celle du genre humain* de Jean-Pierre Brisset, Paris: Tchou, 1878/1883/1970. [이 서문은 후에 다음과 같이 두 차례 재간되었다. *Sept propos sur le septième ange*, Paris: Edition Fata Morgana, 1986; 'Sept propos sur le septième ange', *DE*, I, 881~893]. 이 글에서 푸코는 루셀과 브리세 및 볼프손(Louis Wolfson)의 세 "절차들"을 비교한다. [볼프손은 1970년 자신의 정신병리 체험을 기초로 한 『분열증과 언어들』(*Le Schizo et les langues*)을 발표했고, 이 책은 언어의 문제에 연관되어 당시 라캉주의 서클의 큰 관심을 끌었다. 이 책은 '언어 정신착란증을 가진 한 학생'(볼프손)으로서 '영어가 자신에게 신체적 고통을 불러 일으키는 한편 그것이 매저키스트적인 성적 판타지와 결합되어 있었기 때문에 자신의 모어(母語)인 영어를 포기할 수밖에 없었던 한 조현병 환자의 자서전'이다. 볼프손에 대한 보다 자세한 사항은 다음을 참조하라. 데이비드 메이시, 「언어학인가, 랭귀스트리인가」, 특히 424~426쪽, 『라캉 이론의 신화와 진실. 콘텍스트로 라캉 읽기』, 허경 옮김, 민음사, 2001. 한편 볼프손의 이 책에 서문을 쓴 인물은 다름 아닌 들뢰즈 자신이다. 'Schizologie', préface à Louis Wolfson, *Le Schizo et les Langues*, Paris: Gallimard, 1970, pp. 5~23; 질 들뢰즈, 「루이 볼프손 또는 방식」, 25~45쪽, 『비평과 진단: 문학, 생명 그리고 철학』, 김현수 옮김, 인간사랑, 2000. 『비평과 진단』에 실린 텍스트는 약간의 수정·보완을 거친 것이다.]

이 과정들에는 매번 진실의 문제를 구성하는 수많은 질문들이 있다. 『쾌락의 활용』(*L'usage des plaisirs*, 1984)이 진실은 오직 "문제화들"(problématisations)을 통해서만 지식을 창출하고, 문제화들 역시 오직 '보기의 실천들'(pratiques de voir) 및 '말하기의 실천들'(pratiques de dire)이라는 "실천들"로부터만 생겨남을 보여 주었을 때, 이 책은 이전의 모든 책들에 이어지는 하나의 결론을 이끌어 내고 있었다.[22] 과정 및 절차라는 이 실천들이 진실의 절차들, "진실에 대한 특정 역사"[13]를 구성한다. 그러나 진실의 이 두 부분은 진실의 문제가 그들 사이의 상응성 또는 일치성을 배제하는 순간, 문제화되면서 특정한 관계를 맺게 된다. 정신의학에서 간략한 예를 들어 보기로 하자. 수용소 안에서 볼 수 있는 인간과 미친 사람이라고 언표될 수 있는 인간은 같은 사람인가? 예를 들어, '법원장' 슈레버(Président Schreber)의 편집증적(偏執症的, paranoïaque) 광기를 "보고", 그를 수용소에 집어넣는 것은 쉬운 일이다. 그러나 그의 광기를 "언표하는" 것은 훨씬 어려운 일이다. 따라서 우리는 그를 다시 수용소로부터 끄집어 낼 수밖에 없다.[14] 편집광증(偏執狂症, monomaniaque)은 반대의 경우이다. 이 경우 광기를 언표하기는 매우 쉽다. 그러나 그 광기를 제때 보고, 그를 감금해야만 할 때 실제로 그렇게 하기란 매우 어려운 일이다.[23] 가지 않아야 할 수많

---

22) *UP*, 17 [*TUP*, 11; 『쾌락의 활용』, 27~28].

23) 정확한 제명은 『내 어머니와 누이와 남동생…을 죽인 나, 피에르 리비에르. 미셸 푸코가 소개하는 19세기의 한 존속 살해범』이다. *Moi, Pierre Rivière, ayant égorgé ma mère, ma seur et mon frère. Un Cas de parricide au XIX siècle présenté par Michel Foucault*, Paris: Gallimard/Julliard, collections "Archives", n. 49, 1973; 미셸 푸코, 『내 어머니와 누이와 남동생…을 죽인 나, 피에르 리비에르』, 심세광 옮김, 앨피, 2008. 이 책은 19세기 정신의학

은 사람들이 수용소에 감금되었으며, 가야만 할 수많은 사람들이 수용소로 보내지지 않았다. 19세기 정신의학은 광기를 "문제화하는" 이런 특정의 관찰 위에서 생겨난 것일 뿐, 광기에 대한 어떤 분명하고 명백한 개념과는 거리가 멀었다.

참된 것은 어떤 일치 또는 공통 형식에 의해서도, 또는 위 두 형식들 사이의 어떤 대응에 의해서도 규정되지 않는다. 말하기와 보기, 가시적인 것과 언표 가능한 것 사이에는 이접이 존재한다. "우리가 보는 것은 결코 우리가 말하는 것에 거주하지 않는다."(*ce qu'on voit ne se loge jamais dans ce qu'on dit*) 또한 우리는 반대로도 말할 수 있다. 연접(連接, conjonction)은 다음과 같은 이중적 이유에서 불가능하다. 언표는 자신의 고유한 상관적 대상을 가진다. 또한 언표는, 마치 논리학이 그렇듯, 결코 어떤 사물의 상태 또는 가시적 대상을 묘사하는 명제가 아니다. 가시적인 것 역시, 마치 현상학이 그렇듯, 결코 언어 안에서 현실화되는 어떤 역능의 시니피에, 무언의 의미가 아니다. 문서고, 시청각적인 것은 이접적이다. 따라서 '보기-말하기'(voir-parler)라는 이접의 가장 완벽한 예들이 영화 안에서 발견되는 것은 그리 놀라운 일이 아니다. 스트라웁 형제,[15] 지베르베르크,[16] 뒤라스(Marguerite Duras,

---

에 핵심적 문제를 제기하는 한 범죄적 편집증의 경우를 다룬다. [이 책은 푸코가 콜레주 드 프랑스에서 지도한 연구물로 푸코의 「소개의 글」(présentation, pp. 9~15) 및 리비에르(1815~1840)가 직접 쓴 부모 살해의 「회상록」(mémoire) 등으로 이루어져 있다. 푸코는 아날학파의 학회지 『연보』(Annales)에서 리비에르를 발견했다. 피에르 리비에르는 스무 살이던 1835년 낫으로 자신의 어머니, 누이, 남동생을 살해했다. D. 메이시에 따르면, 이 텍스트는 당시 대중의 여론에 관한 진실, 과학적 진실, 사실관계의 진실이라는 삼중의 문제를 드러내 준다. David Macey, *The lives of Michel Foucault — A Biography*, NY: Vintage Books, 1993, p. 250.]

1914~1996)에 있어서, 목소리는 더 이상 어떤 장소도 갖지 않는 하나의 "이야기[역사]"(histoire)[17]로서 드리워지는 반면, 가시적인 것은 더 이상 어떤 "이야기"도 갖지 않는 비어 있는 장소로서 나타난다.[24] 뒤라스의 영화 「인도의 노래」(*India Song*, 1975)에서 목소리는 결코 보이지 않는 옛날의 무도회를 연상 또는 환기시키고 있는 반면, 시각적 이미지는 침묵이라는 또 하나의 무도회를 보여 주고 있다. 이 영화에서는 어떤 회상 장면도 시각과 일치하지 않으며, 마찬가지로 어떤 화면 밖의 목소리(voix-off)도 청각과 일치하지 않는다. 또 다른 뒤라스의 영화 「갠지스강의 여자」(*La femme du Gange*, 1975) 역시 "이미지의 영화와 목소리의 영화"라는 두 영화의 공존이자 이음새인 동시에, 틈새이자 유일한 "연결 요소"로서의 공백을 드러낸다. 양자 사이에는 영원한 비합리적 단절이 있다. 그럼에도 불구하고 어떤 목소리들이 어떤 이미지들 위에 존재하는가 하는 점은 문제가 되지 않는다. 분명, 가

---

24) [이란 출신의 프랑스 문화 비평가] 유세프 이샤그푸르(Youssef Ishaghpour, 1940~)의 다음 책, 특히 뒤라스 부분을 보라. *D'une image à l'autre*, Médiations 215, Paris: Denoël-Gonthier, 1981. 또한 「파괴하라고, 그녀는 말한다」(*Détruire dit-elle*, 1969)의 분석에 대해서는 다음을 보라. M. Blanchot, *L'amitié*, Paris: Gallimard, 1971. 푸코는 르네 알리오(René Allio, 1924~1995)가 『피에르 리비에르』를 소재로 만든 영화에 매우 큰 흥미를 보였다. 그 이유는 피에르 리비에르의 행동과 그가 쓴 텍스트 사이의 관계가 이 영화에서 문제가 되었기 때문이다(다음과 같은 푸코의 언급을 보라. "그 텍스트가 행위와 연관되어 있는 것은 아니지만, 그것들 하나하나에는 관계망의 그물 전체가 깔려 있다."—*MPR*, 266). 따라서 영화는 이런 문제에 맞닥뜨려 이를 자신만의 방법으로 풀어내야만 했다. 또 사실 알리오는 단지 화면에 소리가 나오지 않는 기법(無聲, voix off)에 만족하지 않고, 보여진 것(le *vu*)과 언표된 것(l'*énoncé*), 또는 시각적 이미지와 청각적 이미지 사이의 편차들(décalages), 심지어는 이접들을 지각할 수 있도록 다양한 방식들을 사용했다(첫 장면부터 우리는 사막에 있는 나무 한 그루를 보게 되지만, 이때 들리는 소리는 중죄재판소의 진행 과정과 소음이다. [「파괴하라고, 그녀는 말한다」는 1969년의 희곡으로, 같은 해 영화화되었다. 르네 알리오의 영화는 동명의 제목으로 1976년 개봉되었다 (Paris: Planfilm). 1977년 잡지 『시네마』(*Cinéma*) 통권 183호에 시나리오가 실려 있다.]

시적인 것에서 언표로, 또는 언표에서 가시적인 것으로 옮겨 가는 묶임(enchaînement)이란 존재하지 않는다. 그러나 비합리적 단절의 위 또는 틈새 아래에서 끊임없는 되-묶임(re-enchaînement)이 이루어진다. 바로 이런 의미에서 가시적인 것과 언표 가능한 것은 하나의 지층을 형성한다. 그러나 그 지층은 언제나 중심에 대한 고고학적 균열에 의해 횡단되고 구성된 것이다(스트라움). 사물과 말에만 머무르는 한, 우리는 우리가 보는 것을 말하고 우리가 말하는 것을 보며, 이때 양자는 서로 연계되어 있다고 믿을 수 있다. 그리고 이는 물론 우리가 경험적 실천에만 머무르고 있기 때문이다. 그러나 우리가 말과 사물을 개방하는 순간, 우리가 언표와 가시성을 발견하는 순간, 파롤과 시각은 보다 우월한, 아 프리오리의 실천에 도달한다. 그리하여 각각은 자신을 다른 것으로부터 분리시키는 자신의 고유한 한계, 즉 (오직 보일 수 있을 뿐인) 가시적인 것과 (오직 말해질 수 있을 뿐인) 언표 가능한 것에 도달한다. 그럼에도 불구하고 여전히 각각을 분리시키는 이 고유한 한계는 또한 '눈먼 파롤'과 '말 없는 영상'이라는 비대칭적인 두 측면을 가지면서 서로를 연결시켜 주는 공통적 한계이다. 푸코는 동시대의 영화와 특이할 만큼 가까이 있다.

그렇다면 비-관계는 어떻게 해서 하나의 관계인가? 또는 푸코의 다음과 같은 두 선언들 사이에는 모순이 존재하는가? 한편으로 "설령 우리는 우리가 보는 것을 말한다 하더라도 그것은 무의미하다. 우리가 보는 것은 결코 우리가 말하는 것 안에 있지 않다. 마찬가지로 우리가 이미지·은유·비교에 의해 우리가 말하는 것을 보이려 한다 해도 이 역시 무의미하다. 이들이 빛나고 있는 공간은 우리의 눈에 의해 펼쳐지는 공간이 아니라, 구문의 이어짐을 정의하는 그런 공간이다". 또 다른 한편으로 "형상과 텍스트 사이에는 항상 일련의 총체적 엇갈림, 또는 차라리 서로에 대해 가해지는 공격들, 상대 과녁을 향해 쏘아진 화살들, 붕괴와 파괴를 위한 기도들, 던져지는 창들 그리고 상처, 하나의 전투가 존재한다…", "난어의 중심을 향하는 이미지의 추락, 그림에 흠집을 내는 언어의 번갯불들…", "사물의 형식 안으로 파고드는 담론들이" "존재함을 우리는 인정해야 하며", 또한 그 역도 마찬가지이다.[25] 이 두 종류의 텍스트들은 서로 전혀 모순되지 않는다. 앞의 것은 보는 것과 말하는 것, 가시적인 것과 언표 가능한 것 사이에는 어떤 동형성 또는 상동성(相同性, homologie), 공통적 형식도 존재하지 않음을 말하고 있다. 뒤의 것은 이 두 형식들이 마치 하나의 전투처럼 서로 침투하고 있음을 말하고 있다. 전투에 대한 푸코의 호소는 정확히 어떤 동형성도 존재하지 않음을 의미한다. 이는 이 이질적인 두 형식들이 조건 지음(condition)과 조건 지어진 것(conditionné), 달리 말해 빛과 가시성, 언어작용과 언표를 갖기 때문이다. 그러나 조건 지음이 조

---

25) *MC*, 25 [*OT*, 9; 『말과 사물』, 34]. 또 *CNP*, 30, 48, 50 [*TNP*, 30, 48, 50; 『이것은 파이프가 아니다』, 36, 67~68, 72~73. 원문은 다음이다. … d'une part "on a beau dire ce qu'on voit, ce qu'on voit ne se loge jamais dans ce qu'on dit, et on a beau faire voir, par des images, des métaphores, des comparaisons, ce qu'on est en train de dire, le lieu où elles resplendissent n'est pas celui que déploient les yeux, mais celui que définissent les successions de la syntaxe"; d'autre part, "il faut admettre entre la figure et le texte toute une série d'entrecroisements, ou plutôt de l'un à l'autre des attaques lancées, des flèches jetées contre la cible adverse, des entreprises de sape et de destruction, des coups de lance et des blessures, une bataille …", "des chutes d'images au milieu des mots, des éclairs verbaux qui sillonnent les desssins …", "des incisions du discours dans la forme des choses", et inversement.]. 『이것은 파이프가 아니다』는 두 종류의 텍스트들을 보여 주면서, 이들을 최대한 활용한다.

건 지어지는 것을 "내포하는" 것은 아니다. 조건 지음은 조건 지어지는 것에 대해 분산의 공간을 제공하면서 스스로를 외재성의 형식으로 드러낸다. 따라서 언표는, 마치 마그리트가 그린 두 파이프들 사이의 관계처럼, 가시적인 것과 그것의 조건 사이로 미끄러져 들어간다. 마찬가지로 가시성은 가시적인 것과 그것의 조건 사이로 스며든다. 그리고 이는 마치 언제나 가시적인 것과 함께 할 경우에만 단어를 출현시키는 루셀과 동일하다(루셀은 마찬가지로 언제나 언표와 함께 할 경우에만 사물들을 출현시킨다). 앞서 우리는 마치 형벌의 언표들이 감옥을 강화하는 2차적인 '가시적인 것들'을 발생시키듯이 어떻게 해서 "감옥"이라는 가시성 형식이 비행이라는 행위를 갱신시키는 2차적인 '언표'를 발생시키는가를 보이고자 시도했던 바 있다. 더욱이, 바로 이 언표와 가시성이야말로 마치 투사들처럼 서로 직접 껴안고 힘을 쓰며 서로를 붙잡고 늘어지는 것이며, 이런 과정을 통해 매번 "진실"을 구성하는 것이다. 바로 여기에 푸코의 공식이 있다. "하나의 동일한 운동 안에 존재하는 말하는 것과 보게 하는 것 … 그것은 일련의 경이로운 조우(遭遇)이다."[26] 동시에 말하고 본다는 것(비록 그것이 동일한 사물이 아니며, 우리가 보는 것 역시 우리가 말하는 것이 아니고 우리가 말하는 것 또한 우리가 보는 것이 아니라 할지라도). 그러나 지층이 구성되고, 동시에 하나의 지층에서 다른 지층으로 스스로를 변형시키는 것은 바로 이 둘 사이의 관계에 의해서이다(물론 그것이 동일한 규칙을 따르는 것은 아니라 하더라도).

---

26) *RR*, 147 [*DL*, 114. 원문: parler et donner à voir dans un même mouvement …, prodigieux entrecroisements.].

그러나 (투쟁, 구속, 전투, 이중적 침투라는) 이 첫 번째 대답은 아직 충분한 것이 아니다. 그것은 언표의 우위를 고려에 넣지 않은 것이다. 언표는 자신에게 규정적 형식을 부여해 주는 자기 조건(언어작용)의 자발성에 힘입어 우위를 갖는다. 반면, 가시적인 것은 단지 자기 조건(빛)의 수용성에 힘입은 결정 가능성의 형식을 가질 뿐이다. 따라서 우리는 비록 이 두 형식들이 본질적으로 다른 것이긴 하지만, 결정작용은 언제나 언표로부터만 나오는 것임을 이해할 수 있다. 그리고 이것이 바로 푸코가 루셀 작품의 새로운 측면을 발견할 수 있었던 이유이다. 단순히 언표를 이끌어 내기 위해 사물들을 개방하거나, 또는 가시성들을 인도하기 위해 단어들을 개방하는 것은 중요치 않다. 오히려 중요한 것은 가시적인 것에 대한 무한한 결정작용을 수행하면서 그 자발성에 따라 언표들을 싹틔우고 증식시키는 일이다.[27] 간단히 말해, 여기에는 앞서 말한 두 형식들 사이의 관계에 관련되는 두 번째 답이 있다. 설령 언표들이 자신들이 말하는 것과는 다른 것을 보도록 만든다 하더라도, 오직 언표들만이 결정적인 것이며, 나아가 보도록 만드는 것이다. 이제 우리는 『지식의 고고학』에서 가시적인 것이 궁극적으로 오직 '비담론적인 것'이라는 부정적 묘사로만 등장하지만 다른 한

---

27) 이것이 바로 푸코가 루셀의 작품을 세 가지로 구분하는 이유이다. 우선 ① 예를 들면 『시선』(*La vue*, 1904)처럼 가시성들이 언표들을 포획하고 환기시키는 기계적 작품들(oeuvres à machines), ② 『아프리카 인상』(*Impressions d'Afrique*, 1910)처럼 언표들이 가시성들을 촉발시키는 절차적 작품들(oeuvres à procédé)이 있고, ③ 또한 『새로운 아프리카 인상』(*Nouvelles Impressions d'Afrique*, 1932)처럼 언표가 이야기의 '괄호치기의 괄호치기 안에서'(dans des parenthèses de parenthèses) 증식하면서, 가시적인 것의 결정 가능성을 무한대로 추적하는 무한한 작품(oeuvre infinie)이 있다. 『레몽 루셀』의 7장 참조.

편으로는 담론적인 것이 비담론적인 것과 함께 그만큼의 더 많은 담론적 관계들을 갖게 된다는 사실에 그리 놀라지 않게 될 것이다. 가시적인 것과 언표 가능한 것 사이에서 우리는 두 형식들 사이의 이질성, 본질적 차이 또는 부동형성(不同形性, anisomorphie), 그리고 상호 구속 및 포획이라는 두 형식들 사이의 상호적 전제, 마지막으로 다른 것에 대한 하나의 결정적 우위 등과 같은 다양한 측면을 동시에 유지해야만 한다.

그러나 때로는 이 두 번째 대답조차도 충분치 못하다. 만약 결정작용이 무한히 이루어진다면, 결정 가능성이 어떻게 무한하지 않을 수 있으며, 결정작용과 다른 형식을 가질 수 있는 것일까? 언표들이 가시적인 것을 무한히 결정할 때, 가시적인 것은 어째서 영원히 결정 가능한 것으로서 자신을 은폐하지 않는가? 대상의 탈주를 어떻게 피할 수 있을까? 바로 이 점에서 루셀의 작품은, 실패라는 의미에서가 아니라, 그야말로 대양(大洋)적인 의미에서 궁극적으로 좌초되는 것이 아닐까? "이곳에서 언어작용은 자신의 내부에서 원형으로 배치된다. 이때 언어작용은 자신이 보여 주어야 하는 것을 숨기며, 시선에 제공되는 것을 은폐하고, 보이지 않는 공동(空洞)을 향해 현기증 나는 속도로 흘러간다. 이 텅 빈 공동에서 언어작용은 잡히지 않는 사물들을 미친 듯이 좇으며 사라진다."[28] 칸트는 이미 이와 비슷한 모험의 길을 횡단

---

28) *RR*, 172 [*DL*, 135. 원문: Ici le langage est disposé en cercle à l'intérieur de lui-même, cachant ce qu'il donne à voir, dérobant au regard ce qu'il se proposait de lui offrir, s'écoulant à une vitesse vertigineuse vers une cavité invisible où les choses sont hors d'accès et où il disparaît à leur folle poursuite.].

했다. 지성의 자발성은 오직 직관의 수용성이 자신의 결정 가능성 형식을 결정작용의 형식에 끊임없이 대립시키는 경우에만, 직관의 수용성에 대해 자신의 결정 능력을 행사한다. 따라서 칸트는 이 두 형식들을 넘어서는 세 번째 심급을 도입해야만 했다. 이 세 번째 심급은 본질적으로 "신비한" 것이며, 이들 사이의 상호 적응성을 '진실'로서 설명해 낼 수 있는 것이다. 이것이 바로 상상력[구상構想력]의 **도식**(*schème de l'imagination*, Schema der Einbildungskraft)이었다. 그 출현의 장소 또는 배치의 전적인 상이함에도 불구하고, 푸코의 "수수께끼 같은" (énigmatique)이란 단어는 칸트의 신비(mystère, Mysterie)라는 용어에 대응된다. 그러나 푸코 역시 결정 가능성과 결정작용, 가시적인 것과 언표 가능한 것, 빛의 수용성과 언어작용의 자발성을 이 두 형식들의 저편 또는 이편에서 작동하면서 상호적응시키는 제3의 심급을 요청한다. 푸코는 바로 이런 의미에서 구속(拘束)은 적대자들이 "자신의 협박과 말을 교환하는" 하나의 거리를 함축하고 있으며, 충돌(衝突)의 장소 역시 마찬가지로 적대자들이 결코 동일한 공간에 속하거나 동일한 형식에 의존하는 것이 아님을 증언해 주는 하나의 "비-장소"를 함축한다고 말한다.[29] 마찬가지로 클레(Paul Klee, 1879~1940)를 분석하면서 푸코는 가시적 형상과 글쓰기(écriture)의 기호들은 **오직 각각의 형식적 차원과는 다른 또 하나의 차원에서만** 결합된다고 말한다.[30] 따라서 이제 우리는 지층과 그것의 두 형식들과는 다른 또 하나의 차원, 곧 두

---

29) *NGH*, 156 ['NGH', *DE*, I, 1012~1013; 'NGH', in *LCP*, 156; 「니체, 계보학, 역사」, 이광래 옮김, 『미셸 푸코』, 342].
30) *CNP*, 40~42 [*TNP*, 32~34; 『이것은 파이프가 아니다』, 39~43].

형식들에 의해 지층화된 조합 및 하나에 대한 다른 하나의 우위를 설명하는 비[무]정형적인 제3의 차원으로 도약해야만 한다. 이 차원, 이 새로운 축은 무엇으로 구성되어 있을까?

2. 지층화되지 않은 것 또는 전략 :
바깥으로부터의 사유 — 권력

권력이란 무엇일까? 푸코의 정의는 너무나도 단순해 보인다. 권력은 힘들의 관계[힘관계](rapport de forces)이다, 또는 차라리 모든 힘관계는 하나의 "권력관계"(rapport de pouvoir)이다. 우선 권력이 하나의 형식, 예를 들면 국가형식이 아님을, 나아가 권력관계는 마치 지식처럼 어떤 두 형식 사이에 존재하는 것이 아님을 이해해야 한다. 두 번째로, 힘(force)이란 결코 단수가 아니며, 언제나 본질적으로 다른 힘들과의 연관 아래에서만 존재하는 것이다. 모든 힘이란 이미 언제나 하나의 관계, 즉 권력(pouvoir)이다. 힘은 다른 힘들 이외의 어떤 대상 또는 주체도 갖지 않는다. 그렇다고 해서 이것이 자연법으로의 회귀를 의미하지는 않는데, 이는 자연법이 '자연'을 하나의 가시성 형식으로서 간주하고 있기 때문이다. 폭력(violence)이란 힘에 따르는 하나의 결과물 또는 부수적 산물이며, 결코 힘의 본질적 구성 요소가 아니다. 푸코는 힘들의 관계가 무엇보다도 폭력을 넘어서며 폭력에 의해서는 결코 정의될 수 없다고 본다는 점에서, 니체에 (그리고 또한 마르크스에) 더욱 가깝다. 이는 폭력이 스스로가 파괴하거나 변형을 가하는 어떤 특정 존재나 대상 또는 육체에 작용하는 것인 반면, 힘이란 또 다른 힘들 이외의 어떤 대상도 갖지 않는 것, 관계성 이외의 어떤 존재도 갖지 않는 것이기 때문이다. 힘이란 "행위에 대한 행위(une action sur l'action), 즉현재 또는 미래의, 현실적 또는 실제적인 모든 행위들에 대한 행위"이며, "가능한 행위들에 대해 가해지는 모든 행위들의 총체"이다. 따라서 이제 우리는 행위들에 대한 행위들을 구성하면서 힘관계 또는 권력관계를 보여 주는, 그러나 필연적으로 개방되어 있는 변수들의 일람을 만들어 볼 수 있다. 자극하고 유인하며 방향을 바꾸고, 어렵게 또는 쉽게 만들면서, 확장 또는 제한하며, 더 또는 덜 개연적으로 만드는 것 등등…[1] 이런 것들이 권력의 범주들이다. 『감시와 처벌』은 이런 의미에서 18세기에 힘관계가 취했던 가치들의 좀 더 세밀한 목록을 확립한바 있다. (감금·구획·정돈·연속적 배열 등으로 특화되는) **공간적 재배치,**(시간의 세부적 재분배, 행위의 프로그램화, 개별 행동의 분할 등의) **시간적 질서화,** ("그 효과가 개별적 힘들의 총합을 넘어서는 생산적인 힘의 구성"을위한 모든 방식 등의) **시공간적 구성 등등…**[1] 이것이 바로 이전에 우리가살펴본 것처럼 권력에 관련된 푸코의 큰 주제들이 세 개의 항목으로발전되는 이유이다. 권력은 ("자극하고 야기하고 생산하기" 때문에) 본질적으로 억압적인 것이 아니다. 권력은 (오직 계급과 같은 결정 가능한 형식 또는 국가와 같은 결정된 형식 아래에서만 소유 가능한 것이기 때문에)소유되기 이전에, 행사되는 것이다. 권력은 (관련된 모든 힘을 관통하는것이기 때문에) 지배자들 못지않게 피지배자들을 관통하는 것이다. 이

---

1) 'Deux essais sur le sujet et le pouvoir', in *MFF*, 313 [*MF*, 220; 『미셸 푸코』, 312].

는 하나의 심오한 니체주의이다.

우리는 더 이상 다음처럼 묻지 않는다. "권력이란 무엇인가? 그리고 그것은 어디에서 오는가?" 다만 이제 우리는 이렇게 물을 뿐이다. 권력은 어떤 방식으로 행사되는가? 권력의 행사는 특정한 '영향력'(affect)으로서 나타나는데, 이는 힘이 그 자체로 자신의 권력에 의해 (자신이 관계를 맺고 있는) 다른 힘들에 영향을 미치는 동시에 다른 힘들에 의해 영향을 받는 것으로서 정의되기 때문이다. 자극·야기·생산은 (그리고 이와 유사한 목록의 다른 용어들도 모두 마찬가지로) 능동적 영향력을 구성한다. 반면 생산을 위해 결정·자극·야기된 존재는 하나의 "유용한" 효과, 즉 반작용의 영향력을 갖는다. 뒤의 것은 앞의 것에 대한 어떤 단순한 "반격" 또는 "수동적 반대급부"가 아니라, 오히려 "환원 불가능한 맞수"라 부를 만한 어떤 것이다. 이는 특히 영향을 받기만 할 뿐 저항 능력을 갖지 않는 힘이란 존재하지 않는다는 점을 고려할 때, 더욱 그렇다.[2] 동시에, 각각의 힘들은 (다른 힘들에 대해) 영향을 미치고, 또 (다른 힘들에 의해) 영향을 받기 때문에 다양한 권력관계들을 함축하게 된다. 그리고 모든 힘들의 장은 이런 관계들 및 관련된 변양들에 관련하여 힘을 재배치한다. 자발성과 수용성은 이제 하나의 새로운 의미, 즉 '영향을 주고받음'이라는 의미를 획득하게 된다.

이때 영향을 받는 권력은 마치 힘들의 **질료**[내용-](*matière*)와 같은 것이며, 영향을 주는 권력은 마치 힘들의 **기능**(*fonction*)과도 같은 것이다. 문제가 되는 것은 다만 순수 기능, 곧 비형식화된 하나의 기능일

---

2) *VS*, 126~127 [*HS*, 95~96; 『지식의 의지』, 104~107].

뿐이다. 이 기능은 자신을 구현하는 일련의 구체적 형식들, 자신이 봉사하는 목적들, 그리고 자신이 채용하는 수단들과는 무관하게 포착되는 기능이다. 그리고 이는 행위의 물리학, 곧 추상적 행위의 물리학이다. 여기서 문제가 되는 것은 그 기능이 진입하게 될 일련의 결정된 대상들, 존재들 및 정형화된 실체들과는 무관하게 포착되는 하나의 비정형화된 순수 질료이다. 그것은 제일 질료 또는 순수한 질료의 물리학이다. 권력의 범주는 따라서 "어떤 방식으로든" 주어진 행위 및 매체에 고유한 특정의 결정작용들이다. 그렇기 때문에 『감시와 처벌』은 '판옵티콘'을 다양한 개인들의 다수성에 대응하는 일종의 작업(tâche) 또는 품행(conduite)으로 정의한다. 물론 이때의 행위는 그에 부과되는 순수한 기능에 따르는 것이다. 한편 이 다수성의 유일한 조건은 그것이 과도할 정도로 많은 숫자가 아니어야 한다는 것, 또 그 공간 역시 지나치게 광범위하지 않은 적절히 한정된 공간이어야 한다는 것 등이다. 이 경우 그 기능에 수단과 목적을 부여해 주는 (교육·치료·징벌·생산 등의) 제반 형식들, 또는 기능이 수행되는 (죄수·환자·학생·광인·노동자·병사 등의) 정형화된 실체들은 고려의 대상이 되지 않는다. 이런 과정을 통해 사실상 18세기 말의 '판옵티콘'은 모든 형식들을 관통하게 되며, 자신을 모든 종류의 실체들에 적용시키게 된다. 그것이 순수한 권력의 범주, 하나의 순수한 훈육적 기능이 되는 것은 바로 이런 의미에서이다. 따라서 푸코는 이를 다이어그램, 곧 우리가 모든 특화된 실체뿐만 아니라, "모든 특별한 용도로부터 분리시켜야만 할" 기능이라 불렀다.[3] 이후 『지식의 의지』는 이와 동시적으로 발생하는 또 다른 기능을 다루게 되는데, 이는 다양한 방식으로 나타나는 생명에 대한 모든 관리 및 통제이다. 이 경우의 조건은 (인구의 문제와 같은) 무수한 다수성 및 광범위하고 열려져 있는 공간의 존재이다. 이곳이 바로 "개연적으로 만든다"라는 말이 다양한 권력 범주들 사이에서 의미를 갖게 되면서 그에 따라 일련의 개연적 방법론들이 도입되는 지점이다. 요약하면, 근대사회의 두 가지 순수 기능은 "해부정치학"(anatomo-politique)과 "생명관리정치학"(bio-politique)이고, 두 가지 순수한 질료는 모든 종류의 육체 및 인구가 될 것이다.[4] 따라서 우리는 서로서로 연계되어 있는 이 다이어그램을 다양한 방식으로 정의해 볼 수 있을 것이다. 다이어그램은 특정 형식화에 고유한 힘관계들에 대한 설명이고, 서로 영향을 주고받는 권력들의 배치이자, 비형식화된 순수 기능 및 비정형화된 순수 질료의 혼합이다.

'권력'을 구성하는 힘관계 및 '지식'을 구성하는 형식적 관계의 사이에서 우리는 지식의 두 형식적 요소, 또는 형식에 대해 우리가 말했던 것을 다시 한번 언급해야 하지 않을까? 권력과 지식 사이에는 분명한 본질적 차이 곧 이질성이 존재하지만, 이들 사이에는 또한 분명한 상호적 전제, 쌍방적 포획이 존재한다. 그러나 결국 남는 것은 지식에 대한 권력의 우위이다. 우선 본질적인 차이가 존재하는데, 이는 권력이 형식들이 아닌 힘들의 사이를 관통하는 것이기 때문이다. 지식은 보기와 말하기, 빛과 언어작용이라는 두 개의 거대한 형식적 조건들에

---

3) *SP*, 207 [*DP*, 205; 『감시와 처벌』, 318]. (참조. 209 [*DP*, 228; 『감시와 처벌』, 346~347]. "감옥이 공장이나 학교·병영 또는 병원과 흡사하며 이런 모든 기구들이 감옥과 닮아 있다고 해서 무엇이 놀라운 일이겠는가?")

4) *VS*, 183~188 [*HS*, 139~143; 『지식의 의지』, 150~155].

의해 각각의 선분들로 재배치되는 정형화된 질료(실체들) 및 형식화된 기능에 관련된다. 따라서 지식은 상대적으로 견고한 선분성을 부여받으면서 문서화되고 지층화된다. 반면 권력은 다이어그램적이다. 권력은 지층화되지 않는 기능과 자료들을 활성화시키는 동시에 매우 유연한 선분성을 드러내며 펼쳐진다. 실제로 권력은 형식들이 아닌, **지점들** 즉 특이점들을 관통한다. 이 특이점들은 각각의 경우에 보이는 특정 힘들의 응용, 다른 힘과 연관되는 특정 힘들의 작용 및 반작용, 다시 말하면 "언제나 국지적이고 불안정한 권력 상태"와 같은 특정의 영향력을 보여 준다. 이로부터 특이성의 배치·방사라는 다이어그램의 네 번째의 정의가 나타난다. 동시에 국지적이며 불안정하고 확산적인 권력관계는 통치권의 어떤 단일한 초점 또는 중심점에서 나오는 것이 아니다. 그것은 매 순간 다양한 변곡·역행·선회·회전·방향전환 및 저항을 보여 주면서 힘들의 장 내부를 "이 지점에서 저 지점으로" 이동한다. 바로 이런 이유로 권력관계들은 고정적 어떤 한 순간에 준하여 "국지화될 수" 없다. 권력관계들은 마치 지층화되지 않은 어떤 것의 행사처럼 하나의 전략을 구성하고, 이런 "익명적 전략들"은 가시적 또는 언표 가능한 모든 안정적 형식들을 회피하고 있으므로 거의 말하지도 보지도 못하는 어떤 것이라 할 수 있다.[5] 다이어그램이 문서고와 다른 것처럼, 전략은 지층화와 구분된다. 전략적 또는 지층화되지 않은 하나의 환경을 정의하는 것은 권력관계의 불안정성이다. 따라서 권력관계

---

5) 이에 대한 주요한 텍스트는 다음이다. *VS*, 122~127 [*HS*, 93~96; 『지식의 의지』, 101~106]. (푸코는 지점·전략 및 그것의 불안정성과 저항 등과 관련하여, 명시적으로 "매듭·초점"noeuds, foyers 과 같은 수학적 특이점에 관련된 용어를 사용하게 된다.)

는 알려져 있지 않은 것이다. 이 부분에서도 순수하게 실천적인 결정작용은 결코 어떤 인식 또는 이론적인 결정작용으로 환원 불가능하다고 보았던 칸트와 푸코 사이의 일정한 유사성이 나타난다. 푸코에 따르면 — 비록 모든 것이 실천적이라는 것이 진실이라 하더라도 — 권력의 실천은 어떤 지식의 실천으로 환원 불가능한 것으로 남는다. 이런 본질적 차이를 지적하기 위해 푸코는 이후 권력이 하나의 "미시 물리학"으로 되돌려진다고 말하게 된다. 단 우리는 이때 사용된 "미시"라는 용어를 가시적 또는 언표 가능한 형식의 단순한 축소가 아닌, 하나의 새로운 영역, 하나의 새로운 관계 유형, 지식으로는 환원 불가능한 사유의 한 차원, 즉 '언제나 유동적이며 결코 국지화시킬 수 없는 관계들'에 대한 지칭으로서 이해해야만 한다.[6]

프랑수아 샤틀레(François Châtelet, 1925~1985)는 푸코의 프래그머티즘을 "행사로서의 권력, 규칙으로서의 지식"(le pouvoir comme exercise, le savoir comme règlement)[7]이라는 말로 잘 요약하고 있다. 지식의 지층화된 관계에 대한 연구는 『지식의 고고학』(1969)에서 정

---

6) "권력의 미시물리학"에 대해서는 다음을 참조하라. *SP*, 140 [*DP*, 139; 『감시와 처벌』, 217]. 미시적인 것의 환원 불가능성에 대해서는 다음을 참조하라. *VS*, 132 [*HS*, 99~100; 『지식의 의지』, 109~110]. 여기서 우리는 푸코의 사유와 피에르 부르디외의 "전략"의 사회학을 비교하고, 어떤 의미에서 후자가 미시사회학(micro-sociologie)을 구성하고 있는가를 살펴볼 필요가 있을 것이다. 또한 아마도 이 양자와 드 타르드의 미시사회학과의 비교도 마찬가지로 필요할 것이다. 드 타르드의 연구 대상은 거대집단 또는 위대한 인물들이 아니며, 마치 공무원들의 간략한 서명, 지역적인 새로운 풍습, 말실수, 쉽게 전이되는 착시 현상 등과 같은 평범한 사람들의 사소한 생각이 보여 주는 희미하고도 미세한 관계들이다. 이는 푸코가 "코르퓌스"(資料群, corpus)라 지칭한 것에 연관된다. 드 타르드와 매우 유사한 '미소한 고안들'의 역할에 대한 푸코의 텍스트로는 다음을 보라. *SP*, 222 [*DP*, 220; 『감시와 처벌』, 337~338].
7) François Châtelet et Evelyne Pisier, *Les conceptions politiques du xxe siècle*, PUF, 1085.

점에 달한다. 권력의 전략적 관계에 대한 연구는 『감시와 처벌』(1975)에서 시작되지만, 역설적이게도 『성의 역사 1. 지식의 의지』(1976)에서 정점에 달한다. 이는 권력과 지식 사이의 본질적인 차이가 양자 사이의 쌍방적 내재성 또는 상호적 포획 및 전제를 가로막는 요소로 작용하는 것은 아니기 때문이다. 인간 과학은 자신을 가능케 하는 동시에, 지식들로 하여금 일정한 인식론적 문턱을 넘나들게 하거나 하나의 인식 형성을 가능하게 해주는 권력관계와 분리될 수 없다. 예를 들면, 어떤 "성(性) 과학"(scientia sexualis)의 경우라면 회개하는 자와 고해 신부 또는 신자와 목자 사이의 관계가, 심리학이라면 훈육적인 제반 관계들이 항상 존재하고 있는 것이다. 이는 물론 인간과학이 감옥에서 도출되었다는 말이 아니다. 이는 차라리 인간과학이 감옥 자신도 의존하고 있는 힘들의 다이어그램을 전제하고 있다는 의미이다. 거꾸로, 힘관계는 만약 지식을 구성하는 지층화되고 정형화된 관계 안에서 수행되지 않는다면, 추이적이며 불안정하고 사라져 가는 것, 거의 가상적인 것, 여하튼 알려지지 않은 것으로 남게 될 것이다. 심지어 '자연'에 관한 지식조차도, 그리고 특히 과학성의 문턱을 넘어서는 행위조차도, 인간들 사이의 힘관계로 돌려질 것이나, 실은 이들은 비로 이 형식 아래에서만 스스로를 실현할 수 있는 것이다. 권력의 다이어그램으로부터 자유로운 인식주체는 결코 존재하지 않는다. 마찬가지로 스스로가 실현하는 지식과의 관계로부터 자유로운 권력의 다이어그램 또한 결코 존재하지 않는다. 이렇게 해서 다이어그램과 문서고를 이어 주면서, 지식과 권력 사이의 본질적 차이로부터 양자를 유기적으로 구성하는 **권력-지식**의 복합체에 관한 긍정이 이루어진다. "지식의 기술과 권력의 전략 사이에는, 설령 양자가 제각기 특수한 역할을 맡고 상호 간의 차이에 입각하여 서로 결부된다 할지라도, 어떠한 외재성도 없다."[8]

권력관계들은 차이성(영향력)들을 결정하는 차이의[미분] 관계들이다. 반면 그런 관계들을 안정화하고 지층화시키는 현실화 행위 자체는 하나의 통합작용[적분]이다. 그것은 "일반적인 힘의 선(線)"을 추적하는 작업인 동시에, 특이성들을 연결·결합·동질화·계열화·수렴시키는 작업이다.[9] 그러나 즉각적이며 전반적인 통합작용은 결코 존재하지 않는다. 오히려 존재하는 것은 그런 각각의 개별적 관계들 및 특이점들과 닮아 있는 국지적이고 부분적인 적분들이 보여 주는 특정의 다수성이다. 통합적 요소들 또는 지층화의 행위자들(agents)은 '국가'뿐 아니라 '가족', '종교', '생산', '시장', '예술' 자체 및 '도덕' 등과 같은 일련의 제도들을 구성한다. 제도는 어떤 원천 또는 본질이 아니며, 본질 또는 내재성을 갖지도 않는다. 제도는 권력을 설명해 내지 못하는 일련의 조작 메커니즘 또는 실천이다. 제도는 일련의 관계들을 전제하고, 이 관계들을 생산적이라기보다는 재생산적인 기능 아래 "고착시키는" 것에 만족하기 때문이다. '국가'란 존재하지 않으며, 존재하는 것은 오직 '국가화'(étatisation)일 뿐이다. 다른 경우들 역시 이와 마찬가지이다. 이런 상황은 모든 역사적 형성작용에서 너무도 확연히 드러나는 점이며, 따라서 이제 우리는 아래와 같은 것들을 질문해 보아야 할 것이다. 이런 지층들 위에 존재하면서 각각의 제도들 위로 다시

---

8) *VS*, 130 [*HS*, 98; 『지식의 의지』, 107~108. 강조는 들뢰즈].
9) *VS*, 124 [*HS*, 94; 『지식의 의지』, 103~104].

금 되돌아오는 것은 무엇인가, 곧 제도가 통합하는 권력관계들은 어떤 것들인가? 하나의 제도는 다른 제도들과 어떤 관계를 맺는가? 그리고 이런 재배치는 어떻게 하나의 지층으로부터 다른 지층으로 변화하는가? 다시 한번, 이는 — 수평적인 동시에 수직적인 — 다양한 포획의 문제를 보여 준다. 만약 우리들의 역사적 형성작용에서 국가형식(forme-Etat)이 그토록 많은 권력관계를 포착해 왔다면, 이는 권력관계가 국가로부터 파생되었기 때문이 아니다. 반대로 이는 — 각각의 경우에 따르는 무척 많은 변수가 있기는 하지만 — 하나의 전반적 통합을 목표로 하는 "지속적인 국가화" 작용이 교육적·법적·경제적·가족적·성적 질서 안에서 끊임없이 생산되어 왔기 때문이다. 어떤 경우이든 '국가'는 권력관계를 전제하는 것이지, 결코 권력의 원천이 아니다. '국가'보다 통치(gouvernement)가 더 앞서는 것이라는 푸코의 말은 바로 이런 의미이다. 물론 우리가 "통치"라는 말을 모든 면에서 영향을 미칠 수 있는 힘이라는 의미로 받아들인다면 말이다(어린이·마음·환자·가족… 등을 지배한다).[10] 이로부터 우리가 ('국가' 또는 여타) 제도의 가장 일반적인 성격을 정의해 보고자 한다면, 제도는 권력–통치가 가정하는 다양한 관계들의 구성작용에 존재히는 것으로 보인다. 이런 가정된 관계들은 '국가'에 있어서는 '군주' 또는 '법', 가족에 있어서는

---

10) 참조. "통치"에 관련된 푸코의 텍스트는 다음을 보라. in *MFF*, 314. 제도에 대해서는 다음을 보라. 315 [*MF*, 221, 222; 『미셸 푸코』, 313, 314. 푸코의 텍스트는 「주체와 권력」(The Subject and Power)이다. 또 불어(영어)의 gouvernement(government)은 우리말의 통치·지배·다스림·통솔 등의 의미를 갖는다. 우리말에는 상황에 따라 약간의 뉘앙스가 달라지는 이 용어의 모든 의미를 포괄하는 단어가 없지만, 현재의 관행을 따라 '통치'로 번역한다].

'아버지', 시장에 있어서는 '돈', '금' 또는 '달러', 종교에 있어서는 '신', 성적 제도에 있어서는 '성 자체'("le" Sexe) 등처럼, 몰적(molaire) 심급의 주변에 존재하는 분자적(moléculaires) 또는 "미시물리학적" 관계들이다. 『지식의 의지』는 이들 중 가장 두드러지는 두 사례, '법'과 '성'의 문제를 분석한다. 이 책의 결론은 어떻게 해서 "성 없는 섹슈얼리티"(sexualité sans sexe)라는 차이적 관계들이 "유일한 시니피앙이자 보편적 시니피에", 섹슈얼리티의 "히스테리화"를 통해 욕망의 규범화를 수행하는 성이라는 사변적 요소 안으로 통합되는가를 보여 주는 것에 바쳐진다. 그러나 언제나, 프루스트의 경우처럼, 분자적 섹슈얼리티는 통합된 성의 밑바닥에서 끓어오르며 요동치고 있다.

이런 몰적 심급, 통합작용이 (예를 들면 "성과학"과 같은) 지식을 구성한다. 그러나 이런 층위에서 균열이 나타나는 이유는 무엇일까? 푸코는 하나의 제도에는 필연적으로 "기구"와 "규칙"이라는 두 개의 극점 또는 요소가 존재한다고 지적한다. 사실상 하나의 특정 제도는 거대한 가시성 즉 '가시성의 장' 및 거대한 언표 가능성, 즉 '언표의 체제'를 조직한다. 제도는 두 개의 형식 또는 표면을 갖는다(예를 들면, 성은 동시에 말하는 것이자 보여 주는 것이다. 언어작용과 빛).[11] 보다 일반적으로, 이곳에서도 역시 우리는 아래와 같은 이전 분석의 결론을 발견하게 된다. 통합작용은 오직 그 안에서 스스로가 분할되는 현실화의 발산(*divergentes*) 방식들을 창조할 경우에만, 현실화되고 또 작동한다. 더

---

11) 『지식의 의지』는 '말하는 성'(le sexe qui parle)과 '빛의[보(이)는] 성'(le sex lumière)이라는 두 양식을 분석한다. *VS*, 101, 207 [*HS*, 77, 157; 『지식의 의지』, 85~86, 170].

나아가 현실화는 하나의 특정 형식적 **차이화의 體系가** 창조될 경우에
만 통합된다. 각각의 형성작용에는 가시적인 것을 구성하는 수용성의
형식 및 언표 가능한 것을 구성하는 자발성의 형식이 존재한다. 분명
이 두 가지 형식들은 힘들의 두 측면 또는 영향력의 두 종류, 곧 영향
을 받는 권력의 수용성 및 영향을 주는 권력의 자발성과 일치하지 않
는다. 그러나 이 두 형식은 분명 이들로부터 도출된 것이며, 이것들에
서 자신의 "내적 조건"을 발견한다. 이는 권력관계가 그 자신만으로는
형식을 갖추지 못하지만, 비정형화된 질료(수용성) 및 비형식화된 기
능(자발성)을 연결시켜 주는 것이기 때문이다. 한편 지식관계는 각각
의 측면에서 정형화된 실체 및 형식화된 기능을 다루는데, 이는 때로
는 가시적인 것의 수용적 공간 하에서, 때로는 언표 가능한 것의 자발
적 공간 하에서 이루어진다. 정형화된 실체는 가시성에 의해, 형식화
되고 완성된 기능은 언표에 의해 각기 식별된다. 따라서 이제 우리는
("자극하다", "야기하다" 등과 같은 유형의) 영향력을 미치는 권력의 범
주들, 그리고 ("교육하다", "치료하다", "징벌하다" 등과 같은) 보기와 말
하기를 관통하면서 전자를 현실화시키는 지식의 형식적 범주들을 혼
동하지 않게 될 것이다. 그러나 제도가 우연을 배제하는 이런 변위(變
位, déplacement)에 힘입어 권력관계의 통합능력을 갖게 되는 것은 바
로 이 지점이다. 이때 제도는 권력관계를 현실화하며 수정하고 **재분배**
하는 지식의 구성과정을 통해 이러한 작업을 수행한다. 주어진 제도의
본질, 또는 더 나아가 작동의 본질을 좇음으로써, 한편에서는 가시성
이, 또 다른 한편에서는 언표가 자신들을 정치적, 경제적 또는 심미적
으로 만들어 줄 이러저런 문턱에 도달하게 될 것이다(물론 '가시성의 영

역을 남겨 둔 채로 하나의 언표가 어떤 문턱에 — 예를 들면 과학성의 문턱에 — 도달할 수 있는지를 알 수 있는가'라는 하나의 "문제"가 제기될 것이다. 또는 그 역도 마찬가지이다. 그러나 바로 이것이 진실로부터 하나의 문제가 생겨나는 방식이다. 언표들만큼이나 가변적인 '국가', 예술, 과학의 가시성들이 존재하는 것이다).

이런 통합작용-현실화(actualisation-intégration)는 어떻게 생겨나는가? 『지식의 고고학』은 적어도 그런 과정의 절반에 대한 이해를 가능케 한다. 푸코는 언표의 속성으로 간주되는 "규칙성"의 개념에 호소한다. 푸코의 규칙성은 다음과 같은 매우 정확한 의미를 갖는다. 규칙성은 특이점들(규칙)을 이어 주는 곡선이다. 정확히 말해, 힘관계들은 특이점들을 결정하며, 따라서 하나의 특정 다이어그램은 언제나 특이성들의 방사이다. 그러나 특이점의 근방(近傍, voisinage)을 통과하면서, 이들 사이를 결합시키는 곡선은 이와는 전혀 다른 성질을 갖는다. [프랑스의 수학자] 로트망(Albert Lautman, 1908~1944)은 미분[차이화]방정식 이론 내의 수학에는 '벡터 장(場) 내의 특이점들의 존재 및 재배치' 그리고 '근방의 적분[통합] 곡선 형식'이라는 — 비록 동시에 필연적으로 서로에 대해 보충적이지만 — "완전히 구분되는 두 개의 실재성"이 있음을 보여 주었다.[12] 『지식의 고고학』은 이로부터 하나의 방법론을 도출한다. 하나의 계열은 또 다른 계열이 시작되는 또 다른 특이점의 근방으로까지 연장된다. 또 다른 계열이 시작될 때, 그것은 첫 번째의 계열에 수렴되거나(같은 언표 "가족"), 또는 발산된다(다

---

12) Lautman, *Le problème du temps*, Hermann, 41~42.

른 언표 가족). 하나의 특정 곡선이 힘관계를 규칙화하고 정렬시키면서 계열들을 수렴시키고 "일반적인 힘들의 선"을 추적하고 힘들의 관계를 실행한다는 것은 바로 이런 의미이다. 푸코에게는 단순히 곡선과 그래프만이 언표가 아니며, 언표 역시 곡선 또는 그래프의 하나가 된다. 푸코는 언표가 문장 또는 명제로는 결코 환원 불가능한 것임을 보다 명백히 하기 위해 내가 지금 한 장의 종이 위에 우연히 쓰고 있는 이 글자들이 하나의 언표, 곧 "오직 확률의 법칙을 따를 뿐인 알파벳의 계열이라는 언표"를 형성한다고 말한다. 마찬가지로 내가 이 프랑스어 타이프라이터의 자판에서 치고 있는 글자들은 하나의 언표인 A, Z, E, R, T를 형성한다(물론 여기에 나타난 글자들 또는 자판 자체는 가시성들이므로 결코 언표들이 아니지만). 이제 만약 우리가 이런 관점에서 푸코의 가장 어렵고 신비한 텍스트들을 살펴본다면, 다음과 같은 점을 첨가해 볼 수 있을 것이다. 언표는 필연적으로 어떤 바깥, 곧 "자신과 기이하게 닮아 있고 실은 거의 동일한 것일 수도 있는 어떤 다른 것"과 특별한 연관을 갖는다. 그렇다면 이제 언표는 가시성 또는 자판 위의 글자들과 일정한 연관을 맺고 있다고 이해되어야만 할까? 물론 그렇지 않다. 그 이유는 현재 문제가 되고 있는 것이 가시적인 것과 언표 가능한 것 사이의 연관 자체이기 때문이다. 언표는 결코 자신이 지칭하는 것 또는 의미하는 것에 의해 정의될 수 없다. 자, 아마도 다음과 같은 것이 우리가 이해해야만 하는 점일 것이다. **언표는 특이점들을 이어주는 곡선이다.** 이 곡선은 힘관계를 실행하고 현실화시킨다. 이는 마치 프랑스어 자판 위의 문자들이 사용 빈도 및 근접 정도에 따라 (또는 다른 예를 들자면 우연에 따라) 글자와 손가락 사이에 존재하는 것과 마찬가지이다. 그러나 **특이점들 그 자체는** ─ 그것들이 힘관계와 맺는 연관에서와 마찬가지로 ─ 결코 하나의 언표가 아니었다. 차라리 그것들은 언표와 기이할 정도로 닮은, 거의 동일하다고까지 말할 수 있는 하나의 바깥이었다.[13] 자판 위의 글자들과 같은 가시성들은 언표에 외재적(extérieures)이지만 결코 언표의 바깥을 구성하지는 않는다. 그러므로 가시성은 언표와 동일한 상황에 놓여 있는 자신을 발견하게 된다. 그리고 가시성은 자신만의 방식을 통해 이 특수한 상황을 해결해야 한다. 가시성은 또한 자신이 현실화시키는 바깥, 자신이 순차적으로 통합시키게 되는 힘관계들 또는 특이성들과도 연결되어야 한다. 그러나 가시성은 언표에 대해 외재적인 것이기 때문에, 그 해결방식 또한 어떤 방식으로든 언표의 그것과는 다르다.

언표-곡선(courbe-énoncé)은 영향력의 강도, 힘들의 차이화[미분] 관계, 권력의 특이성(잠재성)을 언어 안에서 통합한다. 그러나 가시성은 이후 이것들을 전혀 다른 방식으로 즉 빛 안에서 통합해 내야 한다. 따라서 통합작용의 수용 형식인 빛은 자발성의 형식인 언어작용의 경로와 비교는 가능하지만 결코 상응하지는 않는 전적으로 다른 어떤 경로를 따라야만 한다. 그리고 "비-관계"의 한가운데 놓여 있는 이 두 형식들 사이의 관계는 불안정한 힘관계들을 확정하고, 확산

---

13) 『지식의 고고학』. 언표·곡선 또는 그래프에 대해서는 [불어 원본의] 109쪽, 우연 또는 빈도의 재배치에 대해서는 114쪽, 자판과 언표, 자판 및 언표에 있어서의 글자들 및 언표 사이의 차이에 대해서는 114쪽, "다른 것" 또는 바깥에 대해서는 117쪽을 보라. 푸코의 텍스트들은 이런 문제 일반에 대해서 매우 압축되고 간결한 입장을 취한다 [AK, 82, 85~86, 86, 89; 『지식의 고고학』, 122, 127~128, 128, 130~131].

작용(diffusions)을 국지화·전체화하며, 특이점들을 규칙화하는 양자의 두 방식이 될 것이다. 왜냐하면 바로 이 역사적 형성작용의 빛 아래 놓여 있는 가시성들이 그림들(tableaux)을 구성하기 때문이다. 그리고 이 그림들과 가시적인 것 사이의 관계는 언표와 들을 수 있는 것 또는 읽을 수 있는 것 사이의 관계와 동일하다. "그림"은 푸코에게 거의 늘 등장하는 개념이고, 푸코는 이 단어를 종종 언표들을 포괄하는 매우 일반적인 의미로 사용한다. 나아가 푸코가 언표에 대해 — 아마도 정확한 의미에서는 언표에 속하지 않을 — 보다 일반적인 기술적(descriptive) 의미를 부여했던 것은 바로 이 용어를 통해서였다. 가장 정확한 의미에서, 기술-그림(tableau-description) 및 언표-곡선은 형식화 및 통합작용의 이질적인 두 역능들이다. 이로써 푸코는 이미 오랜 역사를 갖는 하나의 논리학적 전통, 즉 — 예를 들면 러셀(Bertrand Russell, 1872~1970)과 같은 — 언표와 기술 사이의 본질적 차이를 주장하는 전통에 속하게 된다. 최초에는 논리학에서 도출되었던 이 문제는 이후 소설, "누보로망"(nouveau roman)에서, 그리고 이후에는 영화 등의 영역에서 자신의 예상치 못했던 발전을 목도하게 된다. 이러한 푸코의 제안은 단순한 하나의 새로운 해결책 이상의 것이다. 언표-곡선이 가독성에 고유한 조절작용(régulation)인 것과 정확히 마찬가지로, 기술-그림은 가시성에 고유한 조절작용이다. 그림을 기술하려는, — 또는 보다 정확하게는 — 그림에 상응하는 다양한 대상에 대한 기술을 제공하려는 푸코의 열정은 바로 여기서 도출되는 것이다. 「시녀들」에 대한 묘사들뿐 아니라, 마네 및 마그리트의 그림에 대한 묘사들, 그리고 죄수들의 사슬 또는 수용소, 감옥, 작은 죄수 호송 차량에 관한 묘사 등을 통해 푸코는 마치 그것들이 일련의 그림들인 양, 마치 자신이 한 사람의 화가인 양, 이들을 탁월하게 묘사하고 있다. 이는 분명 푸코의 작품 전체를 일관해 흐르고 있는 누보로망 및 루셀에 대한 자신의 친연성을 드러내는 것이다. 여기에서 벨라스케스의 「시녀들」에 관한 기술로 돌아가 보자. 이 작품에서 광선은 특이성들을 가시적으로 만들어 주는 동시에, 그로부터 재현작용으로 가득 찬 하나의 "원" 안에 섬광과 반사광을 만들어 내는 "하나의 나선형 조개 모양"을 구성한다.[14] 언표가 문장 또는 명제이기 이전에 곡선인 것과 꼭 같이, 그림은 윤곽선 또는 색깔이기 이전에 빛의 선이다. 한편 수용성의 이런 형식 안에서 그림이 실현시키는 것은 힘관계의 특이성들이며, 이때 군주와 화가의 관계는 "무한한 반짝임 속에 서로 교차하는" 바로 그런 것이다. 힘들의 다이어그램은 기술-그림 및 언표-곡선 안에서 동시에 실현된다.

푸코의 이런 삼각형은 심미적 분석뿐 아니라, 인식론적 분석에서도 역시 유용하다. 더욱이 가시성이 포획[작용]의 언표를 포함하고 있는 것과 꼭 같이, 언표 또한 그 자체로 포획[작용]의 가시성을 포함한다. 그렇지만 이 가시성은 단어들과 함께 작동하고 있을 때조차도 언표로부터 구분된다. 순수한 문학적 분석의 한가운데에서조차 그림과 곡선의 구분이 재발견된다는 것은 바로 이런 의미이다. 기술은 언어적일 수 있지만 그럼에도 불구하고 역시 언표와는 구분되는 것이다. 우리는 여기서 마치 포크너(William Faulkner, 1897~1962)의 작품과도

---

14) *MC*, 27 (및 319) [*OT*, 27 (및 319); 『말과 사물』, 37 (및 423)].

같은 무엇인가를 생각하고 있다. 언표는 담론적 대상 및 유동적인 주체의 위치(여러 사람을 위한 하나의 같은 이름, 한 사람을 위한 두 개의 이름)를 관통하며, 포크너에 고유한 모든 언어작용의 집합 및 언어작용-존재 안에 기입되는 환상적 곡선을 추적한다. 그러나 기술은 시간과 계절에 따라 변화하는 가시성·섬광·광채·반사광을 만들어 낼 뿐만 아니라, 이들을 — 포크너의 모든 비밀들이 간직되어 있는 — 모든 빛의 집합, 빛-존재 안에 분배하는 일련의 그림들도 역시 드러낸다(포크너, 문학의 가장 위대한 "뤼미니스트"luministe[2]). 그리고 이 두 요소들에 덧붙여지는 세 번째 요소가 있는데, 그것은 알려지지도 보이지도 말해지지도 않는 권력의 초점, [미국] '남부'의 가족 안에 존재하는 전복되고 퇴폐적인 초점, 침식하는 동시에 침식되는 초점, 결국은 완전한 어둠의 생성(devenir-noir)이다.

지식에 대한 권력의 우위, 지식관계에 대한 권력관계의 우위라는 말은 어떤 의미를 갖는가? 그것은 지식관계가 만약 권력의 차이적 관계를 갖지 않는다면, 결코 자신이 통합할 수 있는 무엇인가를 갖지 못한다는 의미이다. 한편 권력관계를 통합시켜 주는 작동들이 없다면 그것이 사라지는 것, 맹아적인 것 또는 가상적인 것이 되고 말리라는 점 또한 사실이다. 바로 이런 점에서 상호적 전제가 성립하는 것이다. 그러나 우위는 분명히 존재하는데, 그것은 지식의 두 가지 이질적 형식이 통합작용에 의해서만 구성되기 때문이며, 또한 오직 힘들에 귀속되는 여러 조건들 안에서만 — 그 틈새 또는 "비관계"를 넘어 — 일정한 간접적 관계 안으로 진입하기 때문이다. 한편 지식의 두 형식들 사이에 존재하는 간접적 관계에는 어떤 공통 형식 또는 상응성이 존재하지 않으며, 다만 양자 모두를 에워싸고 있는 힘들의 비형식적 요소만이 존재할 뿐이다. 푸코의 다이어그램론(diagrammatisme), 다시 말해 순수한 특이성들의 방사작용 또는 힘들의 순수한 관계에 대한 설명은 따라서 칸트의 도식주의(schématisme)에 대한 유비이다. 그리고 바로 이것이 자발성과 수용성이라는 환원 불가능한 두 형식들 사이에서 지식이 도출되는 관계를 보증하는 것이다. 그리고 이는 힘 자체가 그것에 고유한 자발성과 수용성을 향유하는 한 — 비록 이 양자가 비형식적일지라도, 아니 오히려 비형식적이기 때문에 — 여전히 그러하다. 물론 권력은, 우리가 만약 그것을 추상적으로 이해한다면, 보지도 말하지도 않는다. 권력은 오직 자신의 회랑과도 같은 그물 및 다양하게 뻗쳐 있는 자신의 땅굴 안에서만 드러나는 한 마리의 두더지이다. 권력은 "무수한 점들로부터 실행되며" "아래에서 나온다". 그러나 보다 정확히 권력은 스스로는 보지도 말하지도 못하지만, 보고 말하게 만드는 것이다. 그렇다면 "파렴치한 사람들의 삶"에 관련된 푸코의 기획은 어떻게 설명되어야 하는가? 여기서 문제가 되는 것은 이미 충분한 언어작용과 조명을 소유하면서 자신들의 악행에 의해 묘사되었던 유명인들의 삶이 아니다. 이 문제는 그들과 권력의 조우, 충돌이 순간적인 빛을 불러일으키고 또 말하게 만들었던 범죄적 존재, 그러나 어두컴컴하며 침묵하는 존재들에 대한 것이다. 우리는 심지어 이렇게 말할 수도 있다. 만약 지식의 배후에 마치 현상학이 바라는 것과 같은 어떤 기원적이며 자유롭고 야생적인 체험이 존재하지 않는다면, 그것은 '보기'(le Voir)와 '말하기'(le Parler)가 언제나 이미 자신들이 가정하고 현실화시키는 특정의 권력관계 안에 완전히 포착되어 있었기 때문이다.[15] 예를 들어, 우리가 언표를 추출하기 위해 문장 및 텍스트라는 코르퓌스를 결정하고자 한다면, 이는 오직 이 코르퓌스가 의존해 있는 특정한 권력(및 저항)의 초점들을 검토함에 의해서만 가능하다. 이것이 본실적이다. 만약 권력관계가 지식관계를 함축한다면, 마찬가지로 지식관계는 권력관계를 전제한다. 언표가 오직 외재성의 형식 안에 분산된 형태로만 존재하고, 가시성이 외재성의 또 다른 형식 안에 산포되어서만 존재하는 이유는 권력관계 자체가 더 이상 어떤 형식조차도 갖지 않는 한 요소 내에 확산되어 있는 다수의 지점들로 이루어진 것이기 때문이다. 권력관계는 언표들(그리고 가시성들)이 되돌아가는 ─ 비록 이들이 통합장치들(intégrateurs)의 지속적인 작동 때문에 실제로는 거의 구분되지 않는다 하더라도 ─ 어떤 "다른 것"을 지칭한다. 『지식의 고고학』에서 말하고 있듯이, 숫자들의 우연적인 방사는 언표가 아니지만, 그것의 음성적 재생산 또는 종이 위에 적어 놓은 것은 이미 하나의 언표이다. 만약 권력이 하나의 단순한 폭력이 아니라면, 그것은 단지 권력 자체가 힘들 사이의 관계를 표현하는 (어떤 유용한 효과를 생산·자극·야기하는 등의) 제반 범주들을 관통하고 있기 때문이 아니라, 오히려 지식과 관련하여 권력이 ─ 우리로 하여금 보게 만들고 말하게 만드는 한 ─ 진실을 생산하기 때문이다.[16] 권력은 문제로서의 진실을 생산한다.

---

15) *VHI*, 16 [*DE*, II, 241; *LIM*, 80]. (한편 권력이 보고 말하게 만드는 방식, 또한 빛을 비추며 말하도록 강요하는 방식에 대해서는 [*VHI*의] 15~17, 27쪽을 보라[*DE*, II, 240~242, 252~253].)
16) *VS*, 76, 98 [*HS*, 57, 73; 『지식의 의지』, 64, 83].

이전의 연구는 우리로 하여금 푸코에 있어 매우 두드러지는 지식의 층위에 있어서의 가시적인 것과 언표 가능한 것이라는 이원론의 존재를 보여 주었다. 그러나 일반적으로 이원론이라는 말은 적어도 세가지 의미를 가지고 있음이 지적되어야 한다. ① 우선 데카르트에 있어서의 두 실체 또는 칸트에 있어서의 두 능력과도 같이 환원 불가능한 차이를 보여 주는 참다운 의미의 이원론이 있다. ② 또한 스피노자 또는 베르크손과 같이 일원론을 향해 도약하기 위한 잠정적 단계로서의 이원론이 있다. ③ 다원론의 한가운데서 작동되는 일종의 예비적 재분배로서의 이원론이 있다. 이 마지막 경우가 바로 푸코의 경우이다. 만약 가시적인 것과 언표 가능한 것이 투쟁에 돌입한다면 이는 외재성, 분산작용 또는 확산의 형식으로 간주되는 각각의 형식들이 이로부터 두 종류의 "다수성" 유형을 만들어 내는 한도 내에서 그러하다. 그리고 이 두 형식들 각각은 결코 하나의 통일체로 통합될 수 없는 것들이다. 이 두 개의 다수성은 이제 세 번째의 다수성을 향해 열린다. 이는 더 이상 이원적 구분에 한정되지 않을 뿐만 아니라, 모든 이원화 가능한 형식들로부터도 해방된 분산작용의 다수성, 힘관계의 다수성이다. 『감시와 처벌』은 이 이원론들이 "다수성들" 안에 돌발적으로 나타나게 되는 몰적 효과, 또는 대량의 효과라는 점을 끊임없이 밝히고 있다. 그리고 이때, 영향을 주는 것-영향을 받는 것(affecter-être affecté)이라는 힘의 이원론은 단순히 힘들의 다수성, 힘의 다수적 존재 각각에 나타나는 지표에 불과하다. 지베르베르크는 이원적 분할이란 단순한 하나의 형식으로 재현될 수 없는 하나의 다수성을 분배하려는 시도라고 말한 바 있다.[17] 그러나 이런 분배는 오직 다수성들로부터 다수성들만을 구별해 낼 수 있을 뿐이다. 이것이 다수적인 것의 화용론 (pragmatique du multiple)이라 할 푸코 철학의 모든 것이다.

만약 가시적인 것과 언표 가능한 것이라는 두 형식 사이의 가변적 조합들이 역사적 형성작용 또는 지층을 구성하는 것이라면, 권력의 미시불리학은 반대로 비형식적인 요소 또는 시층화되지 않은 요소에 있어서의 힘관계를 드러낸다. 마찬가지로 초감각적(suprasensible) 다이어그램 또한 청각적-시각적 문서고들과 혼동되어서는 안 된다. 다이어그램은 마치 역사적 형성이 전제하는 아 프리오리와도 같다. 그럼에도 불구하고 지층들의 밑, 위 또는 심지어는 바깥에는 아무것도 존재하지 않는다. 유동적이고 사라져 가는 분산된 힘관계가 지층들의 바깥에 놓여 있는 것이 아니다. 그것이 바로 지층의 바깥을 구성한다. 이것이 바로 역사의 아 프리오리들이 그 자체로 역사적인 까닭이다. 일견 우리는 다이어그램을 다음의 서술처럼 근대사회에 국한된 것으로 간주할 수도 있을 것이다. 『감시와 처벌』은 구시대적 군주권의 제반 효과를 사회적 장에 내재적인 분할 배치로 대체시키는 규율적 다이어그램을 분석한다. 그러나 그것은 사실이 아니다. 지층화된 역사적 형성작용은 자신의 바깥으로서 이해되는 힘들의 다이어그램으로 되돌아간다. 우리의 규율사회는 제반 과업의 부과 또는 유용한 효과의 생산, 인구의 통제 또는 생명의 관리로 정의될 수 있는 다양한 권력의 범주들 (행위에 대한 행위)을 관통한다. 그러나 이전의 군주적 사회들 역시 결

---

17) Syberberg, *Parsifal*, Cahier du cinéma-Gallimard, 46. 지베르베르크는 보기-말하기의 이접을 특별히 발전시킨 영화인 중 하나이다.

코 다이어그램적이지 않다라고는 말할 수 없는 또 다른 범주들에 의해 정의된다. 공제(제반 행위 또는 생산물들에 대한 공제 행위, 힘들에 대한 공제의 능력), 죽음의 결정("죽게 만들기 또는 살게 내버려두기", 이는 생명의 관리와는 전혀 다른 것이다).[18] 각각의 경우는 그 나름의 다이어그램을 갖는다. 한편 푸코는 '국가' 사회보다는 '교회' 공동체로 귀결되는 또 하나의 다이어그램, 곧 "사목적"(司牧的) 다이어그램에 대해 말한 바 있다. 푸코는 이런 범주의 세목을 다음과 같이 지적한다. 힘관계 또는 행위에 대한 행위로서의 … 양떼의 방목.[19] 우리는 그 외에도 — 이후에 살펴보게 될 것처럼 — 그리스적 다이어그램·로마적 다이어그램·봉건적 다이어그램… 등에 대해 말할 수 있다. 이 목록은 권력 범주의 목록과 마찬가지로 무한하다(물론 규율적 다이어그램은 최후의 다이어그램이 아니다). 어떤 의미에서, 우리는 이 다이어그램들이 각각의 지층들 사이에서, 아래에서 그리고 위에서 소통한다고 말할 수 있다(그리고 바로 이런 의미에서 우리는 "나폴레옹적" 다이어그램을 그것이 예고했던 새로운 규율사회와 이전의 군주적 사회 사이에 존재했던 하나의 간(間)지층적, 매개적 다이어그램으로 정의할 수 있다).[20] 이런 의미에서 다이어그램은 지층과 쉽게 구별된다. 오직 지층화된 형성작용만이 다이어그램 자체에는 결여된 안정성을 부여한다. 다이어그램은 그 자체로는 불안정하고 동요되어 있으며 혼합되어 있는 것이다. 이는 아 프리

---

18) VS, 178~179 [HS, 136; 『지식의 의지』, 146~147].

19) 참조. 사목적 권력의 네 가지 범주에 대해서는 다음을 보라: MFF, 305 [MF, 214; 『미셸 푸코』, 304~305].

20) SP, 219 [DP, 217; 『감시와 처벌』, 334].

오리의 역설적 성격, 곧 미시적 동요를 보여 준다. 이는 관련된 힘들이 자신의 거리 또는 관계라는 변양들로부터 분리될 수 없는 것들이기 때문이다. 간단히 말해, 힘들은 영원한 생성의 상태에 있다. 니체의 개념을 따르자면, 역사를 이중화하는, 또는 차라리 역사를 감싸는 힘들의 생성이 있다. 그러므로 힘관계들 전체를 드러내는 것으로 이해되는 다이어그램은 어떤 장소가 아니다. 그것은 오히려 "하나의 비-장소"이다. 그것은 다만 변이작용(mutations)이 일어나는 특정한 장소일 뿐이다. 갑자기 사물들은 더 이상 지각되지 않으며, 명제들 또한 더 이상 이전과 같은 방식으로 언표되지 않는다…[21] 물론 다이어그램은 자신을 안정 또는 고정시켜 주는 지층화된 형성작용들과 소통한다. 그러나 다이어그램은 또 다른 축을 따르면서 다른 다이어그램들 또는 다이어그램의 다른 불안정한 상태들과도 소통을 한다. 힘들은 이들을 횡단하면서 자신의 변이적 생성을 추구한다. 이것이 다이어그램이 언제나 지층의 바깥이 되는 이유이다. 따라서 힘관계는 오직 특이성들 및 특이점들의 방사[작용]에 의해서만 드러날 수 있다. 물론 이런 연계가 완전히 무작위적으로 이루어지는 것은 아니다. 이는 차라리 각각은 우연적으로 작동하지만, 항상 직전의 제비뽑기에 의해 결정되는 일련의 외재적 조건들에 의해 지배되는 연속적 제비뽑기라 할 수 있다. 다이어그램 또

---

21) 생성, 비-장소 및 힘관계에 대해서는 다음을 참조하라. *NGH*, 156 ['NGH', *DE*, I, 1012~1013; 'NGH', in *LCP*, 149~150;「니체, 계보학, 역사」, 이광래,『미셸 푸코』, 342]. "갑자기" 사물들이 더 이상 같은 방식으로 지각되거나 언표되지 않게 만드는 변이에 대해서는 다음을 참조하라. *MC*, 229 [*OT*, 217;『말과 사물』, 307] 그리고 *VS*, 131 [*HS*, 99;『지식의 의지』, 108~109]: "지식-권력관계는 주어진 분배의 형식이 아닌 '변형(transformations)'의 모체'이다."

는 다이어그램적 상태는 마르코프의 사슬(Markov Chain)[3]처럼 언제나 불확실성과 종속성의 혼합이다. 푸코는 "우연성의 주사위를 던지는 필연성이라는 철의 손"이라는 니체의 말을 언급한다. 따라서 존재하는 것은 연속성과 내재성을 따르는 연쇄가 아니라, 단절과 불연속성(변이작용)을 넘어서는 재-연쇄이다.

외재성(l'extériorité)과 바깥(le dehors)은 구분되어야 한다. 외재성은 『지식의 고고학』에서 그런 것처럼 여전히 하나의 형식 또는 심지어는 서로서로에 대한 두 개의 외재적 형식들이다. 이는 지식이 빛과 언어작용, 보기와 말하기라는 두 가지 환경으로부터 만들어지기 때문이다. 그러나 바깥은 힘에 관련된다. 만약 힘이 언제나 다른 힘들과의 관련 하에 있는 것이라면, 힘들은 필연적으로 환원 불가능한 하나의 바깥으로 귀착될 것이다. 이때의 바깥은 더 이상 형식을 갖지 않는 것이며, 하나의 힘이 다른 힘들과 영향을 주고받을 수 있게 하는 소거 불가능한 일정한 거리를 창출하는 것이다. 하나의 힘이 이런 거리 또는 관계 하에서만 존재 가능한 다양한 영향력을 다른 힘과 주고받을 수 있는 것도 오직 바깥으로부터이다. 따라서 그 작동의 차원이 다르기 때문에 형식의 역사와는 혼동될 수 없는 힘들의 생성이 존재한다. 따라서 모든 외재적 세계, 심지어는 모든 외재성의 형식과도 아주 멀리 떨어져 있는 하나의 바깥은 이제 무한히 가까운 것이 된다. 그리고 만일 가까우면서도 멀리 떨어져 있는 이 바깥이 없었다면 두 개의 외재성 형식이 어떻게 서로에 대해 외재적일 수 있었겠는가? 『지식의 고고학』은 이미 "다른 것"이라고 말한 바 있다. … 그리고 만약 외재적인 동시에 이질적인 지식의 두 형식적 요소가 동시에 진실 "문제"의 해결책이 되는 역사적 일치를 발견한다면, 이는 우리가 이미 살펴본 바와 같이 힘들이 형식의 공간과는 다른 하나의 공간, 즉 정확히 말해 관계가 "비-관계"가 되고 공간이 "비-장소"가 되며 역사가 하나의 생성이 되는 "바깥"의 공간 안에서 작동하기 때문이다. 푸코의 저작들 중 니체에 대한 논문과 블랑쇼에 대한 논문은 서로 '묶임' 또는 '되-묶임'의 상대에 있다. 보기와 말하기가 외재성의 두 형식들이라면, '사유하기'는 형식을 갖지 않는 하나의 바깥에 관계된다.[22] 사유하기는 지층화되지 않은 것에 도달하는 것이다. 보기는 사유하기이고 말하기도 역시 사유하기이지만, 사유하기는 오직 보기와 말하기의 이접과 틈새 안에서만 생겨난다. 이것이 푸코와 블랑쇼의 두 번째 만남이다. 사유하기는 바깥, 이 "추상적 폭풍"이 보기와 말하기의 틈새로 흘러 들어가는 한, 바깥에 속한다. 바깥에의 호소는 푸코에게 영속적으로 등장하는 하나의 주제로, 사유하기가 어떤 능력에 본유적인 실천이 아니라 적극적으로 사유(pensée)에 이르러야만 하는 어떤 것임을 의미한다. 사유하기는 가시적인 것과 언표 가능한 것을 다시 이어 줄 수 있는 어떤 탁월한 내재성에 의존해 있는 것이 아니라, 사이를 파고들며 내재적인 것을 파괴하고 절단하는 바깥의 침입 아래에서 생겨나는 것이다. "바깥이 함몰되어 내재성이 도래했을 때…" 이때 내재적인 것은 "모든 것"을 만들어

---

22) 참조. 블랑쇼에 대한 푸코의 헌정 논문: 'La pensée du dehors', *Critique*, juin 1966 ['La pensée du dehors', *DE*, I, 546~567]. 블랑쇼와 만나는 두 지점은 따라서 외재성(말하기와 보기)과 바깥(사유하기)이다. 또한 외재적 형식들의 그와는 다른 차원으로서의 힘들의 바깥 즉 "또 다른 공간"에 대해서는 다음을 보라: *CNP*, 41~42 [*TNP*, 33~34; 『이것은 파이프가 아니다』, 40~43].

내고 일치시킬 수 있는 기원과 목표, 시작과 끝을 전제한다. 그러나 환경(milieux)과 사이(entre-deux)만이 존재할 때, 결코 일치하지 않는 환경을 향해 말과 사물이 열려 있을 때, 이는 바깥으로부터 오는 힘들, 오직 동요·혼합·수정(修整)·변이의 상태로만 존재할 뿐인 힘들의 해방을 위한 것이다. 참으로 그것은 주사위 던지기인데, 이는 사유하기란 결국 주사위를 던지는 것이기 때문이다.

이것이 바깥의 힘들이 우리에게 말하는 바이다. 변형되는 것은 결코 역사적이고 지층화되어 있으며 고고학적인 구성물이 아니며, 다만 다른 힘들과의 관계에 진입한 힘들, 바깥으로부터 유래하는 구성적 힘(전략)들이다. 생성·변화·변이는 결코 구성된 형식들이 아니며, 오히려 구성적 힘들에 관계하는 것이다. 그렇다면 일견 간단해 보이는 이 관념이 무수한 오해를 불러일으켰던 "인간의 죽음"이란 지점에 이르러서는 왜 그렇게도 이해되기 어려웠던 것일까? 때로 우리는 문제가 되었던 것은 존재하는 인간이 아니라 인간에 대한 단순한 하나의 개념이었다는 반론을 제시하기도 하였다. 또 때로 우리는 ── 니체에게 있어서와 마찬가지로, 푸코에게도 ── 위버멘쉬를 향해 스스로를 초극하는 것은 존재하는 인간이었다고 믿고 싶어 하기도 하였다. 그러나 이 두 경우 모두는 니체는 물론 푸코에 대한 철저한 몰이해에 기반하고 있다(아직 우리는 니체의 경우와 마찬가지로 푸코에 대한 주석들을 가득 채우고 있는 악의와 어리석음이라는 문제를 제기하지 않았다). 사실상, 문제는 ── 그것이 개념적이든 존재하는 것이든, 지각 또는 언표 가능한 것이든 ── 어떤 인간적 구성물에 대한 것이 아니다. 문제는 인간의 구성적 힘들이다. 이 힘들은 어떤 다른 힘들과 함께 결합되는가? 그리고 이로부터 나오는 구성물은 무엇인가? 예를 들어, 고전주의 시대에 있어서 인간의 모든 힘들은 실증적 또는 무한으로까지 상승 가능한 것을 추출해 낸다고 주장되는 "재현작용"이라는 특정한 힘에 결부된다. 이렇게 해서 힘들의 집합은 '신'을 구성하지만, 인간은 구성되지 않는다. 한편 인간이 탄생하는 것은 오직 무한의 질서들 사이에서이다. 이것이 메를로-퐁티가 고전주의적 사유를 '무한을 사유하는 순수한 방법'에 의해 정의했던 이유이다. 이는 단지 무한이 유한에 비해 더 우선적인 것이었기 때문이 아니라, 무한에까지 이끌어 올려진 인간의 성질들이 '신'이라는 불가사의한 통일체의 구성에 봉사하고 있었기 때문이다. 특별한 구성물로서의 인간이 출현하기 위해서는 기존의 구성적 힘들이 재현하는 힘들을 회피하고 심지어는 파괴하는 새로운 힘들과의 관계 속으로 진입할 것이 요구된다. 이 새로운 힘들이 생명, 노동, 언어의 힘들이다. 생명은 하나의 새로운 "조직"을, 노동은 "생산"을, 그리고 언어는 "계통"을 발견하게 될 것이며, 이는 이들을 재현작용의 바깥에 위치시켜 줄 것이다. 유한성의 이 어두운 힘들은 처음에는 인간적인 것이 아니지만, 인간을 그 자신의 유한성으로 유도하면서, 이후 인간 자신의 것이 되어야 할 역사와 인간을 소통시키기 위해 인간적 힘들과의 관계에 다시금 진입한다.[23] 이렇게, 19세기라는 새로운 역사적 형성작용에

---

23) 『말과 사물』에 본질적인 것은 바로 이런 점이다. 푸코는 생명·노동·언어가 인간이 자신의 유한성으로서 인식하고 있는 인간적 힘들이라고 말한 적이 전혀 없다. 반대로, 생명·노동·언어는 우선 인간에 외재적인 유한한 힘들, 인간에게 그 자신의 것이 아닌 하나의 역사를 부과하는 힘들로서 출현한다. 인간이 이 역사를 전유하고 자신의 유한성에서 하나의 정초를 확립하게 되는 것은 오직 이후의 일일 뿐이다. 이런 분석의 두 계기들에 대한 푸코의 요약은 다음을 참조하라. *MC*, 380~381 [*OT*, 369~370; 『말과 사물』, 502~504].

있어 "뽑혀진"(tirées) 구성적 힘들의 집합에 의해 구성되는 것은 다름 아닌 인간이다. 그러나, 만약 우리가 세 번째 뽑기(tirage)를 상상해 본다면, 인간적 힘들은 또 한번 이전과는 다른 방식으로 다른 힘들에 관계하게 될 것이며, 그 결과물은 더 이상 '신'도 인간도 아닌 무엇인가가 될 것이다. 우리는 이제 인간의 죽음이 새로운 구성물의 탄생을 위한 '신'의 죽음과 서로 연계되어 있다고 말할 것이다. 간단히 말해, 바깥과 구성적 힘들의 관계는 끊임없이 새로운 구성작용에 따라 다양한 관계를 맺으며 구성된 형식을 변화시킨다. 인간은 바다의 썰물과 밀물 사이의 모래사장에 그려진 하나의 얼굴이라는 [푸코의] 말은 문자 그대로 이해되어야 한다. 인간은 두 개의 타자들 사이, 곧 인간을 알지 못했던 고전주의적 과거와 여전히 그것을 알지 못할 미래 사이에서만 출현하는 하나의 특정 구성물이다.[24] 여기에는 기뻐하거나 슬퍼할 여지가 없다. 우리는 인간의 힘들이 이미 인간의 힘들과는 다른 관계들을 구성하는 정보, "기계-인간"(homme-machine)과 같은 분리 불가능한 체계, 제3의 종(種)인 기계들과 같은 다른 힘들과의 관계 안에 진입해 있다고 항상 말해 오지 않았던가? 탄소(炭素)보다는, 규소(硅素)와의 새로운 결합?

하나의 힘이 다른 힘들과 영향을 주고받는 것은 항상 바깥으로부터이다. 영향을 주고받는 권력은 관련된 힘들과의 관계에 따라 다양한 방식으로 수행된다. 힘관계의 집합을 결정하는 것으로서의 다이어그

---

24) 『말과 사물』의 마지막 문장[*MC*, 398; *OT*, 387; 『말과 사물』, 526]. 우리는 본서의 「부록」을 통해 인간의 죽음에 관한 더 상세한 분석을 제시할 것이다. [이 「부록」은 본서의 말미에 실린 논문 「인간의 죽음과 위버멘쉬에 대하여」이다.]

램은 결코 그 힘이 소진되지 않으며, 항상 또 다른 관계들 또는 구성들 안으로의 진입이 가능하다. 다이어그램은 바깥에서 유래하지만, 바깥은 어떤 다이어그램과도 혼동될 수 없는 것으로서 그로부터 끊임없이 새로운 다이어그램들을 "뽑아내는" 것이다. 바깥이 하나의 미래를 향해 언제나 열려 있는 것은 바로 이런 이유 때문이다. 그리고 이 미래에서는 어떤 것도 끝나지 않는데, 이는 어떤 것도 시작된 적이 없기 때문이다. 그럼에도 불구하고 이 미래에서는 모든 것이 변하게 된다. 이런 의미에서 힘은 자신이 포착되어 있는 다이어그램과의 관계에 따르는 일정한 잠재력 또는 "저항"의 능력으로서 나타나는 제3의 권력을 소유한다. 사실, 힘들의 특정 다이어그램은 이제 차례로 지층들 위에서 변화를 가능케 하는 방식으로 수행되는 "점·매듭·초점"과 같은 저항의 특이성들, 권력관계에 상응하는 권력의 특이성들 곁에서 (또는 차라리 그것들과 "마주해서") 나타난다.[25] 더욱이, 권력에 관한 마지막 명제는 권력관계들이 온전히 다이어그램 안에서 유지되는 반면, 저항은 필연적으로 다이어그램들이 유래한 바깥과 직접적 관계를 맺고 있으므로 저항이 우선한다는 것이다.[26] 이렇게 해서 하나의 특정 사회적 장은 자신의 전략화 정도보다 훨씬 더 높은 강도로 저항하며, 마찬가지로

---

25) VS, 126~127 [HS, 95~96; 『지식의 의지』, 105~106] ("하나의 혁명을 가능케" 하기 위해 스스로 적분되며 지층화되는 "저항점의 다수성").

26) MFF, 300. 현대적 저항의 형식들에 의해 드러나는 6가지 특이성들에 대해서는 다음을 참조하라. 301~302(특히 푸코와 가타리의 공통 개념인 현재적 투쟁의 "횡단성"을 보라) [MF, 211, 211~212; 『미셸 푸코』, 301, 301~302]. 푸코에게서 우리는 [이탈리아의 마르크스주의자] 마리오 트론티(Mario Tronti, 1931~)의 마르크스주의 해석(Ouvriers et capital, Ed. Bourgois, 1977/1966)에 등장하는 "노동자의" 저항이 자본의 전략에 비해 우선한다는 관념의 반향을 읽을 수 있다.

바깥의 사유 역시 바로 그만큼 저항의 사유가 된다.

　3세기 전에 몇몇 바보들은 스피노자가 인간의 자유 또는 심지어는 인간의 특별한 존재성에 대한 신념 없이도 인간의 자유를 논하는 것을 보고 놀람을 금치 못했다. 오늘날 또 다른 새로운 바보들 또는 환생한 똑같은 바보들은 인간의 죽음을 말했던 푸코가 정치적 투쟁에 참여하는 것을 보고 놀람을 금치 못한다. 푸코에 반대하는 이들은 어떤 분석으로부터도 보호되어야만 하는 인권에 대한 영원하고도 보편적인 의식을 주장한다. 물론 영원한 것에 대한 호소가 너무나도 빈약하고 피상적인 사고, 심지어 자신이 당연히 가꾸어야만 하는 것(19세기 이후 근대적 권리의 변형)에 대해서마저 너무도 무지한 사고의 가면으로 등장한 것이 이번이 처음은 아니다. 푸코가 결코 보편적인 것, 영원한 것에 대해 큰 중요성을 부여한 적이 없었다는 것은 사실이다. 단순히 이것들은 주어진 역사적 형성 또는 그런 형식화 과정 내에 존재하는 일련의 특이성들이 구성하는 특정 배치로부터 도출되는 전반적인 대량 효과에 불과하다. 보편적인 것 아래에는 특이성들의 방사작용, 놀이만이 존재할 뿐이며, 인간의 보편성(universalité) 또는 영원성(éternité)이란 단지 어떤 역사적 지층에 의해 유지되는 특이하고도 일시적인 조합의 그림자에 불과하다. 언표가 출현하는 동시에 보편성이 자신을 주장하게 되는 유일한 경우는 수학에서인데, 이는 이 영역에서 "형식화의 문턱"이 출현의 문턱과 교차하기 때문이다. 그러나 이외의 모든 곳에서, 보편적인 것은 차후에 나타나는 것이다.[27] 푸코는 "특이성들을 개념으로까지 상승시켜 주는 로고스 운동"의 폐기를 주장할 수 있다. 왜냐하면 "이 로고스는 사실상" 모든 것이 말해지고 모든 것이 죽어 버린 뒤에야 나타나는 담론, "자기 의식의 침묵하는 내재성" 안으로 돌아가 버린 담론, "이미 정돈되고" 모든 것이 완료되어 버린 "특정 담론에 불과하기" 때문이다.[28] 생성되는 것으로서의 권리[법](droit) 주체는 특이성의 담지체, "가능성의 충만"으로서의 생명이며, 결코 영원성의 형식으로서의 인간이 아니다. 그러나 물론 인간은 '입헌'(Constitutions) 정치 시대의 약동하는 힘들이 순간적으로 자신의 모습을 구성했을 때 생명의 자리, 권리의 주체의 자리를 대신했었다. 그러나 오늘날 권리는 다시금 자신의 주체를 변화시켰는데, 그것은 심지어 인간 안에서조차도 약동하는 힘들이 새로운 조합으로 진입하여 새로운 모습을 구성해 내고 있기 때문이다. "요구되고 목표의 역할을 하는 것은 생명이다. … 정치적 투쟁이 권리의 긍정을 가로질러 형성된다 할지라도, 그런 투쟁의 놀이에서 쟁점이 되는 것은 권리라기보다는 오히려 생명이다. 생명, 육체, 건강, 행복, 필요의 만족에 대한 권리… 고전주의적 법 체계의 관점에서는 결코 이해할 수 없었던 이 권리…"[29]

　"지식인"의 지위와 관련하여 우리가 관찰할 수 있는 것도 이와 동

---

27) *AS*, 246 [*AK*, 188~189; 『지식의 고고학』, 262~263]: "이 학문[수학]의 존재 가능성 자체가 도처에서 역사를 따라 분산되었던 것들이 돌연 주어진 것이며 특정의 작동에 의한 것임을 함축한다. … 수학적 담론의 수립을 모든 다른 학문들의 탄생과 생성에 대한 원형으로 설정함으로써 우리는 역사성의 모든 단일한 형식들을 등질화하는 … 위험을 범한다."

28) *OD*, 50~51 [『담론의 질서』, 40].

29) *VS*, 190~191 (그리고 179~191 전체) [*HS*, 145, 그리고 136~145 전체. 『지식의 의지』, 156~157, 그리고 147~156 전체]. 권리의 진화와 관련하여 그 인간적 대상을 개인(공민권droit civil)보다는 오히려 생명 자체(사회적 권리droit social)로 간주하는 프랑수아 에발드의 분석은 푸코를 자신의 근거로 제시한다. François Ewald, *L'Etat providence*, Grasset, 특히 24~27.

일한 변이이다. 출간된 수많은 인터뷰들을 통해 푸코는 졸라(Émile Zola, 1840~1902)와 롤랑(Romain Rolland, 1866~1944)을 거쳐 아마도 사르트르(1905~1980)에 이르는 지식인들이 18세기에서 제2차 세계 대전에 이르는 광범위한 시기 동안 '보편적인 것'에 대한 권리를 주장할 수 있었다고 설명한다. 이는 작가의 특이성이 법률 전문가들에 저항할 수 있었으며, 따라서 보편성이라는 효과를 생산할 수 있었던 "법률가-명사(名士)"의 지위와 일치하는 한에서 그러했다. 만약 지식인의 모습, 글쓰기의 기능이 변화되었다면, 그것은 그것들이 차지하는 위치 자체가 변화되었기 때문이며, 이제는 한 특수한 장소에서 다른 장소로, 한 특이점에서 다른 특이점으로, "원자물리학자, 유전학자, 정보처리기술자, 약리학자" 등으로 변화했기 때문이다. 그리고 이들은 어떤 특권적 교차지점, 또는 교환지점처럼 기능하면서 — 더 이상 보편성이 아닌 — 횡단성의 효과들을 생산한다.[30] 이런 의미에서 지식인들 그리고 심지어는 작가들조차도 현재적 저항과 투쟁에 더욱 활발히 참여할 수 있는데(물론 이는 단순한 잠재성이다), 이는 오늘날 저항과 투쟁이 "횡단적인" 것이 되었기 때문이다. 이렇게 해서 지식인 또는 작가는 권리의 언어라기보다는 생명의 언어를 말할 수 있게 되었다.

---

30) "보편적"(universel) 지식인과 "특수적"[전문](spécifique) 지식인에 대해서는 다음을 보라. *L'arc*, n° 70, (A. 폰타나와의 인터뷰). [이는 1976년 6월의 인터뷰로 이탈리아어로 먼저 발표된 후 불역되었다. 'Intervista a Michel Foucalt', in ed. A. Fontana & P. Pasquino, *Microfisica del portere: interventi politici*, Turin: Einaudi, 1977, pp. 3~28; 'Entretien avec Michel Foucault', *L'arc*, n° 70, trad. C. Lazzeri, 1977; 'Entretien avec Michel Foucault', *DE*, II, 2001, pp. 140~160; 'Truth and Power', in ed. Colin Gordon, *Power/Knowledge*, Brighton: Harvester, 1980, pp. 109~133, 특히 128;「진실과 권력」,『권력과 지식』, 나남, 141~167, 특히 160쪽.]

푸코는 『지식의 의지』의 가장 아름다운 부분들을 통해 무엇을 말하고자 했던 것일까? 권력의 다이어그램이 규율 모델의 도입을 위해 군주 모델을 포기했을 때, 그리고 그것이 다시 인구의 "생명관리권력"(bio-pouvoir), "생명관리정치학"이 되어 생명을 책임지고 관리하게 되었을 때, 돌연 권력의 새로운 대상으로 떠오른 것은 바로 생명이었다. 이제 법은 점차로 사람을 죽일 수 있는 권리(사형) 등과 같은 군주적 특권의 구성 요소들을 부정하게 되지만, 반면 수많은 대량 학살과 집단 학살 등은 방임하게 된다. 그리고 이는 사람을 죽여도 된다는 예전 권리의 복귀에 의한 것이 아니라, 반대로 인종, 생존권,[4] 생명의 조건 및 스스로를 보다 우월하다고 판단하면서 자신의 적을 더 이상 구시대적 군주권의 법적 적이 아닌 유독성, 전염성 인자, 일종의 "생물학적 위험"으로 간주하는 한 집단의 생존이라는 이름으로 이루어진다. 이후로, 인간의 죽음을 더욱더 훌륭하게 증언하면서 대량 학살이 증가하는 이유와 사형 제도가 철폐되는 경향을 보이는 이유는 "동일한" 것이다. 그러나 권력이 이렇게 생명을 자신의 대상 또는 목표로 삼을 때 권력에 대한 저항은 이미 생명을 요구하고 그것을 권력에 대립시킨다. "정치적 대상으로서의 생명은 어떤 의미에서는 액면 그대로 받아들여져 자신을 통제하고자 하는 체계에 반하는 것이 되었다." 이른바 '완성된' 담론이 말하는 바와는 반대로, 저항을 위해 인간을 요청할 필요는 전혀 없다. 저항이 이 예전의 인간에서 추출해 내는 것은 ─ 니체가 말했던 바와 같이 ─ 가능성의 측면에서 더 크고 더 능동적이며 더 긍정적이고 더 풍부한 생명의 힘들이다. 위버멘쉬는 결코 다음의 의미 이외의 어떤 것도 의미하지 않는다. 인간 자체가 생명을 구속하는 특정

의 방식이므로 생명을 해방시켜야 하는 것은 바로 인간 **자체로부터이**
다. 권력이 생명을 자신의 대상으로 삼을 때 생명은 권력에 대한 저항
이 된다. 여기서 다시 한번, 두 가지 작동이 하나의 동일한 지평에 속하
게 된다(우리는 가장 반동적인 권력들이 "생명에 대한 권리"를 주장하고 나
서는 임신중절의 문제에서 이를 다시 한번 선명히 확인한다…). 권력이 생
명관리권력으로 변형되는 순간, 저항은 어떤 다이어그램의 특정한 종
류, 환경 및 궤적에 한정될 수 없는 생동하는 권력(pouvoir-vital), 생
명에 대한 권력이 된다. 바깥에서 오는 이 힘은 '생명'(la Vie)이라는
하나의 관념, 푸코 사유의 정점을 이루는 하나의 생기론(vitalisme)이
아닐까? 생명은 힘으로부터 나오는 이런 저항의 능력이 아닐까?『임
상의학의 탄생』(1963) 이래, 푸코는 생명을 죽음에 저항하는 기능들
의 집합으로서 정의하는 하나의 새로운 생기론을 창안한 공로로 비샤
(Marie François Xavier Bichat, 1771~1802)를 칭송해 왔다.[31] 그리고
니체에 있어서와 마찬가지로 푸코에게서도, 인간의 죽음에 … 저항하
는 기능들 및 힘들의 집합을 찾아야만 하는 것은 인간 자체의 안에서
이다. 스피노자는 이렇게 말했다. 우리는 인간의 육체가 인간의 규율
로부터 해방될 때, 그것이 무엇을 할 수 있을지 모른다. 그리고 푸코는

---

31) *NC*, 146~147 [*BC*, 144~145; 『임상의학의 탄생』, 238~240]: "비샤는 죽음의 개념을 상대화
시킴으로써, 분리할 수 없고 결정적이며 회복할 수 없는 사건으로 보이는 절대적인 모습을
죽음에서 제거시켰다. 비샤는 죽음의 개념을 활성화시켜, 부분적이고 점진적이며 그래서
아주 천천히 죽음으로 완성되는 모습으로 일상적인 생명 속에 재배치했다. 이런 사실로부
터 그는 의학적 사고와 인식에 매우 중요한 구조를 만들었다. 생명에 반대되는 것과 스스로
드러나는 것, 생명과 진실에 대한 개념을 만든 것이다. … 생기론(vitalisme)은 이런 죽음론
(mortalisme)에 근거하고 있다."

이렇게 말한다. 우리는 "살아 있는 것으로서" "저항하는 힘들의" 집합으로서의 인간이 무엇을 할 수 있는지 모른다.[32]

---

3. 주름작용, 또는 사유의 안쪽 — 주체화

『지식의 의지』(1976) 이후에 있었던 긴 침묵의 시기 동안 어떤 일이 일어났던 것일까? 아마도 푸코는 이 책에 대해 일종의 불편한 감정을 갖고 있었던 것 같다. 푸코 스스로가 권력관계에 사로잡혀 있었던 것은 아닐까? 푸코 스스로도 다음과 같은 난점을 제기한다. "자, 이제 우리는 이전과 마찬가지로 **선을 넘지 못하는 무능력**만을 소유한 채로 다른 쪽으로 넘어가게 된다. … 권력의 측면에서 보면, 이는 권력이 말하고 또 말하게 만드는 것에 대한 동일한 선택이다…."[1] 물론 푸코는 이에 대해 다음처럼 스스로 답변하고 있다. "생명의 에너지가 집중되는 가장 긴장된 지점은 그것이 권력과 충돌하고 논쟁하면서 권력의 힘들을 이용하거나, 또는 그 함정들로부터 벗어나고자 시도하는 바로 이 지점이다." 한편 그는 다음과 같은 점들을 상기시킬 수도 있었을 것이다. 푸코에 따르면, 권력의 분산된 중심들은 어떤 의미에서는 보다 우선적인 저항점들 없이는 존재하지 않는다. 또한, 권력이 생명을 대상화할

---

1) *VHI*, 16 [*DE*, II, 241; *LIM*, 80].

때 그것은 반드시 자신에 대해 저항하는 하나의 생명을 드러내고 발생시킨다. 그리고 마지막으로 바깥의 힘은 끊임없이 다이어그램들을 전복하고 전도시킨다. 그러나 반대로 만약 저항의 횡단적 관계들이 끊임없이 재-지층화되고 권력의 매듭들과 조우하며 심지어 그것들을 생산하게 된다면 어떻게 될까? 이미 1970년 이후 감옥 운동의 최종적 실패는 푸코를 상심케 만들었으며, 이어진 세계적 규모의 다른 사건들 역시 이를 더욱 깊은 것으로 만들었음에 틀림없다. 만약 권력이 진실을 구성하고 있는 것이라면, 권력의 진실이 아닌 "진실의 권력", 권력의 적분선이 아닌 저항의 횡단선으로부터 도출되는 진실은 어떻게 이해되어야 하는가? 어떻게 "선을 넘어설" 것인가? 그리고 만약 생명을 바깥의 역능으로서 포착하는 것이 필요하다면, 우리에게 이 바깥이 끔찍한 공허가 아니고, 저항하는 듯이 보이는 이 생명 또한 "부분적이고 진보적이며 완만한" 죽음의 공허 안에 존재하는 단순한 분포가 아님을 말해 주는 것은 무엇인가? 우리는 이제 심지어 더 이상 죽음이 하나의 "분할 불가능하며 결정적인" 사건을 통해 생명을 운명으로 변형시킨다고 말할 수 없으며, 오히려 죽음이 생명에 특이성들을, 그리고 생명이 자신의 저항으로부터 생겨난다고 믿는 진실들을 부여하기 위해 스스로 다수화되고 차이화된다고 말해야 한다. 죽음 자체라는 거대한 한계에 앞서는 동시에 그 이후에도 여전히 지속되는 이 모든 죽음들을 관통하는 일이 아니라면 이제 도대체 무엇이 남겠는가? 생명은 만약 그것이 "사람들은 죽는다"(On meurt)라는 행렬 안에서 자신의 자리를 찾지 못한다면 더 이상 존재하지 않게 될 것이다. 비샤가 죽음을 생명과 공존하는 것인 동시에 부분적이고 특이한 죽음의 다수성이라는 사실로 설정했으며 — 바로 이와 같은 두 방식을 통해 — 결정적 순간 또는 분할 불가능한 계기라는 죽음의 고전주의적 개념을 파기했다는 말은 바로 이런 의미이다. 푸코가 비샤의 논제들을 검토할 때의 어조는 그것이 단순한 인식론적 분석 이상의 것임을 잘 보여 준다.[2] 문제는 죽음을 이해하는 것이며 푸코만큼 자신이 이해했던 죽음의 개념에 근접하게 죽은 사람은 거의 없다. 푸코는 자신에 속했던 이런 생명의 힘을 언제나 비샤적 방식의 다수적 죽음으로서 사유하고 체험했다. 그렇다면 권력을 향한 외침, 권력과의 투쟁, 권력과 "간략하고 날카로운 말들"을 교환함으로써만 자신을 드러내는 이 익명적 인물들, 그러고는 곧이어 어둠으로 되돌아가 버리는 이 생명들, 푸코가 "파렴치한 사람들의 삶"이라고 불렀으며, "그들의 불행, 그들의 분노 또는 그들의 모호한 광기" 때문에 그들에 대한 존중을 요구했던 이 인물들이 아니라면, 도대체 무엇이 남겠는가.[3] 기묘하게도 — 그리고 거짓말 같지

---

2) *NC*, 142~148, 155~156 [*BC*, 140~146, 152~153; 『임상의학의 탄생』, 233~241, 251~253].

3) *VHI*, 16 [*DE*, II, 241; *LIM*, 80]. 여기서 우리는 푸코가 파렴치(infamie)에 대한 두 종류의 개념을 반대하고 있음을 발견한다. ① 하나는 바타유적 개념에 가까운 것으로, 그들의 과도함(excès) 자체에 의해 전설 또는 이야기로 바뀐 인물들을 다룬다(이는 질 드 레Gilles de Rais의 사례처럼 너무도 "잘 알려진" 고전주의적classique 파렴치 즉 거짓된 파렴치이다). ② 이어지는 또 하나의 개념은 보르헤스적 개념에 가까운 것으로 여기서 하나의 인물은 전설이 되어 버리는데, 이는 그 기획의 복잡성과 우회성 및 불연속성으로 인해, 그것의 이해 가능성이 오직 모든 가능성을 완전히 소진시킬 수 있으며 심지어 모순적 사건들마저도 포괄할 수 있는 어떤 이야기의 존재 여부에 달려 있기 때문이다(이는 아마도 스타비스키Stavisky의 예와 같은 하나의 "바로크적"baroque 파렴치이다). ③ 그러나 푸코는 오직 경찰의 고소장 또는 보고서에 의해서만 잠시 동안만 조명을 받게 되는 하찮고 이름 없는 단순한 인물들의 파렴치, 엄밀히 말해 본다면, 희소성(rareté)의 파렴치라는 자신만의 세 번째 개념을 고안해 낸다. 이는 체호프(Anton Tchekhov, 1860~1904)에 가까운 개념이다. [질 드 레(Gilles de Rais, Gilles de Rays ou Gilles de Retz, 1404~1440)는 사드 후작과 동시대의 인물로 영불 간의 100년 전쟁에서 잔 다르크와 함께 싸운 프랑스의 전쟁 영웅이다. 방데, 티포주(Tiffauges, en Vendée)의 부유한 영주였던 그는 은퇴 후 연금

3. 주름작용, 또는 사유의 안쪽 (주체화) 161

만 — 푸코가 자신을 표방하고자 했던 것은 바로 이 파렴치를 통해서이다. "나는 그 자체로는 너무도 작고 구별하기 어려우며 따라서 그만큼 더 많은 에너지를 보유하고 있는 이런 종류의 아주 작은 것들로부터 출발했다." 그리고 『쾌락의 활용』에 보이는 저 가슴을 찢는 한 마디까지. "자기 자신으로부터 벗어나기…."(se déprendre de soi-même)[4]

『지식의 의지』는 공공연한 하나의 의혹을 표명하면서 종료된다. 만약 푸코가 이 책을 마치면서 어떤 막다른 골목에 다다랐다면, 이는 결코 권력에 대한 그의 사유 방식 자체에서 기인하는 것이 아니다. 이는 오히려 우리가 우리의 가장 파렴치한 진실 안에서 권력과 충돌할 때 권력 자체가 우리의 생명과 사유 양면에서 우리에게 부과하는 막다른 골목을 그가 발견했기 때문이다. 출구는 오직 바깥이 그것을 공허로부터 분리시켜 그것을 죽음으로부터 갈라놓는 어떤 운동에 의해 포착되었을 경우에만 가능케 될 것이다. 이는 지식의 축(軸) 및 권력의 축 양자로부터 구분되는 하나의 새로운 축으로서 드러나게 될 것이다. 공정함이 쟁취되는 하나의 축? 생명의 참다운 긍정? 어떤 경우이든 그

술과 흑마술에 심취해 수십 명의 남자 어린아이들을 자신의 성으로 유인, 성폭행한 후 살해하였다. 재판정에서 "눈물을 흘리며" 자신의 범죄를 시인한 그는 교수형에 처해졌으며 시체는 불태워졌다. 그는 페로(Charles Parrault, 1628~1703)의 콩트 『푸른 수염』(Barbe-Bleu, 1697)의 실제 모델로 여겨진다. 스타비스키는 러시아 출신의 프랑스인 세르주 알렉상드르(Serge Alexandre, 1886~1934)이다. 1931년 '바이온 공영 전당포'를 설립하여 총책임자로 근무하던 스타비스키는 1933년 자신의 전당포에 가짜 보석류 등을 맡기고 당시로서는 천문학적 금액인 2억 3,500만 프랑의 허위 예금증서를 발급받아 도피하였다. 약 15일 후인 1934년 1월 샤모니에서 사망한 채로 발견된 그는 부패 및 허술한 금융 관리 체계 등과 연관되어 당시 프랑스 정계에 엄청난 충격을 주어 쇼탕(Chautemps) 내각의 사퇴와 제3공화국의 몰락을 야기하였다. 이 이야기는 1974년 알랭 르네(Alain Resnais, 1922~2014)에 의해 「스타비스키」라는 제목으로 영화화되었다.]
4) UP, 14 [TUP, 8; 『쾌락의 활용』, 23~24].

것은 다른 축들을 무화시키는 축이 아니며, 언제나 다른 축들과 함께 작동하는 축, 다른 축들이 막다른 골목에 부딪히지 않도록 막아 주는 축이다. 아마도 이 세 번째 축은 푸코에 있어 처음부터 존재하고 있었을 것이다(지식 안에 처음부터 권력이 존재하고 있었던 것과 똑같이). 그러나 그것은 오직 거리를 취함으로써만 자신을 해방시킬 수 있었고, 또 그리하여 다른 두 축들에로 되돌아올 수 있었을 것이다. 푸코는 다른 것들과 뒤섞여 있던 만큼 지각되기 어려웠던 이 길을 식별해 내기 위한 일반적 개편을 수행해야 할 필요성을 느꼈다. 이는 푸코가 『쾌락의 활용』의 「서문」에서 보여 주었던 수정작업이다.

이 새로운 차원은 그럼에도 불구하고 어떻게 처음부터 존재해 왔던가? 이제까지 우리는 3개의 차원과 조우한 바 있다. ① 지층들 위에 존재하는 정형화되고 형식화된 관계들(지식). ② 다이어그램의 수준에서 존재하는 힘관계들(권력). ③ 바깥과의 관계. 블랑쇼가 말하듯이, 동시에 비-관계이기도 한 절대적 관계(사유). 이는 안쪽(dedans)이 없다는 것을 의미하는가? 푸코는 내재성에 대한 급진적 비판을 멈춘 적이 없다. 그러나 마치 바깥이 어떤 외재적 세계보다 더 먼 곳에 존재하는 것처럼 어떤 내재적 세계보다 더 깊은 하나의 안쪽이 존재할 것인가? 바깥은 어떤 고정된 한계가 아니라, 하나의 안쪽을 구성하는 주름작용·주름 및 연동 운동에 의해 활성화되는 하나의 운동하는 질료이다. 그것은 바깥이 아닌 무엇인가가 아니라, 바로 정확히 바깥의 안쪽(le dedans *du dehors*)이다. 『말과 사물』은 바로 이 주제를 발전시킨다. 만약 사유가 바깥으로부터 오는 것이며 또 끊임없이 바깥과 관계를 맺는 것이라면, 그리고 이 안쪽이 사유로서는 생각하지도 생각할 수도 없는 어떤 것이라면, 어떻게 바깥이 안쪽으로 흘러 들어가지 않을 수 있겠는가? 그러므로 사유되지 않은 것(l'impensé)이란 외재적인 것이 아니며, 바깥을 이중화하고 확장하는 사유 불가능성으로서 사유의 중심에 존재한다.[5] 사유의 안쪽, 즉 사유되지 않은 것이 존재한다는 점은 이미 고전주의 시대가 무한성, 즉 무한히 다양한 실서의 존재를 언급했을 때 천명되었던 바이다. 한편 19세기 이후 그것은 차라리 바깥을 접으면서(plier), 단순히 인간이 그 안에서 거주하고 잠을 자게 될 뿐만 아니라, 반대로 그것들 역시 "살아 있는 존재, 노동하는 개인 또는 말하는 주체로서의" 눈을 뜨고 있는 인간 안에서 거주하게 될 생명·노동·언어의 어떤 안쪽 또는 "자기 안으로 후퇴하는 두께"와 "깊이"를 구성하게 될 유한성의 차원들이 된다.[6] 바깥을 구부러뜨리며 안쪽을 구성하는 것은 때에 따라 무한성의 주름 또는 유한성의 겹주름들(replis)이다. 한편 『임상의학의 탄생』(1963)은 이미 어떻게 해서 임상의학이 신체를 표면으로 부상시키는 작업을 수행했는가, 또 어떻게 해서 병리해부학이 이에 따라 신체에 대하여 이전의 낡은 내재성을 부활시키는 것이 아니라 오히려 이 바깥의 새로운 안쪽을 구성하게 될 깊은 주름작용의 작업을 도입할 수 있었딘가를 보여 준 바 있다.[7] 바깥의 작동으로서의 안쪽. 푸코는 자신의 모든 작업을 통해, 마치 배가 언제나 단순히 바다의 한 주름작용에 불과한 것처럼, 단순히 바깥의 주름에 불과한 하나의 안쪽이

---

5) *MC*, 333~339 [*OT*, 327~328; 『말과 사물』, 442~450]: "코기토와 사유되지 않은 것"(le cogito et l'impensé). 또한, 「바깥의 사유」(La Pensée du dehors)도 참조.

6) *MC*, 263, 324, 328, 335 [*OT*, 251, 313, 317, 324; 『말과 사물』, 350, 430~431, 436, 444].

7) *NC*, 132~133, 138, 164 [*BC*, 131~136, 161; 『임상의학의 탄생』, 221~224, 228~229, 262~263].

라는 주제를 추적하고 있었던 것처럼 보인다. 배에 실려 바다로 보내졌던 르네상스 시대의 광인들과 관련하여 푸코는 이렇게 말한다. "그[광인]는 내부에서 외부로 추방된다. 그리고 바로 그것에 의해서 그는 외부에서 내부로 들어온다. … [광인은] 가장 자유로운 것, 그리고 가장 확실하게 열려 있는 길 가운데에서 끝이 없는 십자 교차로 위에 감금되어 있었다. 그는 탁월한 '항해자'임과 동시에 그 항해의 포로이다."[8]

사유는 이 광인 자신 이외의 다른 어떤 존재가 아니다. 블랑쇼는 푸코와 관련하여 이렇게 말한다. "바깥을 가두어 버리는 것, 이는 즉 다시 말하면 기대 또는 예외라는 내재성 안에서 바깥을 구성해 내는 것이다."[9]

또는 차라리 언제나 푸코를 뒤쫓고 있는 주제는 이중성(le double)이라 말할 수 있다. 그러나 이중성은 결코 어떤 내재성의 투사가 아니다. 그것은 정반대로 바깥의 내재화이다. 그것은 '일자'의 분열(dédoublement de l'Un)이 아닌, '타자'의 재이중화(redoublement de l'Autre)이다. 그것은 '동일자'의 재생산(reproduction du Même)이 아닌, '차이'의 되풀이(répétition du Différent)이다. 그것은 어떤 나의 발현(émanation de'un JE)이 아닌, 언제나 다른 것 또는 '자아가 아닌 어떤 것'의 내재화 작업(mise en immanence d'un toujours autre ou d'un Non-moi)이다. 타자는 결코 재이중화 내에 존재하는 어떤 이중체(double)가 아니며, 오히려 타자의 이중체로서 살아가는 것이 자아

---

8) *HF*, 22 [*MAC*, 11; 『광기의 역사』, 56~58].
9) Blanchot, *L'entretien infini*, Gallimard, 292.

(moi)이다. 나는 외부에 존재하지 않으며, 나는 자아 안에서 타자를 발견한다("문제는 어떻게 '타자' 즉 '멀리 있는 것'le Lointain이 동시에 '가장 가까이 있는 것'le plus Proche 즉 '동일자'인가를 밝히는 것이다").[10] 이는 정확히 비틀기·주름잡기·짜깁기… 등과 같은 바느질에서의 안감대기(doublure) 작업, 또는 발생학에서의 세포함입(陷入)과도 같은 작용이다. 『지식의 고고학』은 자신의 가장 역설적인 부분들을 통해 어떻게 하나의 문장이 다른 하나의 문장을 되풀이하는가, 어떻게 하나의 언표가 자신과 거의 식별되기 어려운 "다른 것"을 이중화하고 되풀이하는가(자판 위에서 펼쳐지는 문자들의 방사, AZERT)를 보여 주었다. 한편 마찬가지로 권력에 대한 책들은 어떻게 지층화된 형식들이 자신과 거의 식별되기 어려운 힘들의 관계를 되풀이하는가, 어떻게 역사가 생성의 '분신'(doublure)이 되는가를 보여 주었다. 이와 같은 푸코의 항구적 논제는 이미 저작 『레몽 루셀』을 통해 충분한 분석의 대상이 되었던 바 있다. 왜냐하면 루셀은 다음과 같은 것들을 발견했기 때문이다. 바깥의 문장, 이어지는 두 번째 문장에 있어서의 그 되풀이, 이 둘 사이의 미소한 차이("흠집"accroc), 하나로부터 다른 하나로의 비틀기, 주름잡기 또는 재이중화 작용이 그것이다. 흠집은 더 이상 세포의 어떤 우연한 사고가 아니라, 그에 따라 외부의 세포가 비틀리고 함입되며 이중화되는 새로운 규칙이다. "임의적" 규칙 또는 우연적인 것의 방사, 주사위 던지기가 그것이다. 푸코는 이를 되풀이의 놀이, 차이의 놀이, 그

---

10) *MC*, 350 [*OT*, 339; 『말과 사물』, 464~465] (그리고 "경험적-초월적 이중체"doublet empirico-transcendantal, "경험적-비판적 재이중화"redoublement empirico-critique로서의 칸트의 인간관에 대해서도 같은 곳).

리고 이들을 "이어 주는" 이중화의 놀이라고 말한다. 물론 이것이 푸코가 아마도 인식론, 언어학 및 제반 학문들에 의해 진지하게 설명될 수도 있었을 어떠한 것에 대한 문학적이며 유머러스한 소개를 수행했던 유일한 경우는 아니다. 『레몽 루셀』은 어떻게 해서 안쪽이 언제나 이미 전제되어 있는 어떤 바깥의 주름작용이었는가를 밝히기 위해 '분신'이라는 단어의 모든 의미들을 접합하고 봉합시켰다.[11] 또한 루셀의 마지막 절차, 곧 서로의 내부를 향하는 괄호치기의 증식작용이 문장 내에서의 주름작용을 다수화한다. 바로 이 부분이 푸코의 이 책이 갖는 중요성의 원천이다. 마찬가지로 푸코가 걷는 길 자체 또한 의심의 여지 없이 이중적이다. 이는 결코 우위성이 전도 가능한 것임을 의미하지 않으며, 오히려 안쪽이 언제나 바깥의 분신으로 남을 것이라는 의미에서 그러하다. 그러나 한편 — 마치 성급히 죽음을 찾아 나선 루셀처럼 — 우리는 바깥과 그것의 "숨 막히는 공허"를 되찾기 위해 분신을 해체하고 "신중한 몸짓으로" 주름을 벌리고자 원할 것이다. 그러나 또 다른 한편 — 마치 보다 현명하고 신중함에도 불구하고 또 다른 무모함의 정점을 달리는 레리스(Michel Leiris, 1901~1990)처럼 — 우리는 바깥으로부터 생기 있고 새롭게 태어나는 요소들을 만들어 내기 위해 주름들을 추적하고, 흠집에서 흠집으로, 분신들을 강화하며, 하나

---

11) 이는 『레몽 루셀』의 전반을 관통하는 주제이다(특히 루셀의 텍스트로 "멋쟁이 무법자 귀족의 희곡에 등장하는 이중적 운문"les vers de la doublure dans la pièce de Forban talon rouge, in *RR*, 37~38 [*DL*, 25~26]이라 표현되는 『충격』*Chiquenaude*, 1900과 연관하여 'doublure'라는 단어의 모든 의미들이 요약·정리되는 제II장을 보라). [불어의 doublure란 용어는 (바느질의) 안감 또는 안감 대기·이중화·분신·스턴트맨 등의 다양한 뜻을 갖지만 무엇보다도 대성공을 거두었던 루셀의 첫 작품명이기도 하다. *La Doublure*, Paris, Lemerre, 1897.]

의 "절대적 기억"을 형성하는 주름작용들에 의해 둘러싸이게 될 것이다.[12] 『광기의 역사』는 이렇게 말한다. 외부의 내부에 놓이는 것, 그리고 그 반대의 방향으로 ⋯ 아마도 푸코는 이미 아주 이른 시기부터 죽음과 기억 사이의 선택이라는 말로서 정리된 이중화의 두 방식 사이를 끊임없이 왕복했던 것 같다. 아미도 푸코는 마치 루셀의 경우처럼 죽음을 선택한 것이겠지만, 그것은 결코 기억의 주름작용 또는 우회를 통한 것이 아니었다.

그리하여 아마도 심지어 푸코는 고대 그리스인들에게로까지 거슬러 올라가야만 했을 것이다⋯. 바로 이런 방식을 통해 가장 정열적인 문제는 자신을 보다 냉정하고 침착하게 만들어 줄 수 있는 자신의 몇몇 조건들을 발견할 수 있었으리라. 만약 주름작용과 재이중화가 푸코의 모든 저작에 언제나 맴돌고 있었지만 후기에나 가서야 자신의 제자리를 찾게 된 주제들이라면, 그것은 푸코가 동시에 힘들 또는 권력관계들 및 지식의 지층화된 제 형식들에 의해서만 식별될 수 있는 이 새로운 차원을 "절대적 기억"이라 불렀기 때문이다. 고대 그리스의 [역사적] 형성작용은 낡은 제국의 형성작용과는 매우 다르며 가시적 체제로서의 그리스저 빛 및 언표적 체제로서의 로고스 안에서 현실화되는

---

12) 우리는 루셀과 레리스에 관한 다음의 텍스트 전체를 인용해야만 할 것인데 이는 — 우리의 생각으로는 — 그것이 푸코의 인생 전체에 관련되는 어떤 무엇에 관계되어 있기 때문이다. "신분 규정조차 없는 이 수많은 사물들, 이 환상적 '호적들'(états civils)로부터 [레리스는] — 마치 이 단어들의 **주름**들 안에 결코 완전히 죽지 않는 키메라들(chimères)과 함께 절대적 기억이 잠들어 있는 양 — 천천히 자신의 고유한 정체성을 인수받는다. 루셀은 엄격한 존재의 부재, 하나의 숨막히는 공허를 찾아내기 위해 이 동일한 주름들을 신중한 몸짓으로 떼어 놓는데 아마도 루셀은 어떤 친족 관계 또는 종(種)과도 무관한 형상들을 가공해 내기 위해 이들을 완전히 자신의 마음대로 처분할 수 있었으리라."(*RR*, 28~29 [*DL*, 19])

새로운 권력관계들을 드러낸다. 따라서 우리는 모든 제한된 지식의 형태를 가로지르며 확장되는 새로운 권력의 다이어그램에 대해 말할 수 있게 된다. 이는 "자기 자신의 감독을 확실히 하고, 자기 집안을 관리하며, 도시 국가의 통치에 참여하는 것은 같은 유형의 세 가지의 실천들"인데, 크세노폰(Xenophon, B.C.430~354)은 "이 세 가지 기술들 간의 연속성과 동형성, 그리고 이들이 한 개인의 실존 안에서 연대기적·연속적으로 사용되었던 것임을 잘 보여 준다".[13] 하지만 이것이 그리스인들의 가장 위대한 창조물은 아니다. 그리스인들의 참신성은 "자기 자신에 대한 지배를 가능케 하는 제 실천들"이 힘들의 관계로서의 권력 및 덕(德)의 "코드"로서의 지층화된 지식 양자로부터 동시에 분리될 때 드러나는 이중적인 "벗어남"(décrochage)에 궁극적으로 기인한다. 한편에는 타인들과의 관계로부터 벗어나는 "자신에 대한 관계"(rapport à soi), 또 다른 한편에는 마찬가지로 지식의 규칙으로서의 도덕적 코드로부터 벗어나는 "자기의 구축"(constitution de soi)이 존재한다.[14] 이런 벗어남 또는 파생물은 반드시 **자기에 대한 관계가 독립적**이라는 의미로 받아들여져야 한다. 이는 마치 바깥의 관계들이 하나의 분신을 창조하고 자기에 대한 관계를 창출하며 자신의 고유한 차원을 따라 파고들며 전개되는 하나의 안쪽을 구축하기 위해, 스스로 주름 접히고 구부러지는 것과 같은 것이다. 지배로서의 자기와의 관계인 "*enkrateia*[자제自制]는 자기와의 관계가 정치·가족·웅변·놀이·덕

---

13) *UP*, 88 [*TUP*, 76; 『쾌락의 활용』, 106].
14) *UP*, 90 (고전주의 시대 이후 "벗어남"의 두 측면들도 참조) [*TUP*, 77; 『쾌락의 활용』, 108].

자체와 관련되는 '내적 규제의 원칙'이 되는 지점에 이르기까지 타인들에 대해 우리가 행사하는 권력 안에서 우리가 우리 자신에 대해 수행하는 하나의 권력이다"(우리가 스스로를 지배하지 못한다면 어떻게 타인들을 지배하고자 바랄 수 있겠는가?).[15) 이는 흠집과 분신의 그리스적 변용, 달리 말해 특정의 주름작용, 반성 작용을 수행하는 벗어남이다.

최소한 이것이 그리스인들의 참신성에 대한 푸코의 해석이다. 그리고 그 외관상의 사소함 또는 겸손에도 불구하고 푸코의 이런 해석은 커다란 중요성을 갖는 것으로 보인다. 그리스인들이 행했던 것은 어떤 역사적·보편적 행위를 통한 '존재'(l'Etre)의 드러냄 또는 '개현(開顯, 밝힘)'(l'Ouvert, Lichtung)의 펼침이 아니다. 푸코는 그것이 그와는 다소간 다른 것이라고 말한 바 있다.[16) 그들은 바깥을 몇몇 특정한 실천 영역 안으로 구부러뜨린다. 그리스인들은 최초의 분신이다. 힘은 바깥에 속한다. 그 이유는 힘이 본질적으로 다른 힘들과의 관계이자, 다른 힘들에 대해 영향을 미치는 권력(자발성) 및 다른 힘들에 의해 영향을 받는 권력(수용성)과 그 자체로 분리될 수 없는 것이기 때문이다. 그러나 이제 이로부터 도출되는 것은 **자기와 힘(force)의 관계, 자기에게 영향을 미칠 수 있는 권력(pouvoir), 자기에 의해 행해지는 자기에의 영향력(affect)**이다. 그리스적 다이어그램에 따르면, 오직 자유인들만이 다른 사람들을 지배할 수 있다("자유로운 행위자들" 및 그들 사이의 "투쟁적 관

---

15) *UP*, 93~94 [*TUP*, 80~81; 『쾌락의 활용』, 111~112].

16) 이곳에서의 푸코의 어조는 하이데거와 관련하여 일정한 거리를 취하고 있다(아니오, 그리스인들은 그다지 "대수로울 게" 없어요.… cf. 바르베데트 및 스칼라와의 인터뷰: Gilles Barbedette & André Scala, 'Le retour de la morale', in *Les Nouvelles*, 28 juin 1984 ['Le retour de la morale', *DE*, II, 1515~1526. 앞의 인용은 1517]).

계"가 이 다이어그램의 특징이다).[17] 그러나 자신들 스스로를 지배하지 못하면서 어떻게 타인들을 지배할 수 있는가? 타인들에 대한 지배는 자기 자신에 대한 지배에 의해 이중화되어야 한다. 타인들과의 관계는 자신과의 관계를 통해 이중화되어야 한다. 권력의 의무적 규칙들은 그 것을 수행하는 자유인의 임의적 규칙들에 의해 이중화되어야 한다. 자 신의 내부에 존재하는 코드에 더 이상 의존하지 않으며 이로부터 풀려 난 하나의 "주체"는 (도시·가족·법정·놀이 등) 도처에서 다이어그램을 실행하는 여타의 도덕적 코드들로부터도 역시 벗어나야만 한다. 바로 이것이 그리스인들이 행했던 것이다. 그들은 힘을 여전히 힘으로 유지 시키면서도 그것을 접을 수 있었다. 그들은 힘을 힘 자체로 되돌렸다. 그들은 내재성·개인성·주체성을 무시하지 않으면서도 주체, 즉 "주 체화"(subjectivation)의 생산물이자 파생물로서의 주체를 발명해 냈 다. 그들은 "심미적 실존" 즉 자유인의 임의적 규칙, 자기와의 관계, 분 신을 발견했다.[18] (만약 우리가 이런 파생물을 하나의 새로운 차원으로서

---

17) 그리스인들에 고유한 권력관계 또는 힘의 다이어그램은 푸코에 의해 직접적으로 분석된 적이 없다. 그는 이런 작업이 데티엔(Marcel Detienne)·베르낭(Jean-Pierre Vernant)·비달-나케(Pierre Vidal-Naquet)와 같은 현대의 사가들에 의해 이미 적절히 수행되었던 것으로 평가했을 것이다. 그들의 독창성은 그리스인들의 정신적·물리적 공간을 권력관계의 새로운 유형이라는 입장에서 정확히 정의한 것에 있다. 이런 관점에서 보면, 푸코가 끊임없이 언급하고 있는 "투쟁적" 관계가 하나의 고유한 기능이라는 점을 밝혀 두는 것은 매우 중요하다 (그리고 이는 특히 사랑에 관련된 행위를 통해 잘 드러난다).

18) 어떤 하나의 코드로 환원시킬 수 없는 것으로서의 "주체화"(subjectivation) 또는 주체의 구축에 대해서는 다음을 참조하라. *UP*, 33~37 [*TUP*, 25~30; 『쾌락의 활용』, 43~48]. 심미적 실존의 영역에 대해서는 다음을 참조하라. 같은 책, 103~105 [*TUP*, 89~91; 『쾌락의 활용』, 123~126]. "임의적 규칙"(règles facultatives)이란 용어는 푸코가 아닌 라보프의 것으로, 이 용어는 항수가 아닌 내적 변수의 기능에 대한 묘사를 위한 언표의 지위에 관련해서는 완전히 타당한 것으로 보인다. 여기서 이 용어는 코드와는 구별되는 규제적 기능을 지칭하는 보다 일반적 의미를 획득한다.

간주하지 않는다면, 또한 특히 우리가 주체성을 의무적 규칙의 측면에서 찾고자 한다면, 우리는 그리스인들에게는 주체성이 존재하지 않는다고 말하게 될 것이다.…)[19] 푸코의 근본적 사유는 권력과 지식으로부터 파생되지만 그것들에 의존하지는 않는 주체성의 차원이라는 관념이다.

또한 『쾌락의 활용』은 이전의 책들과 비교해 볼 때 여러 가지 측면에서 다양한 차이를 보여 주는 책이다. 한편으로 이 책은 이전의 저작들이 17~19세기에 이르는 짧은 시기를 다루었던 것에 반해 그리스인들로부터 시작되어 그리스도교를 거쳐 오늘날에 이르는 긴 시기를 다루고 있다. 또 다른 한편으로 이 책은 이전 저작들의 탐구 대상이 되었던 지식관계 및 권력관계로 환원될 수 없는 새로운 차원으로서의 '자기와의 관계'를 발견했다. 따라서 전체적인 재조직화가 요청된다. 결국 권력과 지식이라는 이중적 관점에서 섹슈얼리티를 탐구했던 『지식의 의지』와의 단절이 존재하게 된다. 자기와의 관계는 이미 발견되었지만 그것과 섹슈얼리티의 관계는 여전히 불분명한 채로 남아 있다.[20] 전체적 재조직화를 위한 첫걸음은 이미 내딛어졌다. "섹슈얼리티의 역사"라는 기획의 쇄신이라는 측면에서, 자기와의 관계는 어떻게 해서 섹슈얼리티와의 선택적 연계를 가질 수 있는가? 대답은 매우 엄격한 것이다. 권력관계가 오직 실행됨으로써만 자신을 드러낼 수 있

---

19) *UP*, 73 [*TUP*, 62; 『쾌락의 활용』, 87~88].

20) 푸코는 이렇게 말한다. 나는 우선 섹슈얼리티에 관한 책을, 그리고 후에도 같은 노선에 입각해서 『지식의 의지』를 쓰기 시작했으며, "그리고 나서는 섹슈얼리티가 사라진 자아와 자아의 테크닉에 대한 책을 썼습니다. 그리고 세 번째로 나는 또 다른 책을 통해 전자와 후자 사이의 평형을 유지하려 해야만 했습니다". cf. *MFF*, 323 [*MF*, 228; 『미셸 푸코』, 322].

는 것과 똑같이, 그것을 펼쳐 내는 자기와의 관계도 실행됨으로써만 자신을 확립할 수 있다. 그리고 그것이 확립 또는 실행되는 것은 섹슈 얼리티에서이다. 그리고 아마도 이 관계는 직접적인 것은 아닐 것인 데, 이는 하나의 안쪽, 내재성을 구성하는 것은 섹슈얼리티와 관계된 것이라기보다는 오히려 우선 양생(養生, alimentation)에 관계된 것이 기 때문이다.[21] 그러나 여기서 다시 한번 섹슈얼리티가 점차적으로 양 생으로부터 "벗어나" 자기와의 관계를 실행하는 장소가 되도록 만드 는 것은 무엇인가? 그리스인들에 의해 체험된 것으로서의 섹슈얼리 티는 여성적인 것으로서 힘의 수용적 요소를, 남성적인 것으로서 힘 의 능동적 또는 자발적 요소를 탄생시켰다.[22] 이후로 자기 결정(auto-détermination)으로서의 자유인의 자기와의 관계는 다음의 세 방식으 로 섹슈얼리티에 관련될 것이다. ① 쾌락의 "양생술"(Diététique)이라 는 단순한 형식을 통해 자신의 육체를 적극적으로 통제하기 위해 자기 를 통제한다. ② 가정의 "경제"(Économie)라는 복합적 형식을 통해 배 우자를 통제하여 그녀 스스로가 탁월한 수용성을 획득할 수 있도록 자 기를 통제한다. ③ 소년들의 "연애술"(Érotique)이라는 분열된 형식을 통해 소년들 또한 그들 스스로 자신을 통제하는 법을 배우도록 하기 위해 또한 타인들의 권력에 대해 저항하며 스스로 능동적이기 위해 자 기를 통제한다.[23] 그리스인들은 자기와의 관계를 고안한 것에 그치지 않고 또한 그것을 섹슈얼리티에 연결·결합·분열시켰다. 간단히 말해

21) *UP*, 61~62 [*TUP*, 50~52; 『쾌락의 활용』, 74~75].
22) *UP*, 55~57 [*TUP*, 46~47; 『쾌락의 활용』, 68~69].

이는 그리스인들에 의해 섹슈얼리티와 자기와의 관계 사이에 확립된 하나의 견고한 조우이다.

재분배 또는 재조직화는 적어도 장기 지속의 관점에서는 스스로 형성된다. 이는 자기와의 관계가 더 이상 자유인을 위해 남겨진 한정된 구역 즉 모든 "제도적·사회적 체계"로부터 독립적인 구역으로서 남아 있지 않을 것이기 때문이다. 자기와의 관계는 권력관계 및 지식 관계 안에 포섭될 것이다. 그것은 자신이 처음에 파생되었던 이 체계들 안으로 재통합될 것이다. 내재적 개인은 하나의 "도덕적" 지식 안에서 코드화되고 재코드화되며, 무엇보다도 권력의 쟁점이 되면서 다이어그램화된다. 이제 주름은 펼쳐진 것으로서 나타나게 되고, 자유인의 주체화는 예속(隷屬, assujettissement)으로 변형된다. 이는 한편으로 모든 개별화(individualisation) 및 조정(modulation)의 과정을 수반하는 "통제와 의존에 의한 타인에의 복종"이다. 이 모든 과정은 권력이 이후 주체들이라 부르게 될 사람들의 내면 및 일상생활에 작용하는 과정에서 권력 스스로가 창출해 내는 것이다. 또 다른 한편으로 이는 이후 주체의 지식을 형성하게 될 인간 및 도덕에 관한 제반 학문의 모든 기술들을 수반하는 "자기 인식 및 의식에 의한 자기 고유한 정체성에의 집착"이다.[24] 동시에, 섹슈얼리티는 권력 초점의 주위에 조직되면

---

23) 『쾌락의 활용』 II~IV부 참조. '소년들의 모순'에 대해서는: UP, 243 [TUP, 221; 『쾌락의 활용』, 274~275].

24) 참조. MFF, 302~304 [MF, 211~213; 『미셸 푸코』, 301~304]. 여기서 우리는 푸코의 다양한 지표들을 다음처럼 요약해 본다. ① 도덕은 주체화의 코드와 양식이라는 두 개의 극점을 갖는데 이 두 극점은 서로 반비례한다. 하나가 확장되면 나머지 하나는 반드시 축소된다. UP, 35~37 [TUP, 28~30; 『쾌락의 활용』, 46~49]. ② 주체화는 하나의 코드로 되돌아가는 경향을

서 "성 과학"(scientia sexualis)을 발생시키고 '성'(le Sexe)이라는 "권력-지식"의 심급 안으로 통합된다(푸코는 여기서 『지식의 의지』의 분석으로 돌아간다).

이제 그리스인들에 의해 천착되었던 하나의 새로운 차원은 사라져 지식과 권력이라는 두 축으로 축소되어 버렸다고 결론지어야 하는가? 어떤 의미에서 우리는 자유로운 개별성으로서의 자기와의 관계를 되찾기 위해 그리스인들에게로 되돌아갈 수도 있을 것이다. 그러나 물론 이는 잘못된 것이다. 코드와 권력에 저항하는 자기와의 관계는 언제까지나 존속될 것이다. 심지어 자기와의 관계는 앞서 우리가 언급했던 이 저항점의 기원 중 하나이다. 예를 들어, 만약 우리가 '종교개혁' 이전까지 끊임없이 전개되었던 주체화의 "정신적 금욕적 운동"에 대한 고려 없이(다양한 집단적 주체화의 방식들이 존재했다) 그리스도교의 도덕을 그것이 조작하는 단순한 코드화 작업 또는 그에 따르는 사목적 권력으로 환원시켜 버린다면 이는 그릇된 일이 될 것이다.[25] 심지어 후자가 전자에 저항했다는 사실을 지적하는 것만으로도 충분치 못한데 이는 양자 사이에는 언제나 — [상호적] 구성이든 또는 투쟁이든 — 일정한 지속적 교류가 있었기 때문이다. 그러므로 우리는 이렇게 말해야만 한다. 주체화 즉 자기와의 관계는 그리스적 양식이 아주

가지며 코드를 위해 소멸되거나 경화(硬化)되기도 한다(이는 『자기 배려』의 일반적 논점 중 하나이다). ③ 내재성에 침투하여 개별화를 담당하는 권력의 새로운 유형이 나타난다. 이는 최초에는 교회의 사목적 권력이었다가 이후 국가 권력에 의해 취합된다(MFF, 305~306 [MF, 214~215; 『미셸 푸코』, 304~306]. 푸코의 이 텍스트는 "개별화하고 조정하는 권력"이라는 『감시와 처벌』의 분석에 연결된다).

25) UP, 37 [TUP, 30; 『쾌락의 활용』, 48~49].

오랜 기억으로서 남게 되는 그런 지점까지 스스로를 변형시키고 자신의 양식을 바꾸어 가면서 끊임없이 생산되고 있다. 권력관계 및 지식관계에 의해 다시금 포착된 자기와의 관계는 또 다른 곳에서 또 다른 방식을 통해 끊임없이 다시 태어나고 있다.

사기와의 관계의 가장 일반적 공식은 다음과 같다. 자기에 의한 자기의 영향력, 또는 주름 접힌 힘(l'affect de soi par soi, ou la force pliée). 주체화는 주름작용에 의해 생산된다. 마치 지옥의 강들처럼 오직 네 **가지 주름작용**, 네 가지 주체화의 주름만이 존재한다. ① 첫 번째 주름작용은 이후 주름 안에 포착되어 둘러싸이게 되는 우리 자신의 물질적 부분에 관련된다. 그리스인들에게 있어 이는 육체(corps)와 그 쾌락(plaisir), "아프로디지아"(aphrodisia)였지만, 그리스도교인들에게 있어 그것은 살(chair)과 그 욕망(désir) 즉 이전의 것과는 전혀 다른 실체적 양식으로서의 욕망이 될 것이다. ② 두 번째 주름작용은 엄밀히 말해 힘들 관계의 주름이라 할 수 있는데 이는 힘들의 관계가 자기와의 관계에 속하기 위해서는 언제나 하나의 특이한 규칙을 따라야 하기 때문이다. 그것은 이때 작용하는 규칙이 자연적 또는 신적·합리적·심미적인기 등등에 따라 전혀 달라진다. ③ 세 번째 주름작용은 지식의 주름이다. 이는 진실한 것과 우리 존재, 그리고 우리 존재와 진실의 연결을 구성하는 것으로서의 진실의 주름인데 이 연결이 모든 지식과 인식에 형식적 조건을 부여하는 것이다. 이처럼 지식의 주체화는 그리스인들·그리스도교인들·플라톤·데카르트 또는 칸트에 있어 전혀 다른 방식으로 이루어진다. ④ 네 번째 주름작용은 바깥 자체의 주름 즉 궁극이다. 블랑쇼가 "기대의 내재성"(intériorité d'attente)이라 불렀던 것을 구성하는 것이 바로 이것인데, 주체가 다양한 양식을 통해 불멸성·영원성·구원·자유·죽음·초연함 등등을 기대하는 것은 바로 이로부터이다. 네 가지 주름작용들은 마치 자기와의 관계로서의 내재성 또는 주체성이 갖는 목적인(目的因, cause finale)·형상인(形相因, cause formelle)·작용인(作用因, cause efficiente)·질료인(質料因, cause matérielle)과도 같은 것이다.[26] 이 주름들은 무엇보다도 다양한 리듬을 갖는 명백히 가변적인 성질을 가지며 그 변양들 또한 주체화의 환원 불가능한 제반 양식들을 구성한다. 이 주름들은 지식과 권력의 "제반 코드와 규칙 아래에서" 작동한다. 또한 주름들은 종종 스스로 펼쳐지면서 이들과 다시 결합하기도 하는데 이 경우 항상 또 다른 접힘들(pliures)이 함께 형성된다.

또 각각의 경우에 자기와의 관계는 주체화 양식에 상응하는 하나의 양상에 따라 섹슈얼리티와 조우하도록 결정되어 있다. 이는 힘의 자발성과 수용성이 그리스인들의 경우처럼 더 이상 능동적 역할 및 수동적 역할에 따라 분배되는 것이 아니라, 그리스도교인들의 경우처럼 전혀 다른 하나의 양성적(兩性的) 구조를 따라 분배되기 때문이다. 그렇다면 전반적 대조라는 관점에서 그리스인들의 육체와 쾌락 및 그리스도교인들의 살과 욕망이 보여 주는 차이점들은 무엇인가? 플라톤은

---

26) 푸코에 의해 구별된 네 측면을 체계화해 보자. *UP*, 32~39 [*TUP*, 25~32; 『쾌락의 활용』, 43~51]. 푸코는 주체 구성의 두 번째 측면을 기술하기 위해 "예속화"(assujettissement)라는 단어를 사용한다. 따라서 이 단어는 구성된 주체가 권력관계에 복종하는 경우 이외의 의미를 또한 갖는다. 세 번째 측면은 특별한 중요성을 가지며 『말과 사물』과의 연관을 가능하게 한다. 사실상, 『말과 사물』은 어떻게 해서 생명·노동·언어가, 보다 심오한 주체성의 구성을 위해 접혀지기(se plier) 이전에, 무엇보다도 지식의 대상이 되었는가를 보여 주고 있다.

첫 번째 주름에서는 육체와 쾌락에 머물러 있지만 이미 세 번째 주름에서 연인을 향해 진실을 되접고 (더 이상 어떤 쾌락의 주체가 아닌) 하나의 "욕망하는 주체"에 이르게 될 새로운 주체화의 과정을 되찾으면서 '욕망'에로 상승하고 있다고 말할 수 있을까?[27] 이제 우리는 우리 자신의 현재적 양식, 우리 자신의 근대적 자기와의 관계에 대해서는 무어라 말하게 될 것인가? 우리의 네 가지 **주름작용들**은 무엇인가? 만약 권력이 점차로 우리의 일상생활·내재성·개별성을 포위해 가고 있다는 것이 사실이라면, 만약 권력이 개별화의 과정을 통해 스스로를 생산해 낸다면, 만약 지식 자체가 욕망하는 주체의 코드화 및 해석학을 형성하면서 점차로 개별화된다는 것이 사실이라면, 우리의 주체성에는 무엇이 남겠는가? 이제 주체에게는 전혀 아무것도 "남아 있지" 않을 것인데 이는 주체가 마치 지식을 주체화하고 권력을 휘어지게 만드는 주름들의 방향 설정을 따르는 하나의 저항점처럼 매번 새로이 형성되어야 하는 것이기 때문이다. 근대적 주체성은 '법'(la Loi)에 지나치게 예속되어 있는 욕망에 대항하여 육체와 그 쾌락을 되찾을 것인가? 그러나 그럼에도 불구하고 이는 그리스인들로의 회귀가 아닌데, 이는 [푸코에게 있어] 회귀란 존재하지 않기 때문이다.[28] 근대적 주체성을 위한 투쟁은 다음과 같은 두 가지 현실적 형식을 갖는 예속에 대한 저항을 통과한다. 첫 번째는 권력의 제반 요구들에 따라 우리의 개별화를 구성하는 예속의 형식이며, 두 번째는 각각의 개인을 이미 잘 알려지고 인식되어 있으며 언제나 이미 항상 결정되어 있는 하나의 정체성

---

27) 『쾌락의 활용』 중 플라톤에 대한 V장을 보라.

에로 결합시키는 예속의 형식이다. 주체성을 향한 투쟁은 따라서 차이를 향한 권리, 변형 및 변신을 위한 권리로서 드러난다.[29] (우리는 여기서 질문들을 복수화하고 있는데 그것은 우리가 [푸코의] 미완성 수고인 『살의 고백』*Les aveux de la chair* 그리고 심지어는 이를 넘어 푸코 탐구의 마지막 관심들을 다루고 있기 때문이다.)[1]

『쾌락의 활용』에서 푸코는 주체를 드러내지 않는다. 사실상, 푸코는 이미 주체를 하나의 파생물, 즉 언표로부터 파생된 하나의 기능으로서 정의한 적이 있었다. 그러나 이제 주체를 주름이라는 조건 아래에서 생겨나는 바깥의 파생물로서 정의하면서 푸코는 주체의 의미를 확장하는 동시에 그것에 하나의 환원 불가능한 차원을 부여한다. 우리는 이제 다음과 같은 가장 일반적인 질문에 대한 답변을 위한 기초적 요소들을 확보했다. 더 이상 권력도 지식도 아닌 이 자기와의 관계, 이 새로운 차원을 무엇이라 부를 것인가? 자기에 의한 자기에의 영향은 쾌락인가 또는 욕망인가? 또는 차라리 쾌락 또는 욕망의 행위처럼 "개인적 행위"(conduite individuelle)라 불러야 하는가? 이에 대한 정확한 용어는 오직 우리가 이 세 번째 차원이 장기 지속의 관점에서 펼쳐

---

28) 『지식의 의지』는 육체와 그 쾌락, 즉 "성 없는 섹슈얼리티"(sexualité sans sexe)가 법에 욕망을 접합시키는 "성"(le Sexe)의 심급에 "저항하는" 근대적 방식임을 이미 보여 주었다. *VS*, 208 [*HS*, 157; 『지식의 의지』, 234~235]. 그러나 이는 단지 매우 부분적이고 애매한 의미에서의 그리스인들로의 회귀일 뿐인데, 이는 육체와 그 쾌락이 그리스인들을 자유인들 사이의 투쟁적 관계들, 즉 여성들이 배제된 하나의 단성적(單性的, unisexuée) "성년 남성 사회"로 회귀시키고 있기 때문이다. 반면 우리는 명백히 우리의 사회적 영역에 고유한 관계 유형과는 전혀 다른 하나의 유형을 추적하고 있다. 잘못된 회귀의 개념에 대해서는 다음에 실린 푸코의 텍스트를 참조하라. *MFF*, 322~331 [『미셸 푸코』, 326~333].

29) 참조. *MFF*, 302~303 [*MF*, 211~212; 『미셸 푸코』, 301~303].

지고 있는 그런 지점을 확인할 경우에만 드러나게 될 것이다. 바깥의
주름작용이 출현한 것은 서양의(occidentales) 형성작용에 고유한 것
으로 보일 수도 있다. '오리엔트'(l'Orient)는 그런 현상을 보이고 있지
않으며 바깥의 선 또한 숨 막히는 진공을 가로질러 부유하는 채로 남
아 있다고 말할 수도 있을 것이다. 이 경우 고행(苦行)은 이제 어떤 특
별한 주체성의 생산도 가져오지 못한 채 진공 속에서 숨을 쉬고자 하
는 하나의 노력, 무화(無化)의 문화가 되어 버릴 것이다.[30] 어떤 힘을 복
종시키기 위한 조건은 자유인들 즉 그리스인들 사이의 투쟁적 관계와
함께 발생한 것으로 보인다. 힘이 다른 힘과의 관계 속에서 자기를 향
하여 되접히는 곳도 바로 여기이다. 그러나 만약 우리가 주체화 과정
의 시초를 그리스인들에게서 찾는다 해도 현재에 이르기까지 그런 과
정이 적용되는 방식은 여전히 장기 지속이라는 관점이다. 푸코가 변이
의 장소로서의 권력의 다이어그램 및 지식의 문서고에 대한 단기 지
속의 관점을 갖고 있다는 점을 생각할 때 이런 연대기는 무척이나 특
기할 만한 것이다.[31] 『쾌락의 활용』과 함께 등장하는 장기 지속의 이런

---

30) 푸코는 자신이 오리엔트적(orientales) 형성작용을 다룰 자격을 갖추고 있다고는 전혀 생각
하지 않았다. 그는 다만 우리[서양]의 '성 과학'(scientia sexualis)[이는 『지식의 의지』에서 다
루어진다] 또는 그리스인들의 심미적 실존[이는 『쾌락의 활용』에서 다루어진다]과는 구분되는
'중국인들'의 "성애술"(ars erotica)에 대한 간략한 언급을 행하고 있을 뿐이다. 문제는 다음
과 같은 것이 될 것이다. 오리엔트적 기법(techniques orientales)에는 하나의 주체화 과정 또
는 어떤 '자기'(Soi)가 존재하는가? [들뢰즈는 여기서 '오리엔트'와 '중국'을 동일시하고 있다. 이
는 들뢰즈의 무의식을 잘 보여 주는 사례인데, 푸코는 이런 동일시를 행한 적이 없다.]

31) 계열들에 연관된 역사에 있어서의 장기 및 단기 지속(des longues et courtes durées)에 대
해서는 다음을 참조하라. F. Braudel, *Ecrits sur l'histoire*, Paris: Flammarion, 1977 [*On
history*, trans. S. Matthews, Chicago: University of Chicago Press, 1982]. 푸코는 『지식의 고
고학』에서 인식론적 지속이 필연적으로 단기적임을 보여 준 바 있다. *AS*, 15~16 [*AK*, 7~8;
『지식의 고고학』, 27~29].

갑작스런 도입의 이유에 대한 가장 단순한 답변은 아마도 다음과 같은 것이 될 것이다. 우리는 더 이상 실행되지 않는 낡은 권력들, 더 이상 유용하지 않은 낡은 지식들은 금방 잊어버린다. 그러나 도덕적 문제에 있어 우리는 여전히 우리 스스로도 더 이상 믿지 않는 낡은 신념들로 스스로를 가득 채우고 우리의 문제에 더 이상 적합하지 않은 낡은 양식들에 따라 우리를 주체로서 생산한다. 한편 이것은 [이탈리아의 영화감독] 안토니오니(Michelangelo Antonioni, 1912~2007)로 하여금 이렇게 말하게 만들었던 이유이기도 하다. 우리는 '에로스' 때문에 앓고 있다. … 모든 것은 마치 주체화의 양식들이 긴 생명을 지니기라도 한 것처럼 일어나고, 우리는 여전히 ~로의 회귀라는 우리의 취향에 맞추어 마치 그리스인들, 그리스도교인들처럼 행세하고 있다.

그러나 보다 심오한 하나의 실증적인 이유가 있다. 그것은 주름 작용 자체, 재이중화가 하나의 '기억'(Mémoire)이라는 점이다. 그것은 지층 및 문서고에 기입되는 단기적 기억 및 여전히 다이어그램들에 포획되어 있는 잔존물들 모두를 넘어서는 "절대적 기억" 또는 바깥의 기억이다. 이미 그리스인들의 심미적 실존은 본질적으로 미래의 기억을 촉진시켰으며 주체화 과정 또한 참다운 기억들 즉 "히폼네마타"(hypomnemata)로 구성되는 글쓰기에 의해 대단히 빠른 속도로 수행되었다.[32] 기억은 자기와의 관계 또는 자기에 대한 자기의 영향력에 대한 참다운 이름이다. 칸트에 따르면 ── 마치 공간이 그 아래에서 정

---

32) SS, 75~84 [『자기 배려』, 79~85], MFF, 339~344 [『미셸 푸코』, 344~354] (주어진 주체화 과정의 본질에 따라 구분되는 자기와 그 기억에 대한 문헌의 매우 다양한 기능에 대해서).

신이 다른 사물에 의해 영향을 받는 형식인 것과 꼭 같이 ─ 시간은 그 아래에서 정신이 스스로에게 영향을 미치는 형식이었다. 따라서 시간은 주체성의 본질적 구조를 구성하는 "자기 영향력[정동]"(auto-affection)이다.[33] 그러나 주체 또는 차라리 주체화로서의 시간은 기억이라 불린다. 이런 단기적 기억은 사후적으로 나타나 망각에 대립하는 것이 아니라, 현재를 이중화하고 바깥을 재이중화하면서 망각과 하나가 되는 "절대적 기억"이다. 왜냐하면 절대적 기억은 자기 자체이며 또한 재창조되기 위해 끊임없이 망각되는 것이기 때문이다. 사실상 그것의 주름은 펼침과 뒤섞이는데 이는 펼침이 주름 접힌 것으로서의 주름 안에 남아 있기 때문이다. 오직 망각(펼침)만이 기억 안에서(주름 자체 안에서) 주름 접힌 것을 되찾게 된다. 한편 푸코에 의한 하이데거의 궁극적 재발견이 있다. 기억에 반하는 것은 망각이 아니라, 우리를 바깥으로 용해시키며 죽음을 구성하는 망각의 망각이다. 반대로 바깥이 주름 접히는 한 마치 기억이 망각과 동일한 외연을 갖는 것처럼 안쪽은 바깥과 동일한 외연을 갖는다. 생명, 장기 지속이란 바로 이 '동일한 외연을 가짐'(共外延性, coextensivité)이다. 시간은 이제 주체가 되는데 이는 그것이 바깥의 주름작용이기 때문이다. 그리고 바로 이런 식으로 시간은 모든 현재를 망각 속으로 밀어 넣지만 동시에 모든 과거를 기억 안에 보존한다. 회귀 불가능성으로서의 망각, 되풀이의 필연성으로서의 기억. 오랫동안 푸코는 바깥을 시간보다 더 깊은 하나의 궁극적

---

33) 이는 하이데거의 칸트 해석에 나타나는 기본적 주제들 중 하나이다. 자신을 하이데거와 연관 짓고 있는 푸코 말년의 진술들을 보라. 'Le retour de la morale', *Les Nouvelles littéraires*, 28 juin 1984 [*DE*, II, 1515~1526, 특히 1522 이하].

182 II. 위상학 : "다르게 생각하기"

공간성으로서 간주했다. 푸코는 자신의 마지막 저작들에서 시간을 바깥에 위치시킬 수 있는 가능성, 주름이 존재한다는 조건 아래 바깥을 시간으로서 사유할 수 있는 가능성을 다시금 부여한다.[34]

　　푸코와 하이데거의 필연적 대립이 발생하는 것은 바로 이 지점이다. '주름'은 여전히 푸코의 작품들에 나타나고 있지만 그것이 자신의 참다운 차원을 발견하는 것은 연구의 마지막 단계에서이다. 푸코와 하이데거의 유사점 그리고 차이점은 무엇인가? 우리는 오직 푸코가 행했던 단절, 곧 "천박한" 의미의 현상학 즉 지향성(指向性, intentionnalité)과의 단절을 출발점으로 삼을 경우에만 그것을 적절히 평가할 수 있다. 의식이 사물을 겨냥하고 있으며 세계에서 의미를 창출한다는 점을 푸코는 거부한다. 사실상 지향성은 모든 종류의 심리학주의와 자연주의를 거부하기 위해 고안되었으나 ─ 메를로-퐁티 자신이 말하고 있는 바와 같이 그것이 "학습"(learning)과 거의 구별되기 어렵다는 점에서 ─ 현상학은 또 다른 종류의 새로운 심리학주의, 자연주의를 만들어 낸다. 현상학은 의식과 의미 작용의 종합이라는 하나의 심리학주의, "야생적 체험"(expérience sauvage), 사물, 세계에 존재하는 사물의 '있게 내버려둠'(laisser-être)이라는 하나의 자연주의를 복원한다. 바로 여기에서 푸코의 이중적 이의 제기가 기인한다. 확실히 우리가 단어와 문장의 수준에 머무는 한 우리는 의식이 어떤 사

---

34) 최초로 시간에 대한 공간의 우위를 부여하는 것처럼 보였던 것은 『말과 사물』에 나타난 외재성 및 '바깥'이라는 주제들이었다. *MC*, 351 [*OT*, 340; 『말과 사물』, 465~466].

물을 겨냥하여 의미를 창출해 내는 (의미화 작용을 수행하는 것으로서의) 어떤 '지향성'의 존재를 믿을 수 있다. 마찬가지로 우리가 사물 및 사물의 상태에 머무는 한 우리는 의식을 가로질러 사물을 있는 그대로 존재하게 놓아두는 어떤 '야생적 체험'의 존재를 믿을 수 있다. 그러나 현상학이 주장하는 "괄호 치기"(mise entre paranthèses)[판단 중지]는 단어와 문장으로 하여금 **언표를** 향하여 나아가도록, 사물과 사물의 상태로 하여금 가시성을 향하여 나아가도록 했어야만 할 것이다. 다시 말하면 언표는 다른 사물과 관련된 것이 아니기 때문에 어떤 것도 겨냥하지 않는다. 언표는 주체를 표현하지 않으며 오히려 내재적 변수들로서의 고유하고 만족스러운 주체와 대상을 부여하는 하나의 언어, 하나의 언어-존재로 되돌아갈 뿐이다. 한편 가시성은 이미 어떤 원초적 (즉 전前-술어적 ante-prédicative) 의식을 향해 열려진 어떤 야생의 세계 안에서 전개되는 것이 아니라, 어떤 종류의 지향적 시선과도 무관한 엄밀히 내재적인 관점·비율 및 형식을 자신에게 부여하는 하나의 빛, 하나의 빛-존재로 되돌아갈 뿐이다.[35] 언어와 빛이 적절히 이해될 수 있는 것은 서로를 연결시켜 주는 어떤 방향성들(언어의 의미 형성, 의미 작용, 지시 작용. 물리적 환경, 감각 또는 인지 가능한 세계)이 아니라 상대로부터 분리된 채로 각각을 만족시키는 하나의 환원 불가능한 차원에 의거해 우리가 그것을 검토할 때이다. 빛이 "있다", 그리고 언어작용이 "있다"("il y a" de la lumière et "il y a" du langage). 모든 지향성은 이 두 단자들(單子, monades) 사이의 벌어진 틈, 또는 보기와 말하기 사이의

---

35) *RR*, 136~140 [*DL*, 105~108].

"비관계" 안에서 붕괴된다. 푸코의 주요한 전환은 현상학에서 인식론으로의 전환이다. 왜냐하면 보기와 말하기는 지식이지만, 우리는 결코 우리가 말하는 것을 보지 않으며 우리가 본 것을 말하지도 않는다. 그리고 우리가 하나의 [담배] 파이프를 볼 때 우리는 끊임없이 "이것은 파이프가 아니다…"라고 (다양한 방식으로) 말하게 될 것이다. 마치 지향성이 스스로를 부정하고 저절로 붕괴된다는 듯이 말이다. 모든 것은 지식이며, 이것이 바로 야생적 체험 따위가 존재하지 않는 첫 번째 이유이다. 지식의 이전 또는 아래에는 아무것도 존재하지 않는다. 그러나 지식은 말하기와 보기, 언어와 빛이라는 환원 불가능한 방식의 이중성을 갖는데, 이는 지향성이 존재하지 않는 또 하나의 이유가 된다.

그러나 모든 것은 바로 이 지점에서 시작된다. 왜냐하면 현상학은 자신에게 지속적인 부담으로 남아 있던 심리학주의 및 자연주의를 제거하려는 와중에서 이제는 그 자신이 의식과 그 대상(存在者, l'étant) 사이의 관계로서의 지향성을 지양(止揚)해 냈기 때문이다. 한편 하이데거 및 이후의 메를로-퐁티에게 있어서, 지향성의 지양은 '존재' (l'Etre)로, 그리고 '존재'의 주름을 향해 나아가게 된다. 지향성에서 주름으로, 존재자에서 '존재'로, 현상학에서 존재론으로. 하이데거의 후계자들은 우리에게 어느 정도로 존재론이 주름과 분리 불가능한 것인가를 가르쳐 주었다. 그들은 '존재'야말로 정확히 자신이 존재자와 함께 만들어 내는 주름이며 또한 그리스인들의 최초의 시도와 같은 존재의 펼침은 어떤 주름의 대립물이 아닌 주름 그 자체, '밝힘'의 결정적 전환점, 드러냄과 감춤의 단일체임을 알려 주었다. 이런 존재의 접힘, 존재와 존재자의 주름이 어떻게 지향성을 대체하는가 하는 점은 여전히 불분명했지만, 그럼에도 불구하고 이는 하나의 기초를 제공할 수 있었다. 근본적, "수직적" 가시성이 어떻게 '스스로 보는 것'(Se-voyant) 안으로 접혀 들어가는가, 또 이에 따라 보는 것과 보이는 것의 수평적 관계가 가능하게 되는가를 보여 준 것은 메를로-퐁티이다. 어떤 외부보다도 멀리 있는 하나의 '바깥'은 어떤 내부보다도 깊은 하나의 '안쪽'으로부터 "스스로 뒤틀리고" "주름 접히며" "이중화"된다. 또한 내재적인 것과 외재적인 것 사이에서 파생되는 관계는 오직 '바깥'에 의해서만 가능하다. 심지어 이 뒤틀림이 고유한 육체 및 그것의 대상을 넘어서는 "살"(Chair)을 정의한다. 간단히 말해 존재자의 지향성은 존재의 주름, 주름으로서의 '존재'를 향해 지양된다(반면 사르트르는 존재의 주름에 도달하지 못하고 존재자 안에 "구멍"을 만드는 것에 만족했기 때문에 지향성의 개념에 머물러 있게 된다). 지향성은 스스로 자신을 이해하지 못하게 만드는 유클리드적 공간 안에서 다시 한번 생성된다. 이 유클리드적 공간은 '바깥'과 '안쪽', '가장 먼 것'과 '가장 가까운 것'을 이어 주는 또 하나의 공간 즉 "위상학적" 공간에 의해 지양되어야 한다.[36]

---

36) '주름', 얽힘(entrelacs) 또는 교착(chiasme), "가시적인 것의 자기에로의 회귀"에 대해서는 다음을 참조하라. M. Merleau-Ponty, *Le visible et l'invisible*, Paris: Gallimard, 1979/1964 [*The Visible and the Invisible*, trans. A. Lingis, Evanston: Northwestern University Press, 1969; 모리스 메를로퐁티, 『보이는 것과 보이지 않는 것』, 남수인 옮김, 동문선, 2004]. 또한 메를로-퐁티는 자신의 "작업 노트"(notes de travail)에서 위상학을 구성하는 수직적 차원을 향하는 방식으로 지향성을 지양할 필요성에 대해 언급하고 있다(263~264). 메를로-퐁티에 있어 이런 위상학은 회귀의 장소로서의 "살"의 발견을 함축한다(그리고 디디에 프랑크에 따르면 이미 하이데거에 있어서도 이런 발견이 이루어진 바 있다. Didier Franck, *Heidegger et le problème de l'espace*, Paris: Minuit, 1986). 이것이 우리가 — 남겨진 미완성 원고에서 푸코가 보여 주고 있는 바대로의 — 『살의 고백』에서 보이는 제반 분석이 살의 그리스도교적 기원을 중심으로 한 섹슈얼리티의 역사라는 관점에서 살펴본 "주름pli"(化身/降生, incarnation)의 문제 전체와 관련되어 있다고 생각해 볼 수 있는 근거이다.

푸코가 주름, 이중체와 같은 자신의 주요한 주제들과 관련되어 하이데거와 메를로-퐁티로부터 강력한 이론적 영감을 받았다는 점은 의심의 여지가 없는 사실이다. 한편 푸코가 그런 영감의 실천적 실행의 모델을 발견한 것은 루셀에서이다. 루셀은 언제나 어떤 "스스로 보는 것" 안으로 뒤틀려 들어감으로써 시선 또는 그것의 대상과는 다른 차원에 존재하게 되는 하나의 존재론적 '가시성'을 만들어 냈다.[37] 또한 우리는 마찬가지로 [자리Alfred Jarry, 1873~1907의] **파타피지크**(*pataphysique*)가 사실상 형이상학에 대한 하나의 지양, 즉 명시적으로 현상의 존재에 기초한 하나의 지양으로 드러난다는 의미에서 하이데거와 자리^{2}를 연결시켜 볼 수 있을 것이다. 그러나 만약 우리가 자리 또는 루셀을 하이데거 철학의 실현으로 간주한다면, 이는 주름이 하나의 전혀 다른 풍경 안으로 옮겨지고 자리 잡는다는 것, 즉 또 다른 의미를 갖게 된다는 말이 아니겠는가? 논점은 하이데거의 진지성을 무시해야 한다는 것이 아니라 루셀(또는 자리)의 냉철한 진지성을 재발견해야만 한다는 것이다. 존재론적 진지성은 일종의 악마적 또는 현상학적 유머를 필요로 한다. 사실상 우리는 푸코에게서 보이는 이중체로서의 주름이 그 존재론적 입장을 완전히 견지하면서도 전혀 새로운 하나의 모습을 갖게 될 것으로 믿고 있다. 우선 하이데거 또는 메를로-퐁티에 따르면 존재의 주름은 지향성을 전혀 다른 하나의 차원 안에 정초

---

37) 푸코의 텍스트 『레몽 루셀』은 이런 점을 잘 보여 주는데 특히 시선이 펜대 안에 박혀 있는 렌즈를 지나는 장면이 그러하다. "존재의 내적인 축제 … 시선을 벗어나는 가시성, 만약 우리가 어떤 렌즈 또는 장식물을 통해 그것에 도달한다면 그것은 … 시선을 괄호 안에 넣기 위험이다. … 존재는 스스로에게 과도한 평온함을 부과한다.…"(*RR*, 136, 140 [*DL*, 105~106, 108]).

시킴으로써만 지향성을 지양할 수 있다. 이것이 바로 '가시적인 것' 또는 '밝힘'이 언제나 말하기 및 보기의 대상을 동시에 제공하는 이유이다. 그 이유는 언제나 주름이 시각에 있어서의 '스스로 보는 것'[스스로를 보는 것](se-voyant)과 언어작용에 있어서의 '스스로 말하는 것'[스스로에 대해 말하는 것](se-parlant)을 동시에 구성하기 때문이다. 이는 언어작용 안에서 스스로 말하고 시각 안에서 스스로 보는 것은 모두 동일한 하나의 세계라는 점에서 그러하다. 하이데거와 메를로-퐁티에 있어 '빛'이란 하나의 보는 방식뿐 아니라 하나의 말하는 방식을 여는 것이다. 이는 마치 의미작용이 가시적인 것을 포획하고 있다면, 가시적인 것은 의미를 속삭이고 있는 것과도 같다.[38] 한편 빛-'존재'는 오직 가시성에로만, 언어작용-'존재'는 오직 언표에로만 되돌아가는 푸코에게 있어 사정이 이와 같을 수는 없다. 지향성은 결코 지향적이지 않은 한 지식의 두 부분들 사이의 이접에서 사라져 버리기 때문에 주름은 결코 지향성을 재정초하지 않는다.

만약 지식이 두 형식들로 구성되어 있으며 또 이 형식들 각각이 나름의 대상과 주체를 갖는다면 어떻게 지식에 대상을 향한 주체의 지향성이 존재할 수 있겠는가?[39] 그럼에도 불구하고 이 두 형식들 사

---

38) 하이데거에 있어서의 '밝힘'(Lichtung)은 빛과 가시적인 것은 물론 목소리와 소리를 향한 '열림'(l'Ouvert)이다. 이는 메를로-퐁티에 있어서도 마찬가지이다. Merleau-Ponty, *op. cit.*, 201~202. 푸코는 이런 연관성 전체를 거부한다.

39) 예를 들면 어떤 "의식"에 의해 겨냥될 수 있는 광기라는 "대상"은 존재하지 않는다. 그러나 광기는 시대들, 심지어는 한 시대의 다양한 문턱들에 따라 다양한 방식으로 보여지고 또 다양한 방식으로 언표된다. 우리는 동일한 광인들을 보거나 동일한 병을 언표하고 있는 것이 아니다. *AS*, 45~46 [*AK*, 31~32; 『지식의 고고학』, 59~61].

이의 '비관계'로부터 출현하는 하나의 관계가 확보되어야 한다. 지식은 존재이며 또한 존재의 첫 번째 모습이지만, 존재는 이 두 형식들의 사이에 존재한다. 이것이 바로 하이데거가 "둘 사이"(entre-deux)라고, 그리고 메를로-퐁티가 "얽힘 또는 교착"(l'entrelacs ou le chiasme)이라고 불렀던 바로 그것이 아닐까? 그러나 이들은 사실상 전혀 같은 것이 아니다. 왜냐하면 메를로-퐁티에게 있어 얽힘과 '둘 사이'는 주름과 뒤섞이기 때문이다. 그러나 푸코에게는 전혀 그렇지 않다. 가시적인 것과 언표 가능한 것의 상호 얽힘(entrelacement)·상호 교차(entrecroisement)가 존재한다. 이는 옷감 짜기(tissage)의 플라톤적 모델로서 지향성을 대체한다. 그러나 이 상호 얽힘은 지식-'존재'(l'Etre-savoir)의 두 형식들이라는 환원 불가능한 두 적수들 사이의 구속이자 전투이다. 그것은 ─ 우리가 원한다면 ─ 하나의 지향성일 수도 있는데, 그것은 가역적이고 양 방향 모두에서 다수화되어 있으며 극소화·미소화된 지향성이다. 이는 존재의 주름이 아닌 두 형식들 사이의 얽힘이다. 이는 주름의 위상학이 아닌 얽힘의 전략이다. 모든 것은 마치 푸코가 하이데거와 메를로-퐁티가 지나치게 멀리 가 버렸다고 비난하기라도 하는 양 전개된다. 그리고 푸코가 루셀에게서, 그리고 또 다른 방식으로 브리세에게서, 그리고 또 다른 방식으로 마그리트에게서 발견한 것, 그리고 아마도 그가 자리에게서 발견할 수도 있었던 것은 언표 가능한 것을 정복하는 사물의 분노, 가시적인 것을 정복하는 말들의 소음, 이중의 포획, 청각적이고도 시각적인 전투이다.[40] 푸코에게는 모든 존재론을 변형시키는 이중성·이중체라는 환각적 주제가 항상 존재하고 있었다.

그러나 만약 투쟁들의 얽힘이 그 자체 비형식적인 요소 즉 형식들의 환원 불가능한 분리에서 생겨나는 하나의 순수한 힘관계를 발생시키는 경우가 아니라면, 지식-'존재'를 구성하는 이 포획적 이중체는 환원 불가능한 '둘 사이'의 제반 형식을 결코 생산하지 못하게 될 것이다. 이것이 바로 전투의 원천 또는 그 가능성의 조건이다. 이것이 바로 지식의 지층적 영역과는 차별성을 갖는 권력의 전략적 영역이다. 인식론에서 전략으로. 한편 "야생적" 체험이 존재하지 않는 또 하나의 이유는 모든 전투가 하나의 전략을 함축하고 있으며, 모든 체험 또한 권력관계 안에 포착되어 있기 때문이다. 이것이 존재의 두 번째 모습이자 지식-'존재'와는 차별성을 갖는 권력-'존재'(Etre-pouvoir), "권력존재"(Possest)이다. 이는 형성된 지식의 두 형식들 "사이의" 제반 관계를 복원시키는 비형식적 권력관계들 또는 힘관계들이다. 언표들이 이들 중 하나의 형식 안에서 분산되는 반면 가시성들은 나머지 하나의 형식 안에서 분산되기 때문에 지식-'존재'의 두 형식들은 외재성의 형식들이 된다. 그러나 권력-'존재'는 우리에게 형식화 불가능하며 또 형성되지 않은 채로 남아 있는 '바깥'이라는 또 다른 요소를 제공한다. 힘들 및 그것의 변형 가능한 조합들은 이 '바깥'으로부터 생겨난다. 이처럼 존재의 두 번째 모습 또한 여전히 주름이 아니다. 전투 안에서 두 형식들 사이의 유일한 소통을 가능케 하는 것은 차라리 윤곽 없이 유동하는 하나의 선이다. 결국 현상학은 너무나도 화해적이며 너무나도 많은 것

---

40) 푸코가 전투의 가장 중요한 발전을 찾아낸 것은 브리세에 의해서이다. "그[브리세]는 단어를 낳게 하는 소음에 대해 단어를 회복시켰으며 단어가 그것에서 이후 침묵의 문장(紋章)처럼 형성될 폭력·습격·몸짓들을 다시금 되살렸다."(*GL*, XV장)

들을 축복해 주었기 때문에 푸코에게는 언제나 하이데거의 그것보다 더욱 심오한 하나의 헤라클레이토스주의가 존재하는 것이다.

이제 푸코는 바깥으로부터 오는 요소 즉 힘을 발견한다. 블랑쇼처럼 푸코 역시 '밝힘'보다는 '바깥'에 대해 더 많이 이야기하게 될 것이다. 힘은 다름 아닌 바깥의 힘에 연결되어 있으므로 형식들의 외재성을 "설명하는" 것 또한 바깥이다. 그리고 이는 이 형식들 각각에 대해서든 또는 그것들 사이의 상호 관계에 있어서든 마찬가지이다. 바로 이 지점에서 푸코가 행했던 다음과 같은 선언의 중요성이 기인한다. 나는 언제나 하이데거에게 매혹당했지만 니체를 통해서 또는 니체를 따라서가 아니라면 결코 그를 이해할 수 없었을 것이다(그리고 그 역은 성립되지 않는다).[41] 하이데거는 니체의 가능성이지만, 그 역은 성립하지 않는다. 니체는 자신의 고유한 가능성이 실현되는 것을 보지 못했다. 우리가 이 바깥을 극한 즉 그것으로부터 존재가 구부러지는 궁극적 지평으로서 발견하고자 원했다면, 우리는 니체적 의미의 힘, "힘에의 의지"라는 특별한 의미에서의 권력을 다시금 발견했어야 했다. 하이데거는 너무도 서둘렀고 너무도 성급히 모든 것을 정리해 버렸으며, 이는 결코 바람직한 일이 아니었다. 하이데거의 기술적(technique) · 정치적 존재론, 지식의 기술 및 권력의 정치학이 보여 주는 뿌리 깊은 모호함은 바로 여기서 기인한다. 존재의 주름은 오직 그 세 번째 국면의 수준에서만 생성 가능하다. 마치 바깥이 자신과 같은 외연을 갖는 어

---

41) "나의 모든 철학적 장래는 하이데거의 독해에 의해 결정되었다. 그러나 나를 그에게 인도해 주었던 인물이 니체였음을 나는 인정한다.…"('Le retour de la morale', *Les Nouvelles littéraires*, 40 ['Le retour de la morale', *DE*, II, 1522])

떤 안쪽을 스스로의 힘만으로 구성해 내는 것처럼, 힘 또한 자기가 자기에게 영향력을 미치고 또 자기로부터 영향을 받는 바로 그런 방식으로 스스로를 드러낼 수 있을까? 그리스인들이 행했던 것은 어떤 기적이 아니다. 하이데거에게는 일종의 르낭(Ernest Renan, 1823~1892)적 견해 즉 그리스적 계몽주의 또는 그리스의 기적이라는 관념이 존재한다.[42] 푸코는 이렇게 말한다. 그리스인들은 바라보기에 따라 항상 지나치거나 또는 모자란다. 그들은 힘을 복종시켰으며 오직 전략에 의해서만 복종될 수 있는 어떤 것으로서의 힘을 발견했다. 이는 그들이 자유인들 사이의 경쟁을 관통하는 하나의 힘관계를 발명해 냈기 때문이다(만약 그가 자신을 지배할 수 있다면 그는 다른 사람들을 지배할 수 있다). 그러나 힘들 중의 힘인 인간이 자신을 구성하는 힘을 복종시킬 수 있는 것은 오직 바깥이 그 자체로 복종하는 동시에 인간 안에서 어떤 '자기'(Soi)를 파고 들어갈 때뿐이다. 존재의 주름이 출현하는 것은 이미 형식들이 얽혀 있으며 전투들이 시작된 바로 이 세 번째 국면이다. 따라서 바깥의 주름이 하나의 '자기'를 구성하는 반면 바깥 그 자체는 동일한 외연을 갖는 하나의 안쪽을 구성한다는 점에서 존재는 이제 ─ 더 이상 "지식 존재"(Sciest) 또는 "권력 존재"(Possest)가 아닌 ─ "자기 존재"(Se-est)의 형식을 갖게 된다. 존재론적 주름에 도달

---

42) 르낭에게서 흥미로운 것은 [풍자시] 『아크로폴리스 위에서의 기도』(*Prière sur l'Acropole*, 1883)가 "그리스의 기적"을 본질적으로 기억에 관련된 것으로서, 또한 기억을 ('게으름 피우기'라는) 권태의 시간 구조 안에서 역시 근본적으로는 망각에 관련된 것으로서 소개하는 그의 방식이다. 제우스 자신은 "자기 자신 위로 되접히고 깊은 숨을 쉰 후에" '지혜'를 낳는 겹주름으로서 규정된다.

하기 위해서는 지층적·전략적 얽힘을 횡단해야만 했던 것이다.

이들은 지식·권력·자기라는 환원 불가능하지만 언제나 동시에 다른 것들을 함축하는 세 개의 차원들이다. 이것들은 세 개의 "존재론들"이다. 왜 푸코는 이 존재론들이 역사적이라고 덧붙였던 것일까?[43] 왜냐하면 이것들은 결코 어떤 보편적 조건들을 지정해 주지 않기 때문이다. 지식-존재는 어떤 순간에 있어서의 가시적인 것과 언표 가능한 것이 취하게 되는 두 형식에 의해 결정되며, 빛과 언어 또한 그것들 자신이 어떤 지층 위에서 취하게 되는 "특이하고 제한된 실존"과 분리 불가능하다. 권력-존재 또한 그 자신 각각 시대의 다양한 특이성들을 관통하는 힘관계 안에서 결정된다. 한편 자기, 자기-존재(l'être-soi)는 주체화의 과정 즉 주름이 관통하는 여러 장소들에 의해 결정된다(그리스인들은 결코 어떤 보편적 모델이 아니다). 간단히 말해 조건들은 결코 자신에 의해 조건화되는 것들 이상으로 일반적이지 않으며 오직 자신의 고유한 역사적 특이성이라는 가치만을 가질 뿐이다. 또한 조건들은 결코 "논리적으로 필연적인[필증必證적인]"(apodictique) 것들이 아니며 오직 '문제적인'(problématique) 것들일 뿐이다. 조건들이란 역사적으로 변화하는 것이 아니라 오직 역사와 함께 변화하는 것이다. 이 조건들이 보여 주는 것은 사실상 어떤 하나의 역사적 형성작용 안에서 문제가 제기되는 방식이다. 어떤 빛과 언어작용의 조건 아래 나는 무엇을 알 수 있으며 무엇을 보고 또 언표할 수 있는가? 나는 무엇을 할 수 있으며 나는 어떤 권력을 요구할 수 있고 또 어떤 저항으로 맞설 수

---

43) cf. *MFF*, 332 [『미셸 푸코』, 333].

있는가? 나는 어떻게 존재할 수 있는가? 나는 어떤 주름에 둘러싸여 어떤 방식으로 나 자신을 주체로서 생산할 수 있는가? 이런 세 질문들 아래에서 "나"(le je)는 더 이상 어떤 보편적 존재가 아니며 다만 '사람들이 말하고-보며, 서로 맞부딪치고 또 살아가는 것'(un On parle-On voit, On se heurte, On vit)에 몰두해 있는 모든 득정 위치들의 총체이다.[44] 시대와 시대를 가로질러 적용될 수 있는 해결책이란 존재하지 않는다. 그러나 새로운 영역에 있어 어떤 이전 문제의 소여(所與)를 다시 한번 활성화시키는 문제 영역들의 침투 또는 침식은 존재할 수 있다 (아마도 푸코에게는 어떤 그리스인, 말하자면 쾌락의 "문제화"에 대한 일종의 신뢰가 여전히 존재하고 있을 것이다…).

결국 과거로부터 현재에 이르는 유일한 연속성, 또는 반대로, 현재가 과거를 설명하는 방식을 구성하는 것은 실천이다. **만약 푸코의 대담들이 그의 저작들 중 완전한 한 부분을 구성한다면**, 그것은 이 대담들이 광기, 처벌 또는 섹슈얼리티와 같은 현재적 문제의 구성을 향한 푸코 저작들 각각의 역사적 문제화(problématisation)를 연장한 것이기 때문이다. 중심화되어 있거나 또는 매개되어 있기보다는, 차라리 횡단적이며 직집적인 투쟁의 이 새로운 유형은 어떤 것들인가? 보편적이기보다는, 차라리 특수한 또는 "특이한" "지식인"의 이 새로운 기능

---

44) 명백히 칸트의 세 질문들에 대립되는 푸코의 세 가지 "문제"에 대해서는 다음을 참조: *UP*, 12~19 [*TUP*, 6~13; 『쾌락의 활용』, 20~28]. 또한 다음에서 푸코는 칸트를 보편적 주체에 대한 질문뿐 아니라 "역사의 이 정확한 순간[현재]에 있어서의 우리는 누구인가?"라는 질문을 제기한 인물로서 상찬하고 있다. *MFF*, 307 [*MF*, 216; 『미셸 푸코』, 307]. [이 부분의 영역은 다음과 같다. "a One speaks-One sees, One confronts, One lives.", 115.]

은 어떤 것들인가? 자기 동일적이기보다는, 차라리 자기 정체성이 부
재하는 주체화의 이 새로운 양식은 어떤 것들인가? 이는 다음 질문의
삼중적인 현실적 근원이다. 나는 무엇을 할 수 있는가? 나는 무엇을 아는
가? 나는 누구인가?(*Que puis-je? Que sais-je? Que suis-je?*) 1968년으
로 이끈 사건들은 마치 이 세 질문들의 "되풀이"와도 같았다.[45] 우리
의 빛, 우리의 언어작용, 즉 오늘날 우리의 "진실"은 무엇인가? 이전의
투쟁들이 더 이상 가치가 없다고 말하는 것으로는 결코 만족할 수 없

---

45) 몇몇 분석들을 읽다 보면 우리는 마치 1968년이 파리 지식인들의 머릿속에서 일어났던 일이
라고 믿게 될지도 모른다. 따라서 우리는 그것이 이미 새로운 주체성의 생산을 향한 투쟁을 위한 새
로운 형식들의 출현에 연결되어 있었던 일련의 국제적인 사상적 흐름의 연속 및 세계적 사건들
의 오랜 추이에 의해 생겨난 결과물이었음을 기억해야만 한다. 이는 그것의 중심주의에 대한
비판 및 "삶의 질"에 연관되었던 질적인 요구만 보더라도 분명히 드러난다. 세계적 사건의
측면에서, 우리는 자주화 운동에 관련되었던 유고슬라비아의 경험, 체코슬로바키아의 봄 및
이후의 억압, 베트남 전쟁, 알제리 전쟁 및 네트워크의 문제뿐 아니라 "새로운 계급"(새로운
노동 계급)의 징후들, 농민들 또는 학생들의 새로운 조합주의, 이른바 제도적 교육 또는 정신
의학 센터들… 등에 대해 간략히 언급해 볼 수 있을 것이다. 사상적 측면에서는, 의심의 여지
없이 우리는 이미 새로운 주체성의 문제를 제기했던 루카치(György Lukács, 1885~1971)의
『역사와 계급 의식』(*Histoire et coscience de classe*, 1923)에로 거슬러 올라가야만 할 것이다.
한편 프랑크푸르트 학파, 이탈리아 마르크스주의 및 초기 "자율화 운동"의 싹들(마리오 트론
티Mario Tronti, 1931~), 사르트르의 주변에서 벌어진 새로운 노동 계급에 대한 고찰(앙드레 고
르André Gorz, 1923~2007) 또한 "사회주의냐 야만이냐"(Socialisme ou barbarie), "상황주의"
(Situationisme), "공산주의의 길"(Voie communiste)(특히 펠릭스 가타리와 "욕망의 미시정치
학"micro-politique du désir) 등과 같은 그룹들도 언급되어야만 할 것이다. 이런 사조들 및 사건
들은 오늘날에도 여전히 영향을 미치고 있다. 68년 이후 푸코는 개인적으로 '감옥에 관한 정
보 그룹'(Le Groupe d'information sur les Prisons, GIP, 1971) 및 감옥 투쟁과 함께 투쟁의 새
로운 형식들이라는 문제를 재발견하고, 이는 이후 『감시와 처벌. 감옥의 탄생』을 계기로 '권
력의 미시물리학'으로 세련화된다. 이후 푸코는 전혀 새로운 방식으로 지식인의 역할에 대해
사고하고 또 그렇게 살게 된다. 이후 푸코는 새로운 주체성의 문제에 도달하는데 푸코는 이
경우에는 아마도 미국의 제반 운동들과의 연관 하에서 그 기초적 자료들을 『지식의 의지』에
서 『쾌락의 활용』에 이르는 시기 동안 변형시키게 된다. 투쟁, 지식인, 주체성 사이의 연관성
에 대해서는 다음의 책에 실린 푸코의 분석을 참조하라. *MFF*, 301~303 [*MF*, 211~212; 『미셸
푸코』, 301~303]. 한편 새로운 공동체 형식을 향한 푸코의 관심은 분명 본질적인 것이었다.

는 오늘날 우리는 어떤 권력들에 맞서야만 하며 또 우리의 저항 능력에는 어떤 것들이 있는가? 아마도 우리는 이미 "어떤 새로운 주체성의 생산"을 목격하고 또 그것에 참여하고 있는 것이 아닐까? 자본주의의 변이들은 저항의 초점으로서의 어떤 새로운 '자기'의 완만한 출현 안에서 예상치 못했던 하나의 "맞대면"을 보고 있는 것이 아닐까? 각각의 사회적 변이들은 매번 ── 비록 항상 명확한 것은 아니라 하더라도 ── 하나의 주체적인 재배치(reconversion) 운동 및 그 잠재성들을 또한 발생시키는 것이 아닐까? 이런 질문들은 순수한 권리의 문제를 포함하는 인간의 보편적 권리에 대한 질문 이상의 중요성을 갖는 것으로서 간주될 수 있을 것이다. 푸코에게 있어 모든 것은 지식의 변수들(예를 들면 언표의 내재적 변수들로서의 주체와 대상) 및 형식 관계들의 변화, 권력의 가변적 특이성들 및 힘관계의 변화, 가변적 주체성들 및 주름 또는 주체화의 변화 등과 같은 변수와 변화 안에 놓여 있다.

그러나 설령 '조건들은 결코 조건 지어지는 것들보다 더 일반적 또는 불변적이지 않다'라는 주장이 사실이라 해도 여전히 푸코의 관심을 끄는 것은 조건들이다. 이것이 바로 푸코가 [중요한 것은] 역사가의 직업이 아닌 역사적 연구라고 말한 이유이다. 푸코가 수행한 것은 어떤 심성이 아닌, 언표들 및 언어의 체계 즉 그 아래에서 정신적 존재를 갖는 모든 것들이 스스로 드러나는 제반 조건들의 역사이다. 그가 수행한 것은 어떤 행동이 아닌, 빛의 체계 즉 그 아래에서 가시적 존재를 갖는 모든 것들이 자신을 드러내게 되는 조건들의 역사이다. 그가 수행한 것은 어떤 제도가 아닌, 그 아래에서 제도에 의해 주어진 사회적 장이라는 지평 위에서 다양한 힘의 미분적 관계들이 적분되는 제반 조건들의 역사이다. 그가 수행한 것은 어떤 사적 생활이 아닌, 그 아래에서 자기와의 관계가 하나의 사적 생활을 구성하는 제반 조건들의 역사이다. 그가 수행한 것은 어떤 주체가 아닌, 사회적·존재론적 영역 안에서 작동되는 주름작용들 아래에 존재하는 주체화의 과정들의 역사이다.[46] 진실로 푸코를 사로잡고 있는 것은 사유 즉 하이데거에 의해 제기되었고 푸코에 의해 다시 물어졌으며 무엇보다도 하나의 화살이었던 다음과 같은 하나의 질문이다. "사유란 무엇을 의미하는가? 우리는 무엇을 사유라 부르는가?"(que signifie penser? qu'appelle-t-on penser?) 하나의 역사, 그러나 무엇보다도 사유 자체의 역사. 사유란 체험하는 것이며 문제화하는 것이다. 지식·권력 및 자기는 이런 사유의 문제화 과정에서 나타나는 삼중적 근원이다. 우선 문제로서의 지식에 따르면, 사유란 보기이자 말하기이지만, 사유가 생성되는 것은 '둘-사이', 이 둘의 틈새 또는 이접 안에서이다. 그것은 매번 얽힘을 창조하는 것이며 매번 어느 한쪽으로부터 다른 쪽의 과녁을 향해 화살을 쏘는 것이며 단어들 안에서 빛의 섬광을 번쩍이게 하는 것이자 가시적인 사물들 안에서 외침이 들릴 수 있도록 하는 것이다. 사유란 보기와 말하기로 하여금 각자 자신의 극한에 도달하도록 만드는 것이다. 따라서 이들 양자는 서로를 분리시키는 동시에 이어 주는 공통적 극한이 된다.

한편 문제로서의 권력의 기능에 따른다면, 사유란 특이성들을 방

---

46) *UP*, 15 [*TUP*, 9; 『쾌락의 활용』, 24~25]. 푸코, 역사 및 그 조건들에 대한 가장 심오한 연구는 폴 벤느의 다음 논문이다. Paul Veyne, 'Foucault révolutionne l'histoire', *Comment on écrit l'histoire*, Paris: Seuil, 1971; 폴 벤느, 「부록: 역사학을 혁신한 푸코」, 『역사를 어떻게 쓰는가』, 김현경·이상길 옮김, 새물결, 2004, 453~507쪽(특히 "불변항"invariants의 문제).

사하는 것, 주사위를 던지는 것이다. 주사위 던지기란 사유가 언제나 바깥에서 오기 때문이다(이 바깥은 이미 틈새 안으로 휩쓸려 들어간 또는 공통 극한을 구성한 바깥이다). 사유는 본유(本有)적인 것도 획득되는 것도 아니다. 사유는 어떤 능력의 본유적 실행이 아니지만, 그렇다고 해서 외직 세계에서 구성되는 어떤 학습도 아니다. 이 본유적인 것과 획득된 것을 아르토(Antonin Artaud, 1896~1948)는 "생식기"(le génital), 사유의 생식 능력(génitalité) 자체에 대립시킨다. 물론 이때의 사유는 어떤 외적 세계보다도 멀리 있으며 동시에 어떤 내적 세계보다도 가까이 있는 하나의 바깥으로부터 오는 것이다. 우리는 이 바깥을 '우연'이라고 불러야 할까?[47] 사실상 주사위 던지기란 가장 단순한 권력 또는 힘들의 관계 즉 우연히 뽑혀진 특이성들 사이에 성립되는 관계를 표현하는 것이다([주사위] 표면의 숫자들). 푸코가 이해하는 바의 힘관계란 인간들에게만 해당되는 것이 아니다. 힘관계는 우연적인 추출 또는 차라리 그 인력(引力), 어떤 특정한 언어에 따르는 집합에서 보이는 [출현] 빈도에 있어서의 알파벳 글자들·요소들에도 역시 관련된다. 우연은 오직 맨 처음 주사위를 던질 때에만 의미를 갖는다. 아마도 두 번째의 던지기는 마치 부분적인 재-연쇄화의 연속 즉 마르코프의 사슬처럼 첫 번째 던지기에 의해 부분적으로 결정된 제반 조건 하에서 작동할 것이다. 그리고 이것이 바로 바깥이다. 바깥은 이렇게 우연적인 뽑기를 임의성과 의존성의 혼합 안으로 끊임없이 재-연쇄화시키는 선이다. 따라서 사유는 이제 새로운 모습을 갖게 된다. 특이성들의 도출, 도출의 재-

---

47) '니체-말라르메-아르토' 사이의 삼위일체가 특히 『말과 사물』의 마지막 부분에서 제기된다.

연쇄화, 매번 하나의 특이성의 근방으로부터 다른 특이성의 그것으로 이동하는 일련의 계열들의 창조. 언제나 바깥으로부터 오는 일련의 특이성들: 힘관계 안에 포착된 권력의 특이성들, 변이를 준비하는 저항의 특이성들, 심지어는 관계 안으로 들어오지도 적분되지도 않으면서 언제나 바깥에 남아 있는 **야생적** 특이성들(이것이 "야생적인 것"이 의미를 가질 수 있는 유일한 경우인데 이는 물론 어떤 하나의 체험이라는 의미가 아니며 다만 아직 체험의 영역 안에 들어오지 않은 어떤 것이라는 의미이다).[48]

사유의 이 모든 결정 과정은 이미 사유 행위의 기원적 형상이다. 그리고 오랫동안 푸코는 사유가 그 이외의 어떤 것이 될 수 있으리라고는 믿지 않았다. 사유는 자신이 그로부터 유래했으며 "사유되지 않은 것[비-사유]"(l'impensé)으로서 존재하고 있는 이 바깥이 아니라면 자신 안에서 아무것도 발견할 수 없을 것이다. 이 바깥이 아니라면 사유가 어떻게 하나의 도덕을 창조해 낼 수 있을 것인가? 어떤 정언 명법도 무효로 만드는 이 결단(Fiat)![49] 하지만 푸코는 또 하나의 기묘하고도 최종적인 모습의 출현을 위해 속도를 가한다. 만약 어떤 외재적 세

---

48) 참조: *OD*, 37 [『담론의 질서』, 32]. 푸코는 이곳에서 "야생적 외재성"(extériorité sauvage)을 언급하면서, 자기 동시대의 생물학과 동일시할 수 없는 제반 방법론·개념 및 생물학적 대상을 구성해 냈던 멘델(Gregor Johann Mendel, 1822~1884)의 예를 인용한다. 이는 야생적 관념이 존재하지 않는다는 관념과 전혀 모순되지 않는다. 모든 체험은 이미 지식관계 또는 권력관계를 전제하고 있기 때문에 야생적 체험이란 존재하지 않는다. 한편 정확히 말하자면 야생적 특이성들은 권력과 지식으로부터 밀려나 "주변부"(marges)로 보내지고 따라서 과학은 야생적 특이성들을 인식할 수 없다. *OD*, 35~37 [『담론의 질서』, 30~32].

49) 후설 자신은 사유에 있어서의 "결단"을 주사위 던지기 또는 점의 위치 선정과 같은 것이라 주장했다. E. Husserl, *Idées…*, Gallimard, 414 [*Ideen zu einer reinen Phänomenologie und phänomenologischen Philosophie*, 1913; 에드문트 후설, 『순수 현상학과 현상학적 철학의 이념들』, 최경호 옮김, 문학과지성사, 1997].

계보다도 먼 이 바깥이 동시에 어떤 내적 세계보다도 가까운 것이 사실이라면 이는 사유가 바깥을 자신에 고유한 '비-사유'로 간주함으로써 자신에게 영향을 미친다는 징후가 아닌가? "그것[사유]은 사고되지 않은 것을 자신에게 더욱더 가까이 함으로써만 또는 아마도 그것을 멀리 밀어 버림으로써만 또는 어떤 경우이든 바로 그런 사실에 의해 변형된 — 왜냐하면 인간 존재는 바로 이 거리 안에서 펼쳐지기 때문에 — 인간 존재를 생성시킴으로써만… 사고되지 않은 것을 발견할 수 있다."[50] 자기에 대한 이 영향력, 먼 것과 가까운 것의 이런 전환은 이후 주름선 위에서 항상 바깥의 공간과 동시에 존재하는 안쪽 공간(espace du dedans)의 구성에 점점 더 큰 중요성을 갖게 될 것이다. 이제 문제화된 '사유되지 않은 것'은 윤리적 주체로서 자기 자신을 문제화하는 하나의 생각하는 존재에게 자리를 내준다(이는 아르토에게 있어 "본유적 생식"génital inné이며, 푸코에게는 자기와 섹슈얼리티의 만남이다). 사유란 주름을 접는 행위이며, 서로 동일한 외연을 갖는 어떤 특정한 안쪽의 바깥을 이중화하는 행위이다. 이미 특이성들의 "근방에서"(au voisinage) 시작되었던 사유의 일반 위상학은 이제 바깥에서 안쪽에 이르는 주름작용 안에서 완성된다. "외부의 내부에서, 그리고 그 반대로"(à l'intérieur de l'extérieur et inversement), 이것이 『광기의 역사』가 말한 바였다. 우리는 다음과 같은 점들을 증명할 수 있었다. 모든 조직화(미분 및 적분)는 매개적·상대적인 외재성 및 내재성을 이끌어 내

---

50) *MC*, 338 [*OT*, 327; 『말과 사물』, 448~449] (후설의 현상학에 대한 언급도 참조하라. *MC*, 336 [*OT*, 325; 『말과 사물』, 446]).

는 절대적 안쪽과 바깥의 일차적인 위상학적 구조를 전제한다. 모든 안쪽의 공간은 거리와는 무관하게 그리고 어떤 한 "생명체"의 한계 위에서 바깥의 공간과 위상학적으로 접촉되어 있다. 또한 공간에 의해서는 결코 설명될 수 없는 이 살의 또는 생기(生起)의(charnelle ou vitale) 위상학은 하나의 시간을 해방시킨다. 한편 이 시간은 과거를 안쪽에 응축시키고 미래를 바깥에 생겨나게 하며 살아 있는 현재의 극한에서 과거와 미래를 충돌시킨다.[51] 푸코는 더 이상 단순히 고골과 같은 문서고학자 또는 체호프와 같은 지도제작자가 아니다. 그는 위대한 소설『페테르부르크』(Petersburg, 1912)에서 외피적 주름으로부터 바깥과 안쪽의 전환을 이끌어 낸 벨리(Andrei Bely, 1880~1934)[3]와 같은 위상학자이다. 이차적 공간 내에서의 서로에 대한 이면에 불과한 도시와 두뇌의 적용. 푸코가 이중화 또는 주름을 이해하는 것은 하이데거와는 전혀 무관한 바로 이런 방법론에 의해서이다. 만약 안쪽이 바깥의 주름작용에 의해 구성된다면 이 둘 사이에는 하나의 위상학적 관계가 존재하게 된다. 자기와의 관계는 바깥에 대한 관계와 대응한다. 이 두 관계들은 상대적으로 외재적인 (따라서 상대적으로 내재적인) 환경인 지층이라는 매개를 통해 접촉한다. 지층의 극한에서 안쪽 전체는 능동적으로 바깥에 나타난다. 안쪽은 연속적인 것은 전혀 아니지만 바깥으로부터 오는 미래와 과거를 대면시키고 교환하며 다시 창조하는 일련의 양식들 위에서 과거를 응축한다(장기 지속). 사유란 극한적으로 현재에 종속된 지층에 스스로를 뿌리내리는 것이다. 오늘 나는 무엇을 볼

---

51) cf. Simondon, *L'individu et sa genèse physico-biologique*, Paris: P.U.F., 1964, 258~265.

수 있으며 무엇을 말할 수 있는가? 그러나 그것은 또한 자기와의 관계 위에서 안쪽에 응축되어 있는 과거를 사유하는 것이다(내 안에는 한 명의 그리스인 또는 그리스도교인이 있다…). 현재에 대립하여 과거를 사유한다는 것, 현재에 저항한다는 것은 결코 어떤 회귀를 위한 것이 아니며 오히려 "다가올 시간을 — 나는 바라기를 — 위하여"(니체) 즉 다시 말해서 과거를 바깥에 대해 능동적이고 현재적인 것으로 만들기 위하여, 그리하여 드디어는 어떤 새로운 무엇인가가 도래하도록 하기 위하여, 사유가 언제나 새로운 사유에 도달하도록 하기 위한 것이다. 사유는 자신의 고유한 역사(과거)를 사유하지만 그것은 오직 자신이 사유하고 있는 것(현재)으로부터 스스로를 해방시키기 위하여 그리하여 결국에는 "다르게 사유하기"penser autrement(미래) 위한 것이다.[52] 이것이 블랑쇼가 "바깥의 정열"(passion du dehors), 오직 바깥 자신이 "친화성"(intimité), "침입"(intrusion)이 되기 때문에 바깥을 향하려 하는 하나의 힘이라 불렀던 것이다.[53] 한편 위상학의 세 가지 심급들은 상대적으로 독립적인 동시에 항상적인 상호 교환의 상태에 있다. 지층은 새로운 무엇인가를 보고 말하게 만드는 층(層, couches)들을 끊임없이 생산한다. 그러나 한편 바깥과의 관계는 기존의 힘들을 끊임없이 다시금 문제화하며 결국에는 자기와의 관계가 주체화의 새로운 양식들을 불러내고 생산하도록 만든다. 푸코의 작업은 우리로 하여금 사유의 의미를 변화시켰던 그런 위대한 작업들을 끊임없이 되-묶이도록 만든다.

---

52) *UP*, 15 [*TUP*, 9; 『쾌락의 활용』, 24~25].

53) M. Blanchot, *L'entretien infini*, 64~66.

푸코의 다이어그램

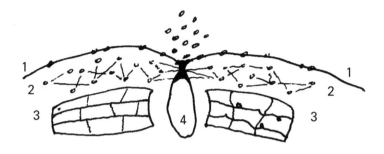

1. 바깥의 선 Ligne du dehors
2. 전략적 지대 Zone stratégique
3. 지층들 Strates
4. 주름(주체화의 지대) Pli (zone de subjectivation)

"나는 허구들 이외의 다른 것을 쓰지 않았다.…" 그러나 어떤 허구
도 이렇게 많은 진실과 현실을 생산한 적은 없었다. 우리는 푸코의 거
대한 허구들에 대해 무어라 말할 수 있을까? 세계는 중첩된 표면들, 문
서고들 또는 지층들로 만들어져 있다. 또한 세계는 지식이다. 그러나
지층들은 한편으로는 시각적 그림들을, 또 다른 한편으로는 청각적 곡
선들을 분리시키는 하나의 중심적 균열에 의해 횡단된다. 각 지층마다
존재하는 언표 가능한 것 및 가시적인 것, 즉 지식의 두 가지 환원 불가
능한 형식들, '빛'과 '언어작용', 가시성과 언표 가능성이 각각 위치하
는 외재성의 이 거대한 두 가지 환경들. 따라서 우리는 하나의 이중적
운동 안에 포착되어 있다. 우리는 하나의 지층에서 또 다른 지층으로,
하나의 띠(bandelette)에서 또 하나의 띠로 빠져 들어간다. 우리는 표
면들, 그림들, 곡선들을 횡단한다. 우리는 세계의 어떤 안쪽에 도달하

기 위하여 균열을 따라간다. 마치 멜빌이 말하고 있는 것처럼, 우리는 그곳에 아무도 존재하지 않을지도 모르며, 인간의 마음이 다만 거대하고 끔찍한 공허만을 드러낼지도 모른다는 두려움을 품은 채 중심의 방을 찾으려 노력한다(누가 문서고들 안에서 삶을 찾으려 할 것인가?). 그러나 동시에 우리는 이 지식의 두 형식들이 어떻게 각각의 지층 위에서, 균열의 한 끝에서 다른 한 끝으로, 서로 융합되고 얽혀 있는가를 설명할 수 있는 어떤 바깥, 요소, "지층화되지 않은 실체"에 도달하고자 지층들의 위로 기어오르고자 노력한다. 그렇지 않다면 문서고의 이 두 반쪽들이 어떻게 서로 소통할 수 있으며 언표들이 그림들 아래 나타날 수 있으며, 그림들이 언표들을 묘사할 수 있겠는가?

이 형식화되지 않은 바깥은 하나의 전투이다. 그것은 특이점들 및 그들 사이의 힘관계들이 작용하는 소용돌이와 태풍의 지대이다. 지층은 다만 그 위에서 펼쳐지는 이 전투의 시각적 먼지와 음향적 반향을 모아 견고화시킬 뿐이다. 그러나 그 위의 특이성들은 형식을 갖지 않으며 마찬가지로 가시적인 신체들 또는 말하는 개인들인 것도 아니다. 우리는 출현과 소멸(비샤의 영역), 불확실한 이중성과 부분적 죽음의 영역 안으로 진입한다. 그것은 미시물리학의 영역이다. 포크너는 이렇게 말한다. 우리는 그 위에서 개인들로서가 아니라, 서로 상대를 보지도 듣지도 못하는 두 마리의 나방 또는 두 개의 깃털처럼 행동한다, "맹렬히 그리고 천천히 퍼지는 먼지 구름의 한가운데에서 우리는 이렇게 외치며 몸을 던진다, 더러운 놈들에게 죽음을! 죽여라! 죽여!" 이 지대의 대기 상태 각각은 그 관계들 안에 포착된 하나의 특이성들 또는 힘들의 다이어그램(전략)에 대응된다. 만약 지층들이 땅에 속하는 것이라면, 전략들은 하늘 또는 대양(océanique)에 속하는 것이다. 그러나 지층 안에서의 현실화는 전략에, 문서고 안에서의 현실화는 다이어그램에, 지층화 작용 자체는 지층화되지 않은 실체에 속해 있다. 현실화는 적분하는 동시에 미분한다. 비형식화된 힘관계들은 특이성의 근방을 지나는 곡선 형식(언표) 및 특이성을 빛의 형상 안에 재배치하는 그림 형식(가시성)이라는 두 가지 이질적 형식의 창조를 통해 미분된다. 또한 힘관계는 정확히 미분화의 두 측면들인 양자 사이의 형식적 관계 안에서 동시에 적분된다. 이는 힘관계가 — 오직 그 아래에서만 자신이 시작되는 — 지층 내의 균열을 무시하기 때문이다. 힘관계들은 지층 내에서 현실화됨으로써 균열을 확장하는 경향이 있지만 마찬가지로 끊임없는 적분과 미분을 통해 양 방향에서 그것의 위쪽을 향해 치솟는 경향이 있다.

힘들은 언제나 '바깥', 즉 어떤 외재성의 형식보다도 더 먼 하나의 특정한 바깥에서 온다. 마찬가지로 힘관계 안에 포착된 특이성들뿐만 아니라, 언제나 이 관계를 변형시키고 그것들을 전복시키며 또 불안정한 다이어그램들을 변화시키려 하는 저항의 특이성들이 존재한다. 또한 심지어는 바깥의 선 자체 위에 존재하면서 아직 [어떤 것과도] 연결되지 않은 채 특히 균열의 바로 위에서 부글거리며 끓고 있는 야생적 특이성들마저 존재한다. 이것이 바로 이 태풍 자체 위에서 모든 다이어그램들을 휘젓는 그 무시무시한 선, 또는 양끝이 열려 있는 '멜빌의 선'(ligne de Melville)이다. 이 선은 어떤 배이든 자신의 어지러운 파도 안으로 밀어넣어 버리는 선이며 자신이 무시무시한 뒤틀림으로 포효하는 순간 주변의 모든 인간을 삼켜 버리는 그런 선이다. 또는 그것은 분자적 속도로 증가하며 "천 개의 변이를 갖는" '미쇼의 선' (ligne de Michaux), "격렬히 마차를 모는 사람의 채찍질"이다. 그러나 이 선이 이렇게 무시무시한 것이라 해도 그것은 더 이상 힘관계에 따라 측정될 수 없으며 인간을 공포의 너머로 데려다주는 삶의 선이다. 왜냐하면 균열의 징소 위에 "생명이 살 수 있는 또는 심지어 무엇보다도 '삶' 자체인 태풍의 눈", 하나의 고리를 만들어 내는 것이 바로 이 선이기 때문이다. 이는 마치 짧은 기간만 존재하는 가속화된 속력이 보다 긴 기간을 통해 "어떤 느린 존재"(un être lent)를 구성하는 것과도 같다. 그것은 마치 끊임없이 방향을 바꾸고 안쪽의 공간을 추적함으로써 스스로를 재구성하면서도 언제나 바깥의 선과 동일한 외연을 갖는 하나의 송과선(松果腺, glande pinéale)과도 같은 것이다. 가장 먼 것은 가장 가까운 것으로 전환됨으로써 내부가 된다. **주름들 안의 삶**(*la vie dans les plis*). 이것이 우리가 그 안에 자기를 들여놓음으로써 더 이상 그것이 비어 있으리라고 두려워하지 않는 중심의 방이다. 여기, 이 주체화의 지대 안에서 우리는 자기 속도의 주인, 상대적으로 자신의 분자들 및 특이성들의 주인이 된다. 이것은 외부의 내부로서의 작은 배 (l'embarcation comme intérieur de l'extérieur)이다.

부록_ 인간의 죽음과 위버멘쉬에 대하여

푸코의 일반 원리는 모든 형식이 힘관계의 구성물이라는 것이다. 이렇게 주어진 힘들에 대해 우리는 우선 그것들이 어떤 바깥의 힘들과 결합하여 관계를 맺게 되는가, 그리고 그로부터 어떤 형식이 생겨나는가를 묻게 된다. 인간 내에 존재하는 힘들이란 상상하는 힘, 기억하는 힘, 이해하는 힘, 의지하는 힘 등이다. 아마도 사람들은 그런 힘들이 이미 인간을 전제하고 있음을 들어 반대를 표명할 수도 있다. 그러나 이는 형식의 측면에서 진실이 아니다. 인간 안에 존재하는 힘들은 단지 장소들, 적용점들(points d'application), 실존자(existant)의 영역만을 전제하고 있을 뿐이다. 마찬가지로 동물에게 존재하는 힘들(운동성·피자극성) 또한 어떤 결정된 형식도 전제하지 않는다. 문제는 인간 안의 힘들이 각각의 역사적 형성 위에서 어떤 다른 힘들과 결합되어 관계를 맺는가, 또 이 힘들의 구성물로부터 결과적으로 어떤 형식이 창출되는가를 아는 것이다. 우리는 다음과 같은 점을 이미 예견할 수 있다. 인간 안의 힘들이 특정 '인간'-형식(forme-Homme)의 구성물 안으로 필연적으로 진입하는 것은 아니며 다른 구성물·형식 안에 또 다른 방식으로 집중될 수도 있다. 심지어 짧은 시기 동안조차도 '인간'(Homme)이 항상 실존했던 것은 아니며 마찬가지로 언제나 실존하지도 않을 것이다. '인간'-형식이 출현하거나 모습을 드러내기 위해서는 인간 안의 힘들이 매우 특별한 바깥의 힘들과 관계 맺어져야 한다.

1. "고전주의적" 역사적 형성

고전주의적 사유는 무한(l'infini)에 대한 사유 방식에 의해 식별 가능하다. 힘 안의 모든 실재는 완전성에 "필적하며" 따라서 무한히 상승될 수 있는 것(무한히 완전한 것)이다. 그 나머지는 한계(limitation)이며, 한계 이외의 그 무엇도 아니다. 예를 들면, 이해하는 힘은 무한히 상승 가능하기 때문에 인간의 지성은 어떤 무한한 지성의 한계일 뿐이다. 또한 의심의 여지 없이 이와는 전혀 다른 무한의 질서들이 존재하지만 그것들 또한 오직 이러저런 힘을 제한하는 한계의 본성을 따를 뿐이다. 이해하는 힘이 직접적으로 무한으로 상승될 수 있는 반면, 상상하는 힘은 보다 열등한 또는 파생적 질서의 무한성만을 가능케 할 뿐이다. 17세기에 무한과 한정되지 않은 것(l'indéfini) 사이의 구분이 알려지지 않았던 것은 아니지만, 후자는 전자의 가장 열등한 단계로서 규정되었다. 연장(延長, étendue)이 신에 속하는가의 여부에 대한 문제는 연장 안의 실재와 한계, 즉 우리가 그곳까지 연장을 상승시킬 수 있는 무한의 질서의 재배치에 달려 있다. 따라서 17세기의 가장 특징적인 텍스트들은 무한의 질서들의 구분에 관계된다. 파스칼의 큼(grandeur)의 무한과 작음(petitesse)의 무한. 스피노자의 무한 자체(infini par soi), 자기 원인적 무한(infini par sa cause), 극한들 사이의 무한(infini entre des limites). 라이프니츠의 그 모든 무한들… 고전주의적 사고는 결코 어떤 평정한 또는 지배적인 사유가 아니다. 그것은 끊임없이 무한 속으로 빨려 들어간다. 미셸 세르(Michel Serres, 1930~2019)의 말처럼, 그것은 모든 중심과 영토를 잃어버리고 이 모든 무한들의 사이에 유한의 자리를 정하고자 노심초사하며 무한에 질서를 도입하고자 한다.[1]

간단히 말해 인간 안의 힘들은 무한을 향한 상승의 힘들과 관계를 맺는다. 이 후자의 힘들은 물론 바깥의 힘들인데, 이는 인간이 한계 지어져 있으며 더욱이 자신을 횡단하는 이보다 완전한 역능을 스스로는 이해할 수 없기 때문이다. 그리하여 한편으로는 인간 안에 존재하는 힘들, 또 다른 한편으로는 그 힘들이 대면하는 무한으로의 상승이라는 힘들의 구성물은 '인간'-형식이 아닌 '신'-형식(forme-Dieu)이 된다. 사람들은 '신'이란 구성된 것이 아니며 또한 그것이 이해 불가능한 절대적 통일체임을 들어 반대를 표명할 것이다. 그것은 사실이다. 그러나 17세기의 모든 작가들에게 있어 '신'-형식은 하나의 구성물이었다. '신'-형식이란 정확히 무한으로의 직접적 상승이 가능한 힘들(때로는 지성과 의지, 때로는 사유와 연장… 등등) 전체에 의해 구성되는 것이다. 자기 원인에 의해서만 또는 자신의 극한을 통해서만 상승 가능한 모든 힘들은 여전히 본질이 아닌 결과로서의 '신'-형식에 속해 있으며, 이는 우리가 그것들 각각으로부터 신의 존재에 관한 하나의 증명(우주론

---

1) M. Serres, *Le système de Leibniz*, P.U.F., 1982, II, 648~657.

적 증명, 물리-목적론적 증명 등)을 이끌어 낼 수 있다는 점에서 그러하다. 그리하여 고전주의적 역사적 형성에 있어 인간 안에 존재하는 힘들은 결코 '인간'-형식이 아닌 '신'-형식을 구성하는 것으로서의 바깥의 힘들과 관계를 맺는다. 이는 무한한 재현작용의 세계이다.

문제는 이렇게 파생된 질서 안에서 결코 그 자체로는 무한하지 않지만 그럼에도 불구하고 무한히 전개 가능하며 따라서 그곳에서 하나의 그림, 한정되지 않은 하나의 계열, 연장 가능한 연속체 안으로 진입하는 어떤 요소를 발견해 내는 것이다. 이것이 18세기에도 여전히 지배적이었던 고전주의적 과학성의 기호이다. 생명체에 있어서의 "형질"(caractère), 언어에 있어서의 "어근"(racine), 부(富)에 있어서의 화폐(argent)(또는 토지terre).[2] 이런 과학들은 일반 과학들, 곧 무한의 질서를 지시하는 일반적인 것이다. 그 결과 17세기에는 생물학이 존재하지 않았으며 오직 계열의 조직화에 의해서만 하나의 체계를 형성할 수 있었던 자연사(自然史)가 존재했을 뿐이다. 마찬가지로 정치경제학이 아닌 부의 분석이, 문헌학 또는 언어학이 아닌 일반 문법이 존재했을 뿐이다. 푸코의 분석은 이 세 가지 측면을 상세히 다루면서 특히 언표의 절단을 위한 장소들을 발견해 낸다. 푸코는 자신의 방법론에 따라 예상치 못했던 유사성을 발생시키며 동시에 종종은 통상적으로 받아들여지고 있던 계통들을 파괴하기도 하는 고전주의적 사유로부터 "고고학적 토양"을 분리해 낸다. 이렇게 해서 우리는 예를 들면 라마르크(Jean Baptiste de Lamarck, 1744~1829)에서 다윈의 선구를 찾아

---

2) 『말과 사물』 IV, V, VI장을 참조.

내는 일을 피하게 된다. 왜냐하면 이는 설령 라마르크의 천재성은 다양한 방식으로 생명체 안에 일종의 역사성을 도입한 점에 있다는 주장이 사실이라 해도, 그런 도입은 여전히 동물의 계열이라는 관점에서 이루어진 것이었으며 더욱이 당시 여러 가지 새로운 요소들에 의해 위협받고 있었던 계열의 관념을 구하기 위한 것이었기 때문이다. 다윈과는 달리 라마르크는 여전히 고전주의적 "토양"에 속하는 인물이다.[3] 이 토양을 결정짓는 것, 이른바 고전주의적 언표의 거대한 가족군(家族群)을 기능적으로 구성하는 것은 무한으로의 발전·연속체의 형성·그림의 전개라는 작용들이다. 펼치기, 그리고 또 펼치기, 그리하여 "설명하기"(déplier, toujours déplier — "expliquer"). 보편적 설명작용(explication) 또는 지고한 펼쳐짐(déploiement)이 아니라면 '신'이란 도대체 무엇인가?[1] 펼침(*dépli*)은 여기서 마치 고전주의적 형성에서 구현된 조작적 사유의 최초 국면, 하나의 근본 개념으로서 나타난다. 이것이 푸코가 "펼침"이란 용어를 그토록 자주 사용하는 이유이다. 만약 임상의학이 고전주의적 형성에 속한다면 그것은 임상의학의 본성이 조직들을 "이차원적 영역들" 위에 펼치는 것이자, 징후들을 무한한 구성을 갖는 계열 안으로 펼쳐 내는 것이기 때문이다.[4]

---

3) *MC*, 243 [*OT*, 230~231; 『말과 사물』, 324~325]. 『동물학적 분류와 동물적 계열의 이념』에 관한 도댕의 사례 연구는 어떻게 고전주의 시대의 분류 작용이 계열의 이념을 따라 전개되었는가를 보여 주었다. Henri Daudin(1926), *Cuvier et Lamarck, les classes zoologiques et l'idée de série animale (1790-1830)* [Tomes I et II, Paris-Montreux: Editions des Archives Contemporaines (E.A.C.), reimpression 1983].

4) *NC*, 119, 138 [*BC*, 118, 136; 『임상의학의 탄생』, 203~204, 228~229].

2. 19세기의 역사적 형성

변이는 다음처럼 이루어진다. 인간 안의 힘들은 바깥의 새로운 힘들 즉 유한성의 힘들과 관계 맺는다. 그것은 생명·노동·언어로서 이후 각기 생물학·정치경제학·언어학을 탄생시키게 될 유한성의 삼중적 근원이다. 그리고 물론 우리는 이런 고고학적 변이에 익숙해 있다. 우리는 종종 "구성적 유한성"이 기원적 무한을 대체했던 이런 혁명의 시초를 칸트에서 찾곤 한다.[5] 유한성이 구성적이라는 말보다 이해하기 어려운 말이 고전주의의 시대에 있었을까? 푸코는 그럼에도 불구하고 이런 주장에 매우 새로운 하나의 요소를 부과한다. 이전까지는 단지 인간이 자신의 고유한 유한성에 대한 의식을 갖는다고 이야기되어 왔던 반면, 푸코는 역사적으로 결정 가능한 제반 조건들 아래 존재하는 두 개의 명백히 구분되는 계기들을 도입할 필요성을 주장한다. 우선 인간 안의 힘은 바깥의 힘으로서의 유한성의 힘과의 맞섬·결합에 의해서만 시작된다. 이후 그것은 자신의 바깥에서 무한성과 충돌한다. 오직 그 연후에만, 두 번째로, 인간 안의 힘은 그것으로부터 자신의 고유한 유한성을 창조하고, 또한 필연적으로 그것을 자신의 고유한 유한성으로서 의식할 수 있게 된다. 이는 다음과 같은 것을 말한다. 인간 안의 힘들이 바깥에서 기인하는 유한성의 힘들과 관계를 맺게 되는 경우, 그리고 오직 이 경우에만, 힘들의 집합은 (이제는 더 이상 '신'-형식

---

5) 다음의 책에서 이런 주장의 가장 진전된 표현을 찾을 수 있다. Jules Vuillemin, *L'héritage kantien et la revolution copernicienne, Fichte, Cohen, Heidegger*, Paris: P.U.F., 1954.

이 아닌) '인간'-형식을 구성할 수 있다. '최초의 인간'(Incipit Homo).

언표 분석의 방법론이 이전까지는 하나로만 보였던 것을 두 가지 계기로 구분해 내면서 자신의 미시 분석을 드러내는 것이 바로 이 지점이다.[6] 첫 번째 계기는 다음과 같이 구성된다. 어떤 무엇인가가 계열들을 파괴하고 연속체들을 부숨으로써 더 이상 그것들이 표면에서 전개될 수 없도록 만든다. 이는 마치 무한한 재현작용의 질서를 위협하는 어떤 새로운 차원, 환원 불가능한 깊이의 도래와도 같은 것이다. [프랑스의 식물학자] 쥐시외(Antoine Laurent de Jussieu, 1748~1836), [프랑스의 의사 · 해부학자] 다지르(Vicq D'Azyr, 1748~1794) 및 라마르크와 더불어 어떤 식물 또는 동물에 있어서의 제반 특성들이 나타나는 배열 및 종속 즉 간단히 말해 조직의 힘은 이제 결코 일렬로 정돈될 수 없으며 오직 독립적으로 전개될 뿐인 다양한 유기체들의 분류를 강요하게 된다(한편 병리 해부학은 어떤 유기적 깊이 또는 "병리학적 총량"의 발견을 통해 이런 경향을 강화한다). [영국의 오리엔탈리스트 · 언어학자] 존스 경(Sir William Jones, 1746~1794)과 더불어 굴절(flexion)의 힘이 어근들의 질서를 변화시킨다. 애덤 스미스(Adam Smith, 1723~1790)와 더불어 노동(추상적 노동 즉 더 이상 이러저런 특정 성질에 의해 포착되지 않는 모든 종류의 노동)의 힘이 부의 질서를 변화시킨다. 조직 · 굴

---

6) 『말과 사물』에서 푸코는 이런 두 가지 계기를 구분해 내야 할 필요성을 지속적으로 언급하고 있지만 이 두 계기들이 항상 동일한 방식으로 규정되어 있는 것은 아니다. 좁은 의미에서, 그것은 우선 자신의 고유한 역사성을 부여받는 사물들이며 이어서 두 번째로 이런 역사성을 스스로 전유하게 되는 인간이다(*MC*, 380~381 [*OT*, 370~371; 『말과 사물』, 502~504]). 보다 넓은 의미에서, 그것은 변화하는 "배치들"(configuration) 및 그에 따르는 "존재 양식들"이다(*MC*, 233 [*OT*, 221; 『말과 사물』, 311~313]).

절·노동 등이 고전주의 시대에 무시되었던 것은 아니다. 그러나 그것들은 단지 일종의 한계라는 역할을 수행했을 뿐이며 단지 원칙적인 수준이라 할지라도 상응하는 성질들이 무한으로 상승되거나 또는 그렇게 전개되는 것을 방해하지 않았다. 이제 다른 한편으로 그것들은 이전의 성질들로부터 해방되면서 더 이상 성질회될 수도 재현될 수도 없는 어떤 무엇 즉 생명에 있어서의 죽음, 노동에 있어서의 고통과 피로, 언어에 있어서의 말더듬기 또는 실어증 안으로 파고든다. 심지어 토지마저도 자신의 본질적 인색함을 드러내며 자신의 허울뿐인 무한성의 질서를 박탈하게 될 것이다.[7]

이렇게 해서 두 번째의 계기 즉 생물학·정치경제학·언어학의 탄생을 위한 모든 것이 준비되었다. 이제 사물들·생명체들·단어들이 이 깊이 즉 이 새로운 차원 위로 **되접히는**(se replient) 것, 그리고 그것들이 이 유한성의 힘들 위로 **접히는**(se rabattent) 것만으로도 충분하다. 생명의 영역에서 조직화하는 힘은 이제 더 이상 존재하지 않으며 다만 서로 환원 불가능하며 그에 따라 생명체들이 분산되는 시공간적 조직화의 평면들만이 존재할 뿐이다(퀴비에Cuvier). 마찬가지로 언어의 영역에서도, 이전에 존재하던 굴절의 힘은 더 이상 존재하지 않으며 다만 그것을 따라 접사 또는 굴절 언어들(les langages affixes ou à flexion)이 분포되는 평면들만이 존재할 뿐이다. 한편 단어와 문자의 자족성이 청각적 상호 관계에 자신의 자리를 내주는 것은 바로 이 평면 위에서이다. 이때 언어 자체는 더 이상 지시 작용 및 의미 작용

---

7) *MC*, 268 [*OT*, 258; 『말과 사물』, 357].

에 의해 정의되지 않으며 일련의 "집합적 의지"에로 되돌아간다(보프 Bopp · 슐레겔Schlegel). 마찬가지로 생산적 노동의 힘은 더 이상 존재하지 않으며 다만 그것에 따라 노동 자체가 자본 위로 접히게 될 생산 조건들만이 존재하게 된다(리카도Ricardo). 이후에는 그와는 반대의 현상 즉 자본이 착취된 노동의 위로 접히게 되는 현상이 도래하게 될 것이다(마르크스). 17세기에는 너무나 소중했던 '일반적인 것들'은 이제 모든 곳에서 '비교'에 의해 대체된다. 비교 해부학 · 비교 문헌학 · 비교 경제학. 이제 모든 것을 지배하는 것은 **주름**, 푸코의 용어를 따르자면, 19세기적 형성작용 안에서 탄생한 조작적 사유의 두 번째 측면이다. 인간 안의 힘들은 근본적인 유한성의 이 새로운 차원 위에서 접히거나 되접힌다. 그런 연후에 이 차원은 이제 인간 자신의 유한성이 된다. 주름은 ─ 푸코가 끊임없이 말하고 있는 것처럼 ─ 하나의 "두께"(épaisseur)만이 아니라 하나의 "공동"(空洞, creux)을 또한 구성하는 것이다.

어떻게 해서 주름이 하나의 근본적 범주로 변화하는가를 보다 잘 이해하기 위해서는 생물학의 탄생 과정을 탐구해 보는 것만으로도 충분하다. 이런 탐구는 푸코 추론의 타당성을 입증해 줄 수 있는 모든 것을 우리에게 제공해 준다(그리고 이는 다른 영역들에 대해서도 또한 마찬가지의 가치를 갖는다). 퀴비에(Georges Cuvier, 1769~1832)는 네 가지 커다란 분과들(embranchement)을 구분하면서 결코 속(屬, genres) · 강(綱, classes) 이상의 어떤 광범위한 일반성을 규정한 적이 없다. 그러나 반면 그는 어떤 종(種, espèces)의 연속체가 이후 점차로 일반화되는 경향을 갖는 제반 용어들 아래에서 그룹화되는 것을 막는 일련의 단층들(fractures)을 결정한다. 조직화의 분과들 또는 평면들은 이후 생명체들이 이러저런 방식으로 종속되게 될 일련의 축(axes)·정향성(orientations)·동학(dynamismes)을 작동시킨다. 이것이 바로 퀴비에의 작업이 배아엽(胚芽葉, feuillets germinatifs)이라는 주름작용을 따르는 [독일의 동물학자] 베어(Karl Ernst von Baer, 1792~1876)의 비교 발생학(embryologie comparée)으로 확장되는 이유이다. 또한 생틸레르(Étienne Geoffroy Saint-Hilaire, 1772~1844)가 유일하고 동일한 구성의 평면과 퀴비에의 조직화 평면을 비교했을 때 그가 원용했던 것도 역시 이런 접힘(pliage)의 방식이었다. 만약 우리가 척추 뼈의 두 돌기를 연결시키고 또 그 머리를 다리에 또는 그 골반을 목덜미에 연결시킨다면 이는 척추동물을 두족류(頭足類, céphalopode)로 간주하는 것이 될 것이다.[8] 만약 (푸코의 언표 분석 방법론을 따라) 생틸레르가 퀴비에와 동일한 "고고학적 토양"에 속한다면 이는 이들 모두가 주름을 원용하고 있기 때문이다. 전자에 있어 주름은 표층에서 하나의 유형으로부터 다른 유형에로의 이행을 가능케 하는 제3의 차원이며, 후자에 있어서는 심층에서의 이행을 작동케 하는 제3의 차원이다. 한편 퀴비에·생틸레르·베어는 모두 진화론에 저항한다. 그러나 이후 다윈 (1809~1882)은 주어진 환경 안에서 살아남은 존재들의 우월성 즉 자신의 특성을 다양화하고 차이를 극대화하는 능력에 기초하여 자연 선택을 근거 짓게 될 것인데 이는 이런 존재들이 다양한 방식(다양화하려

---

8) Geoffroy Saint-Hilaire, *Principes de Philosophie zoologique. Discutés en mars 1830 au sein de l'académie royale des sciences par M. Geoffroy de Saint-Hilaire*, 1830~1832 (이 책에는 이런 접힘의 방식에 관한 퀴비에와의 논쟁이 담겨 있다).

는 경향)으로 스스로를 적응시키기 때문이며 그에 따라 최대한의 개체들이 동일한 환경에서 살아남을 수 있기 때문이다. 이렇게 해서 다윈은 ― 라마르크와는 달리 ― 여전히 퀴비에와 동일한 토양에 속하게 되는데, 이는 그가 자신의 진화론의 기초를 어떤 계열적 연속체의 함몰 및 수렴의 불가능성에 두었다는 점에서 그러하다.[9]

　만약 주름과 펼침이 단지 푸코의 개념들만이 아니라 그의 문체 자체에도 생기를 불어넣어 주는 것이라면 이는 그것들이 특정한 사유의 고고학을 구성하고 있기 때문이다. 물론 푸코가 하이데거와 조우하게 되는 것 역시 정확히 이런 토양 위에서라 해도 그리 놀랄 일은 아닐 것이다. 이는 일방적인 영향력이라기보다는 오히려 조우에 가까운 것인데 그 이유는 푸코에 있어서의 주름과 펼침이 하이데거의 그것과는 매우 다른 기원과 용법·지향점을 갖고 있기 때문이다. 푸코에 따르면 문제가 되는 것은 하나의 힘관계이다. 그곳에서 국부적 힘들은 때로는 무한으로 상승하는 힘들과 대면하여 '신'-형식을 구성하기도 하고(펼침dépli), 또 때로는 유한성의 힘들과 대면하여 '인간'-형식을 구성하기도 한다(접힘, 주름pli). 이는 하나의 하이데거적 역사라기보다는 니체적 역사 즉 니체 또는 **생명**에로 돌려지는 역사이다. "오직 생명이 있기 때문에 존재가 있다. … 생명의 경험은 따라서 마치 존재의 가장 일반

---

9) 퀴비에에 의해 행해진 거대한 "단절"에 대해서는 다음을 보라. 이에 따르면 라마르크는 여전히 고전주의적 자연사의 영역에 속하는 반면 퀴비에는 이후 다윈에 의해 명시적인 형태로 표명될 생명체의 '역사'를 가능케 했다. *MC*, 287~289 [*OT*, 274~276; 『말과 사물』, 381~382]. 그리고 *MC*, 307 [*OT*, 294; 『말과 사물』, 407~408]. "진화론은 하나의 생물학적 이론을 구성하는데 그 가능성의 조건은 진화 없는 생물학 즉 퀴비에의 생물학이었다."

적인 법칙처럼 주어진다. … 그러나 이 존재론은 무엇이 존재의 근거를 부여하는가보다는 오히려 무엇이 존재를 한순간에 어떤 일시적 형식에로 이끄는가를 폭로하는 것이다."[10]

3. 미래의 형성을 향하여?

모든 형식들이 자신의 힘관계들 및 변이들에 의존해 있기 때문에 일시적이라는 점은 명확하다. 니체를 '신'의 죽음을 사유했던 사상가로 이해한다면 이는 그에 대한 왜곡이다. '신'의 죽음을 사유했던 최후의 인물은 포이어바흐(Ludwig Feuerbach, 1804~1872)인데 그는 다음과 같은 점을 보여 주었다. '신'은 단지 인간의 펼침에 불과하다. '신'을 접고 또 펼쳐 내야만 하는 것은 다름 아닌 인간이다. 그러나 니체에게 있어 이는 이미 옛날 이야기이다. 또한 마치 모든 옛날 이야기들이 자신만의 다양한 변양들을 갖는 것처럼 니체 역시 하나의 주어진 사실 즉 '신'의 죽음에 대한 희극적이며 유머러스한 다양한 변주들을 생산한다. '신'이 존재하는 한 — 즉 다시 말해 '신'-형식이 기능하는 한 — 인간은 아직 존재하지 않는다. 그러나 '인간' 기능이 출현한 이후에도 그것은 오직 최소한 다음과 같은 세 가지 방식으로 이미 인간의 죽음을 내포하는 한에서만 기능한다. ① 우선 '신'의 부재 아래 인간은 자기 정체성의 보증을 어디에서 찾을 수 있을 것인가?[11] ② 또한 '인간'-형식

---

10) MC, 291 [OT, 278; 『말과 사물』, 386~387] (우리에게는 19세기 생물학과 연관하여 나타난 이 텍스트가 보다 광범위한 영향력을 갖고 있으며 푸코 사유의 보다 항구적인 측면을 표현하고 있는 것으로 보인다).

은 오직 유한성의 주름들 안에서만 스스로를 구성한다. 즉 그것은 죽음을 인간 안에 위치시킨다(한편 우리는 하이데거적이라기보다는 오히려 "폭력적 죽음"mort violente의 양식으로서 죽음을 사유했던 비샤적 방식으로서 이를 살펴본 바 있다).[12] ③ 마지막으로 유한성의 힘들 자체가 인간은 오직 생명 조직 평면의 분산, 언어의 산포, 생산 양식의 격차를 통해서만 존재한다는 점을 확립한다. 이들은 "인식의" 유일한 "비판"이란 오직 "존재 무화의 존재론"(ontologie de l'anéantissement des êtres)임을 함축한다(고생물학·민족학도 마찬가지이다).[13] 그러나 푸코가 인간의 죽음에 대해 눈물을 흘릴 이유는 없다고 말했을 때 그가 의미했던 바는 무엇인가?[14] 실제로, 이 형식은 좋은 것이었던가? 이 형식은 인간 안의 힘들, 즉 살고 말하고 노동하는 힘들을 풍부히 하고 또는 심지어는 보존할 수 있었던가? 이 형식은 실존하는 인간이 폭력적 죽음을 면할 수 있도록 해주었던가? 그러므로 항상 되풀이되는 하나의 질문은

---

11) 이는 클로소프스키가 자신의 책에서 주장했던 점이다. Pierre Klossowski, *Nietzsche et le cercle vicieux*, Paris: Mercure de France, 1978; 피에르 클로소프스키,『니체와 악순환. 영원회귀의 체험에 대하여』, 조성천 옮김, 그린비, 2009.

12) 우리가 이미 살펴본 것처럼, '결정적이고 분할 불가능한 순간'이라는 죽음에 대한 고전주의적 개념과의 단절을 행했던 것은 비샤이다(사르트르에 의해 제기되었고 말로André Malraux, 1901~1976에 의해 다시금 채택되었던 "생명을 운명으로 변형시키는" 죽음의 개념은 여전히 고전주의적 개념에 속한다). 비샤의 새로운 세 가지 입장은 죽음을 생명과 동일한 외연을 갖는 어떤 것으로서 설정했던 점, 부분적 죽음들로부터 하나의 전체적 결과를 만들어 낸 점, 그리고 특히 "자연적 죽음"(mort naturelle) 대신 "폭력적 죽음"을 모델로서 채택했던 점이다(이 마지막 부분에 대한 근거로는 다음을 참조하라. Bichat, *Recherches physiologiques sur la vie et la mort*, Gautier-Villiars, 160~166 [Paris: Fortin, Masson et Cie., c. 1800, 116~119]. 비샤의 이 책은 죽음에 대한 근대적 개념을 채택한 첫 번째 저작이다).

13) *MC*, 291 [*OT*, 278;『말과 사물』, 386~387].

14) *QA*, 101 ['QA', *DE*, I, 845; 'What is an author?', in *LCP*, 136~139;「저자란 무엇인가」,『미셸 푸코의 문학비평』, 271]. "그러니 우리 울음을 참읍시다…"

다음과 같은 것이다. 만약 인간 안의 힘들이 오직 바깥의 힘들과의 관계 맺음에 의해서만 하나의 형식을 구성한다면 이제 그것들은 어떤 새로운 힘들과 관계를 맺을 수 있으며 또 그로부터 이제 더 이상 '신'도 '인간'도 아닌 새로운 형식을 창출해 낼 수 있을 것인가? 이것이 바로 니체가 "위버멘쉬"(Übermensch, surhomme)라고 불렀던 문제의 정확한 설정이 될 것이다.

이는 우리가 만화의 수준으로 떨어지지 않으려면 매우 불연속적인 지표만으로 만족해야만 하는 하나의 문제이다. 니체와 마찬가지로 푸코 또한 다만 여전히 기능적 의미가 아닌 발생학적 의미의 단초를 보여 주는 데 그쳤을 뿐이다.[15] 니체는 이렇게 말했다. 인간은 생명을 가두어 버렸지만, 위버멘쉬란 또 다른 하나의 형식을 위해 인간 **자체** 내의 생명을 해방시키는 존재이다. … 푸코는 우리에게 매우 기묘한 하나의 지표를 제공한다. 만약 19세기의 인간주의적 언어학이 언어의 분산이라는 기반 위에서 형성되었다는 점이 사실이라 해도(이 '분산'은 대상의 요청에 따르는 것으로 "언어작용의 균등화"nivellement du langage를 위한 조건으로서 주어진 것이다), 이 시기에는 또한 다음과 같은 하나의 반작용을 위한 단초가 생성되었다. 그것은 문학이 전혀 새로운 하나의 기능을 갖게 된 것이다. 이제 문학은 **이전과는 반대로** 언어(langue) 자신이 지칭하고 의미하는 바, 그리고 심지어는 음성 자체를 넘어서는 "언어작용의 존재"(être du langage)의 가치를 확립하고 또 언어작

---

15) *MC*, 397~398 [*OT*, 385~387; 『말과 사물』, 524~525].

용을 "재집중시키는" 기능을 수행하게 된다.[16] 여기서 기묘한 것은 푸코가 근대 문학에 대한 자신의 탁월한 분석을 통해 생명 또는 노동에는 부여하지 않았던 우월적 지위를 언어작용에 부여하고 있다는 점이다. 푸코는 생명과 노동이 언어작용의 산포와 동시적으로 발생하는 그것들의 산포에도 불구하고 자기 존재의 재집중(rassemblement)을 상실하지 않은 것으로 간주한다.[17] 그럼에도 불구하고 우리에게는 노동과 생명이 각각의 산포에 있어 오직 경제학 또는 생물학으로부터 벗어날 경우에만 스스로를 재집중시킬 수 있었던 것으로 생각된다. 그리고 이는 문학이 언어학으로부터 벗어날 경우에만 스스로의 재집중에 도달할 수 있었던 것과 정확히 동일한 것이다. 생물학은 분자 생물학으로 도약해야 했으며 마찬가지로 분산된 생명은 유전자적 코드 아래에서의 재집중을 수행해야만 했다. 분산된 노동 또한 사이버네틱스 또는 정보화라는 제3세대 기계 내로의 재집중 또는 재집단화를 수행해야만 했다. 인간 안의 힘이 새로이 관계 맺게 될 새로운 힘은 어떤 것이 될 것인가? 그것은 분명 더 이상 무한으로의 상승 또는 유한성이 아닌 '무한성-유한'(fini-illimité)일 것이다. 그리고 이는 유한한 수의 구성 요소들이 사실상 조합상의 무한한 다양성을 산출하는 힘의 상황 전체를 지칭하는 것이다. 그것은 조작적(opératoire) 메커니즘을 구성하

---

16) *MC*, 309, 313, 316~318, 395~397 [*OT*, 296, 300, 305~306, 384~385; 『말과 사물』, 410, 415~416, 420~422, 522~524] ("죽음에 대한 … 사유 불가능한 사유에 대한 … 되풀이에 대한 … 유한성에 대한 경험"으로서의 근대 문학의 특성에 대한 부분들).

17) 푸코에 있어서 언어작용이 이런 특수한 상황을 갖게 되는 이유에 대해서는 다음을 보라. *MC*, 306~307, 315~316 [*OT*, 293~294, 304~305; 『말과 사물』, 404~408, 418~419].

는 주름 또는 펼침이 아니며 마치 **초주름**(*Surpli*)과 같은 무엇인가가 될 것이다. 이 초주름은 유전자 코드 연쇄에 고유한 주름작용, 제3세대 기계에 있어서의 실리콘의 잠재력, (언어작용이 "다만 자기를 향한 지속적 회귀 안으로 휘어질 때의") 근대 문학의 문장이 그려 내는 윤곽에 의해 드러나는 것이다. 그것은 "언어 속의 어떤 낯선 언어"(une "langue étrangère dans la langue")로 파고 들어가면서 무한히 겹쳐지는 문법적 구축물들을 횡단하여 ── 언어의 종말로서의 ── 무(無)정형적(atypique), 비(非)문법적(agrammaticale) 표현을 향해 나아가는 근대 문학이다(여기서 우리는 말라르메의 책, 페기의 되풀이répétitions, 아르토의 숨결souffles, 커밍스Edward E. Cummings, 1894~1962의 비문법성agrammaticalité, 버로스William Burroughs, 1914~1997의 접힘pliures, 컷업cut-up 그리고 폴드인fold-in뿐 아니라, 루셀의 증식proliférations, 브리세의 표류dérivations, '다다'의 콜라주… 등을 특히 지적해 볼 수 있을 것이다). 그리고 이 '무한성-유한' 또는 초주름은 니체가 영원회귀라는 이름 아래 이미 그 궤적을 뒤쫓았던 바로 그것이 아닐까?

인간 안의 힘들은 바깥의 힘들, 즉 탄소를 대체하는 실리콘, 유기체를 대체하는 유전자적 요소들, 시니피앙을 대체하는 비문법성 등과 관계 맺는다. 우리는 각각의 경우에 있어서의 초주름의 작동을 연구해야 하는데, 이들 중 "이중 나선"이 가장 잘 알려진 사례가 될 것이다. 위버멘쉬란 무엇인가? 그것은 인간 안의 힘들과 이 새로운 힘들의 형식적 구성물이다. 그것은 새로운 힘관계에서 생겨나는 형식이다. 인간은 **자신 안의 생명·노동·언어를 해방시키려** 한다. 위버멘쉬란 ── 랭보의 공식을 따른다면 ── 심지어 동물성을 싣고[담지하고] 있는 인간(l'homme chargé des animaux même)이다(측면latérale 또는 역행 rétrograde 진화의 새로운 도식에서처럼 다른 코드의 단편들을 포획할 수 있는 코드). 위버멘쉬는 바위(岩) 자체 또는 무기질적인 것을 싣고 있는 인간이다(실리콘이 지배하는 영역). 위버멘쉬는 언어작용의 존재를 싣고 있는 인간이다(언어작용이 "심지어 자신이 말하는 것으로부터 스스로를 해방시킬 수 있는 이 무정형·무언·무의미의 영역").[18] 푸코가 말한 것처럼 위버멘쉬는 실존하는 인간의 사라짐이라기보다는 오히려 개념의 변화에 가까운 것이다. 그것은 우선 이전의 '신'도 '인간'도 아니면서 우리가 이전의 두 형식들보다 못한 것은 아니리라고 희망하는 어떤 새로운 형식의 도래인 것이다.

---

18) *MC*, 395 [*OT*, 383; 『말과 사물』, 522~523]. [드므니에게 보내는] 랭보의 편지는 단순히 언어작용 또는 문학에 대한 것만이 아니라 다음의 두 영역을 포괄하는 것이다. "미래의 인간은 새로운 언어뿐만 아니라 동물성 자체, 그리고 무정형성을 싣고[담지하고] 있지."(l'homme de l'avenir est chargé de la langue nouvelle, mais aussi des animaux même, et de l'informe), A. Rimbaud, 'A Paul Demeny', *Pléiade*, 1972, 255.

옮긴이주

I-1. 새로운 문서고학자 —『지식의 고고학』

1 이는 '서명이 있는 (보통의) 편지'를 의미한다.

2 불어의 on은 부정(不定) 대명사로서, 항상 주어로 쓰이며 상황에 따라 세상 사람들·어떤 사람·누구·우리들 등의 의미를 갖는다. 이에 상응하는 영어와 우리말 번역어는 존재하지 않는다(실상 이에 대한 가장 적절한 우리말 번역어는 '옹 파를'일 것이다). 이런 사정을 고려하여 옮긴이는 ON parle를 궁여지책으로 "사람들이 말한다"로 번역했으나 이는 물론 만족스럽지 못한 번역이다. 결국 들뢰즈가 ON parle라는 말을 선택한 이유는 푸코의 의도가 — je parle, ça parle, Monde parle이 아닌 — ON parle에 있다고 보았기 때문이다. 이 네 가지 용법에 대한 비교는 이 책의 2부 1장 마지막 부분을 참조.

3 푸코에게 있어 le sexe는 '인간이란 동물이 자연적으로 가질 수밖에 없다고 가정되는 보다 보편적이고 본원적인 생식·쾌락의 본능을 의미하는 일반 개념으로서의 성'을, la sexualité는 '이 le sexe가 역사 속의 한 사회에서 구체적으로 나타난 다양한 모습·양태'를 의미한다. 이 역서에서는 전자를 '성'으로, 후자를 '섹슈얼리티'로 일관되게 옮긴다. 시공을 초월하는 초역사적 보편 존재, 일반 개념 또는 법칙을 인정하지 않는 푸코는 따라서 일반적·자연적 실체로 가정되는 '성'을 거부하며, 오직 특정 시공간 내에서만 관찰 가능한 '섹슈얼리티'만을 인정할 뿐이다. 전자의 존재 여부는 실상 알 수 없으며, 우리가 실제로 확인하고 분석할 수 있는 유일한 대상은 후자이다. 이런 의미에서 실상 푸코에게 있어 이른바 '자연 상태'로서의 le sexe란 현실 세계에 존재하지 않는다. 마찬가지로 sexualité는 결코 자연적 개념이 아닌, 오직 다양한 사회적 '장치들'에 의해 조작되고 구체화되어 나타난 사회적·역사적 개념이다. 이것이 푸코 — 어떤 '자연적 존재'로서 가정되는 le sexe의 역사가 아닌 — 오직 유일한 현실적 존재로서의 la sexualité들이 주어진 각 사회 안에서 어떻게 여타의 담론적·비담론적 요소들과 결합되어 배치되는가를 다룬『성의 역사』(L'histoire de la sexualité)를 쓴 이유이다. 이런 면에서 이 책의 보다 정확한 우리말 번역은『성의 역사』보다는『섹슈얼리티의 역사』가 될 것이다.

4 이는 고골의 미완성 2부작 소설『죽은 혼』(L'âmes mortes, 1841~1848)을 지칭한다. 니콜라이 고골,『죽은 혼』, 이경완 옮김, 을유문화사, 2010.

5 영역자 S. 핸드는 이를 thresholds로 번역했다(19).

6 영역자주(영역본 136쪽, 주27). 영어의 knowledge는 보통 불어의 connaissance와 savoir 양자로 모두 번역 가능하다. 여기서는 이들을 분명히 구분하기 위해 순서대로 각기 a particular corpus of knowledge(지식의 특정 부분)와 knowledge in general(지식 일반)로 번역했다(영역본 19쪽). 보다 명확한 구분을 위해서는 『지식의 고고학』의 영역본 중 다음의 각주를 참조: *AK*, p. 15, note 2. [영역자가 참조를 권고한 『지식의 고고학』 영역본의 각주는 다음이다. "영어의 knowledge는 불어의 *connaissance*와 *savoir*로 번역된다. *connaissance*는 여기서 예를 들면 생물학이나 경제학 등과 같은 지식의 구체적 코르퓌스(a particular corpus of knowledge), 하나의 구체적 학문 분과(a particular discipline)를 지칭한다. *savoir*는 푸코에 의해 대체로 암묵적이며 포괄적인 방식으로 지식 일반(knowledge in general) 또는 *connaissance*의 총체(the totality of connaissance)로서 정의된다. 푸코 자신은 이들 용어에 대해 다음과 같은 언급을 남겼다. '*connaissance*라는 용어를 통해 나는 주체와 대상의 관계 및 그것을 지배하는 형식적 규칙들을 의미하고자 한다. *savoir*는 이러저런 유형의 대상이 특정한 시기에 *connaissance*로서 주어지거나, 또는 그렇게 형성되었음을 언명하기 위해 요청되는 필수적 조건들을 지칭한다.'"]

7 이는 아래에서 언급되는 브로델(Fernand Braudel, 1902~1986) 등을 포함하는 아날학파(*Les Annales*)를 지칭하는 말이다.

8 이때의 대문자 '역사'(l'Histoire)는 위에서 언급한 것처럼 초월적이며 동질적인 것으로 간주되는 '주체'(Sujet)가 주도하는 '보편사'를 의미한다.

I - 2. 새로운 지도제작자 ─ 『감시와 처벌』

1 이 appareil라는 용어는 우리말의 장치·기관·기구 등으로 옮길 수 있는 개념이나, 본 역서에서는 '기구'로 일관되게 옮겼다(일례로 이 책에서 종종 등장하는 '국가기구'appareil d'État라는 용어는 군대·경찰·사법부 등을 지칭하는 '억압적 국가기구'에 대비되어 대중 매체·학교·교회·가족 등을 지칭하는 것으로 알튀세르의 '이데올로기적 국가기구'Appareils Ideologiques d'État, AIE의 용례에서 온 것이다).

2 『감시와 처벌』의 맨 첫 부분은 국왕 살해 미수범으로 잡힌 다미앵에게 행해진 잔인한 고문과 사형에 대한 묘사로 시작된다.

3 이는 현실적으로 당시 프랑스 공산당이 취했던 '보수적' 태도를 지칭한다. 예를 들면, 프랑스 공산당은 68년 사태를 모험주의와 기회주의로 비난했다.

4 다니엘 드페르는 푸코보다 10년 연하로 1960년 가을 푸코와 처음 만날 당시 생-클루 사범의 신입생이었다. 두 사람은 이후 1984년 푸코가 사망할 때까지 거의 23년 동안 동성애의 연인 관계를 유지했다. 드페르는 이후 푸코와 한 집에서 생활했으며 푸코의 사후 푸코의 개인 도서들과 각종 자료들을 보관하고 있다. 푸코는 클레르몽-페랑 대학의 철학과 학과장 시절 드페르를 자신의 학과 조교수로 임명했다. 이후 드페르는 뱅센대학의 사회학과 조교수

등을 역임했다. 그 자신 반-식민주의 · 반전, 동성애 운동가이자 탁월한 좌파 이론가였던 드페르는 푸코의 평생에 걸친 정치적 · 사상적 동지이자 그의 마지막 연인이었다. 실상 드페르는 의심의 여지 없이 푸코의 주변 인물들 중 가장 중요한 사람 중 하나이다. 들뢰즈의 본서 『푸코』는 바로 이 다니엘 드페르에게 헌정된 것이다(불어본 6쪽). 드페르와 관련된 보다 자세한 사항은 다음을 보라. 제임스 밀러, 『미셸 푸꼬의 수난』(1 · 2), 김부용 옮김, 인간사랑, 1995. 특히 1권 284~292쪽을 보라. 한편, 드페르는 푸코의 사후 1994년 모두 364편 3,300여 쪽, 전4권에 이르는 푸코의 미간행 논문 · 대담 · 서평 · 서문 등을 모은 자료집 『말과 글』(*Dits et Ecrits*)을 프랑수아 에발드와 함께 편집 · 출간했다. 이 책은 2001년 2권으로 재출간되었다. 다니엘 드페르에 대한 보다 자세한 정보는 다음의 평전에도 잘 나와 있다(말미의 인명색인 부분을 참조). Didier Eribon, *Michel Foucault (1926-1984)*, Paris: Flammarion, 1989; 디디에 에리봉, 『미셸 푸코, 1926~1984』, 박정자 옮김, 그린비, 2012.

5 G.I.P.는 푸코와 드페르, 들뢰즈, 클로드 모리아크(Claude Mauriac) 등이 주도적으로 참여하여 1971년 2월 8일 발족되었다. 감옥 내의 인권 상황 개선 등을 목적으로 하는 이 모임의 「선언문」을 쓰고 그것을 창립 모임에서 직접 낭독한 사람은 바로 푸코였다. 모임은 1972년 12월 해체되었다. 푸코의 1975년 저술 『감시와 처벌. 감옥의 탄생』은 이 모임의 활동과 밀접한 관련을 맺고 있다. 자세한 것은 다음을 참조하라. ① 디디에 에리봉, 『미셸 푸코, 1926~1984』, 박정자 옮김, 그린비, 2012. 특히 3부 3장 '어둠의 교훈'을 보라. ② 앞 각주의 『미셸 푸꼬의 수난』, 특히 1권의 283~306쪽 및 2권의 42~48쪽을 보라.

6 아래에서 이 요청들은 모두 6가지로 분류되어 있다. 이 책에 등장하는 일련번호는 모두 역자가 첨가한 것이다.

7 들뢰즈의 지적처럼 '국지적' 또는 '국지화'라는 용어는 이와 같은 상반된 두 가지 의미를 갖는다. 우리는 푸코와 들뢰즈가 부정적으로 파악하고 있는 첫 번째 의미를 '중심 있는(중심을 향한) 국지화'로, 긍정적인 두 번째 의미를 '중심 없는 국지화'로 구분해 볼 수 있을 것이다.

8 이는 원래 법률 용어로서 알튀세르의 '중층결정론'에서 사용되었던 용어이다. 알튀세르의 최종 심급은 물론 '경제적' 요소들에 의한 것이다.

9 죄인의 귀양 · 투옥 등을 목적으로 국왕이 날인한 명령서.

10 이 역서에서 dispositif는 일관되게 '장치'로 옮긴다. appareil(기구)와 유사한 기능을 수행하는 dispositif는 appareil이 학교, 교회 등과 같은 상대적으로 보다 거대한 차원의 '장치 또는 기구'를 지칭하는 것에 대해, 『성의 역사』에 나타난 것처럼, 어린이의 자위를 금지하는 보모의 겁주는 말 또는 행동이라든가 당시의 의학 자료 또는 그에 수반되는 갖가지 담론 등을 포괄하는 보다 사소한 차원의 '(담론적 · 비담론적) 장치 또는 (그런 것들의) 배치'이다. 이와 연관하여 푸코의 『성의 역사 1. 지식의 의지』의 4장 '섹슈얼리티 장치들'(Le dispositif de sexualité)도 참조.

11 보통 '구빈원'(救貧院) 또는 심지어 '종합병원'으로 옮겨지기도 하는 로피탈 제네랄(l'hôpital général)은 가톨릭의 빈민 구제 기관도, 의료기관도 아닌 17세기 프랑스의 준행정사법기관으로서, 하나의 수용시설이다. 우리말에는 이러한 뉘앙스를 모두 담는 번역어가 존재하지

않으므로, 본서에서는 이를 하나의 '고유명사'로 간주하여 '로피탈 제네랄'로 표기한다. 보다 자세한 것은 나의 책을 보라. 허경, 『미셸 푸코의 『광기의 역사』 읽기』, 세창출판사, 2018, 70~71쪽.

12 에드먼드 로널드 리치는 영국의 사회인류학자로 중국·쿠르디스탄·미얀마 등지에서 현장 조사를 수행했다. 리치는 1961년 『신화로서의 창세기 外』(Genesis as Myth and other essays)로부터 1982년의 『사회 인류학』(Social Anthropology)에 이르기까지 레비-스트로스와 긴 논쟁을 벌였다.

13 잘 알려져 있는 것처럼 intégration은 '적분'이자 또한 '통합'이다. 따라서 자신의 정의에 의해 위법 행위들을 체계적으로 배제하는 형법은 사실상 '부정적인 방식'으로 위법 행위들을 자신 안에 '통합'한다.

14 이 문장은 다음과 같이 옮겨 쓸 수도 있다. "결국 적분화-현실화는 하나의 미분화이다."

15 이 두 개의 단어는 모두 '이중화-탈이중화', '결합-탈결합'의 의미를 동시에 갖는 것들이다.

16 이는 원래 '면소'(免訴)를 뜻하는 법률 용어이다.

17 이 voirie란 단어에는 '도로 행정'이란 의미도 포함되어 있다.

II – 1. 역사적 형성작용 또는 지층 : 가시적인 것과 언표 가능한 것 — 지식

1 푸코의 이른바 '문학 시기'(cycle littéraire) 및 루셀에 대해서는 다음을 참조: ① Didier Eribon, *Michel Foucault (1926-1984)*, Paris: Flammarion, 1989, pp. 171~174; 디디에 에리봉, 『미셸 푸코, 1926~1984』, 박정자 옮김, 그린비, 2012, 259~265쪽. ② 김현 편, 『미셸 푸코의 문학비평』, 문학과지성사, 1989, 47~48쪽.

2 우리는 이 순서를 보며 담론성(discursivités)이 '말하는 방식'(manière de dire)에, 명증성(évidences)이 '보는 방식'(façon de voir)에 각기 연결되는 것임을 알 수 있다.

3 정확히는 '의학적 시선에 대한 하나의 고고학'(une archéologie du regard médical)이다.

4 그러나 실제로 푸코는 1963년 책의 초판 이후, 1972년의 수정·증보판은 물론 1984년 자신이 사망할 때까지 책이름에서 이 부제를 삭제하거나 개작하지 않았다. 따라서 이때의 '폐기'란 용어는 글자 그대로의 실제적 '폐기'가 아니라, 오히려 푸코 방법론의 또 다른 새로운 축인 계보학과 상호 보완적인 것으로 가정되는 고고학의 새로운 '위상 설정'이다.

5 참조. 영역자주. 책이름인 불어 *Les mots et les choses*는 영어에서 글자 그대로 Words and Things이다. 그러나 이 책의 영역본 제목은 *The Order of Things*(사물의 질서)로 변경되었다. [푸코가 이 책에 대해 원래 생각했던 이름들은 *La Prose du monde*(세계의 산문), *Les mots et les choses*(말과 사물), *L'ordre des chose*(사물의 질서)의 세 가지였다. 첫째 것은 메를로-퐁티의 동일한 제명을 가진 초고가 있어 일찌감치 탈락되었고, 푸코가 선호했던 것은 '사물의 질서'였다. 그러나 당시 출판사인 갈리마르의 피에르 노라(Pierre Nora)는 '말과 사물'을 선호했다. 푸코는 물론이 제명을 승낙했지만, 원제명에 대한 애착을 버리지 않았다. 푸코는 결국 영역본의 제명에서 다시

'사물의 질서'를 복원시켰고, 자신은 여러 인터뷰를 통해 이 이름이 더 마음에 든다고 말했다(cf. D. Eribon, *Michel Foucault*, pp. 181~182; 『미셸 푸코』, 박정자 옮김, 277~278쪽). '사물의 질서'에 대한 푸코의 애착은 그가 영역자도 밝혀져 있지 않은 이 영역본에 '영역판 서문'을 써 준 점에서도 드러난다. 'Forward to the English Edition', in *The Order of Things: An archeology of the human sciences*, London: Tavistock Publications, 1970.]

6 1545~1563년 이탈리아 트렌토에서 열린 가톨릭 공의회(le concile de Trente).

7 영역자는 이를 각기 the 'there is language', 'the being of language', the language-being으로 옮겼다(영역본, 55~56쪽).

8 이때의 인간은 물론 초월적 '주체'(Sujet transcendantal)로서의 '근대인간'이다. 이때의 '인간'이라는 용어는 하나의 고유 명사로서, 오직 근대적 에피스테메 안에서 기능하는 것이기 때문에 푸코에게 '근대인간'이란 실상 동어반복이다.

9 푸코는 자신이 파기한 이 글을 통해 마네의 「풀밭 위에서의 점심」(*Le déjeuner sur l'herbe*, 1863), 「올랭피아」(*Olympia*, 1863) 등을 분석했다고 한다. 다음도 참조하라. *DE*, I, 327, 1574.

10 이는 1966년 5월 23일자의 서명이 적힌 편지이다. 다음을 보라. *CNP*. 영역자와 국역자는 이를 각각 'There is the thought that sees and can be visibly described'(p. 57)와 '보는 사유, 가시적으로 그려질 수 있는 사유가 있다'(94쪽)로 번역했다.

11 따라서 푸코의 탐구 주제는 이미 존재하는 초월적 주체의 '비역사적 인식론'(épistémologie non-historique)으로부터 인간이 스스로를 하나의 주체로서 구성하는 우리 자신과 현재에 대한 역사적 존재론(ontologie historique)으로 이동한다.

12 프랑스의 시인 아폴리네르(Guillaume Apollinaire, 1880~1918)의 조어로서 1918년의 동명 시집에서 따온 말. '그림시'로도 부른다. 시행(詩行)이 그 주제에 상응하는 도형 또는 그림을 이루고 있다. 예를 들어 '사과'라는 제목을 가진 시가 있다면, 그 시행의 모양을 사과처럼 그리는 것을 말한다. 영어로는 '단어 그림' 즉 Word Picture로 옮긴다.

13 이 표현에서 드러난 것처럼 이때의 역사는 필연적이고 보편적인 역사(l'histoire)가 아니라 자신만의 특이성을 갖는 우연적인 하나의 역사, 곧 특정 역사(une histoire)이다. 그러나 이에는 흔히 말하는 것처럼 푸코가 보편성을 부정하는 것이 아니라, 그가 단지 기존의 보편성이 갖는 아 프리오리와 절대성만을 부정하고 있음을 주의해야 한다. 푸코는 보편성 자체를 부정하는 것이 아니라, 절대적이고 존재론적인 필연적 아 프리오리로서 가정되었던 기존의 '보편성'을 '가능한 수많은 보편성들 중의 단 하나에 불과한 보편성', 즉 '우연적이고 역사적인 보편성(또는 아 프리오리)'으로 만들어 버린다. 즉 존재하는 것은 유일한 '하나의 보편성'(l'Universalité) 자체가 아니라, '복수의 특정 역사적 보편성들'(les universalités)이다. 물론 이는 '보편성'의 유일성과 절대성을 믿는 사람들에게는 보편성의 정의와 본질 자체를 부정하는 자가당착, 궤변의 논리로 보일 것이다.

14 편집증을 앓은 다니엘 파울 슈레버(Daniel Paul Schreber, 1842~1911)는 드레스덴에서 고등 법원(Oberlandesgericht)의 판사장(Senatspräsident)을 지냈고, 자신의 병력을 주제

로 1903년『한 신경병자의 회상록』(*Denkwürdigkeiten eines Nervenkranken*. 김남시 옮김, 자음과모음, 2010)을 출판하였다. 프로이트는 1911년 그에 대한 논문「자서전적으로 기술된 편집증 사례에 대한 정신분석학적 소견 (편집 치매증)」을 발표하였다. Sigmund Freud, 'Psychoanalytische Bemerkungen über einen autobiographisch beschriebenen Fall von Paranoia (Dementia Paranoides)', *Gesammelte Werke* 8, p. 240; 'Psycho-Analytic Notes on an Autobiographical Account of a Case of Paranoia (Dementia Paranoides)', *Standard Edition* 12, p. 3;「편집증 환자 쉬레버 — 자서전적 기록에 의한 정신분석」,『늑대인간』, 프로이트전집 11, 김명희 옮김, 열린책들, 1996, 279~369쪽.

15 스트라웁 형제는 공동 작업을 하는 프랑스 출신의 독일 형제 영화 감독 장-마리 스트라웁(Jean-Marie Straub, 1933~)과 그 동생 다니엘 위예 스트라웁(Danièle Huillet Straub, 1936~2006)을 지칭한다. 그러나 보통 스트라웁 하면 장-마리 스트라웁을 의미한다.

16 지베르베르크(Hans-Jürgen Syberberg, 1935~)는 다음의 '독일 3부작 시리즈'로 알려진 '독일 뉴저먼 시네마' 감독이다. ①「루트비히. 순결한 왕을 위한 진혼곡」(*Ludwig: Requiem für einen Jungfräulichen König*, 1972) ②「칼 마이」(*Karl May*, 1974) ③「히틀러. 한 편의 독일 영화」(*Hitler: Ein Film aus Deutschland*, 1977).

17 불어 histoire는 '역사'(history)와 '이야기'(story)라는 뜻을 모두 가지고 있다. 따라서 영역본은 이를 'story/history'(*histoire*)로 옮겼다(65쪽).

II – 2. 지층화되지 않은 것 또는 전략 : 바깥으로부터의 사유 — 권력

1 *SP*, 165 [*DP*, 163;『감시와 처벌』, 257].

2 "뤼미니스트"는 빛의 효과를 살리는 데 주력하는 미술의 일파를 가리킨다.

3 마르코프(Andrei Andreevich Markov, 1856~1922)의 사슬은 '일련의 사상(事象)의 시퀀스를 결정하기 위하여 사용되는 통계 모델로서 어떤 주어진 사상이 발생하는 확률은 그 직전에 발생한 사상에만 관계한다'는 이론.

4 '생존권·생활권'(espace vital)은 '인구 및 경제의 측면에서 한 나라에 필요한 국토'를 지칭하는 용어로 히틀러가 사용한 표현이기도 하다.

II – 3. 주름작용, 또는 사유의 안쪽 — 주체화

1 푸코는 원래 모두 6권으로 계획되어 있던『성의 역사』시리즈 중 3권『자기 배려』가 발간된 직후인 1984년 사망한다. 당시 푸코는 시리즈의 4권인 이『살의 고백』을 집필 중이었다. 이 책은 프랑스에서 최근 다음처럼 출간되었다. Michel Foucault, *Les Aveux de la chaire*, Gallimard, 2018.

2 알프레드 자리는 프랑스 극작가 · 시인 · 소설가이다. 파타피지크는 자리의 조어로 '초형이 상학, 또는 예외적이고 부대적인 것에 대한 학문'을 지칭한다. 이와 연관하여 자리는 '괴물 은 서로 조화되지 않는 요소들의 혼합체라기보다는 오히려 모든 독창적이고 소진될 수 없 는 아름다움'이라고 하였다. 대표작은 소포클레스의 『오이디푸스 대왕』을 풍자한 소극 '위 뷔대왕'(*Ubu Roi*) 연작, 소설 『낮과 밤』(*Les Jours et les nuits*, 1897), 『초(超)남성』(*Le Surmâle*, 1902), 『파타피지크학자 파우스트롤 박사의 행적과 사상』(*Gestes Et Opinions Du Docteur Faustroll, Pataphysicien*, 1911) 등이 있다.

3 Andrei Bely, *Petersbourg*, Ed. de l'Age d'Homme, 1967. 안드레이 벨리는 러시아의 상징 주의 소설가 보리스 니콜라예비치 부가예프(Boris Nikolayevich Bugayev, 1880~1934)의 필 명이다.

부록_ 인간의 죽음과 위버멘쉬에 대하여

1 들뢰즈는 이곳에서 (pli, plier, déplier, im[안으로]-pliquer, ex[바깥으로]-pliquer, com[함 께]-pliquer 등의 계열로 이루어지는) 자신의 주름작용(plissement) 이론을 통해 푸코의 고전 주의적 형성작용에 대한 설명을 시도하고 있다.

'주름들 안의 삶'
— 들뢰즈의 푸코 해석

"나는 오직 허구만을 써 왔을 뿐이다." — 미셸 푸코

1. 해석, 맹목성의 문제

들뢰즈는 푸코에 대한 비릴리오의 해석에 대해 말하면서 이렇게 적었다. "비릴리오의 연구 방식이 보여 주는 힘과 독창성은 독립적 사상가들끼리의 만남은 언제나 일정한 **맹목성**을 띠게 됨을 단적으로 증명한다. 반면 보다 둔한 작가들이 기존의 비판에만 집착하면서 [『감시와 처벌』의] 푸코가 오직 감금의 분석에만 머물러 있었다고 비난하거나 또는 반대로 푸코가 감금 형식에 대한 너무도 훌륭한 분석을 수행했다고 일방적으로 찬양할 경우, 문제는 더욱 심각해진다."(*DF*, 50; 『푸코』, 79) 마찬가지로, 가령 마르크스와 니체가 만났을 경우, 양자는 모두 당

---

* 이 글은 옮긴이가 2015년 11월 28일 한국프랑스철학회 주최로 서울대학교에서 열린 '들뢰즈 사망 20주년 기념 학술대회'에서 발표한 글을 수정·보완한 글이다.

시 각자가 신뢰하는 대전제 아래에서 상대의 대전제를 해석할 것이다. 물론 동시대인이었던 이들 생전에 이러한 논쟁적 만남이 존재하지 않았던 것처럼, 역시 동시대인이었던 들뢰즈와 푸코의 생전에 이러한 논쟁적 만남은 존재하지 않았다. 당사자들에 의한 직접적 해석이든 혹은 후대인들에 의한 간접적 재해석이든, 이러한 만남은 궁극적으로 '해석'의 문제 곧 '의지'의 문제가 된다. 달리 말하면, 들뢰즈는 '나는 너를 이렇게 보겠다, 곧 이렇게 해석하겠다'는 해석자의 의지를 맹목성이라 표현한 것이다. 이는 우리가 대전제를 인식의 조건으로서 받아들일 뿐, 마치 공리(公理)처럼, 그것에 대해 질문하지 않기 때문이다. 그런데 이러한 '맹목성'은 해석의 한계가 아니라, 실은 모든 해석의 조건이다. 『말과 사물』의 지적대로, 우리가 사유하는 것(cogito)과 사유하지 않는 것(l'impensé), 또는 사유할 수 있는 것과 사유할 수 없는 것은 쌍둥이이다.

2. 푸코를 다룬 들뢰즈의 글들

푸코를 직접적으로 다룬 들뢰즈의 글 혹은 대담 등은 단행본으로 출간된 『푸코』를 포함하여 몇 편이 존재한다. 이를 작성 연대순으로 정리하면 다음과 같다(저술의 번역은 우리말 제명을 따랐다).

① 'L'homme, une existence douteuse', in *Le Nouvel Observateur*, 1er juin 1966, pp. 32~34; 「인간, 그 모호한 존재」, 『들뢰즈가 만든 철학사』, 박정태 편역, 이학사, 2007, 421~434쪽.

② 'Un nouvel archiviste', in *Critique*, n° 274, 1970, pp. 195~209; 「새로운 문서고학자 ─ 『지식의 고고학』」, 질 들뢰즈, 『푸코』, 허경 옮김, 그린비, 2019, 13~45쪽.

③ 'Un nouveau cartographe', in *Critique*, n° 343, 1975, pp. 1207~1227; 「새로운 지도제작자 ─ 『감시와 처벌』」, 질 들뢰즈, 『푸코』, 47~82쪽.

④ 'Désir et plaisir'(1977), in *Magazine Littéraire*, octobre 1994, repris in *Deux régimes de fous et autres textes*, Les Éditions de Minuit, 2003; 「욕망과 쾌락」, 이호영 옮김, 서울사회과학연구소 편, 이진경 외, 『탈주의 공간을 위하여. 들뢰즈·가타리의 정치적 사유』, 푸른숲, 1997, 98~115쪽; 「욕망과 쾌락」, 양운덕 옮김, 『세계사상』, 창간호 1977년 여름, 동문선, 125~142쪽.

⑤ 'Sur les principaux concepts de Michel Foucault'(1984), texte qui ne fut jamais publié, repris in *Deux régimes de fous et autres textes*; 「미셸 푸코의 주요 개념들에 대하여」, 『들뢰즈가 만든 철학사』, 435~469쪽.

⑥ *Foucault*, Editions de Minuit, 1986; 질 들뢰즈, 『푸코』.

⑦ 'Foucault et les prisons'(1986), in *History of the present* 2, repris in *Deux régimes de fous et autres textes*.

⑧ 'Un Portrait de Foucault [Entretien avec Claire Parnet]'(1986), in Gilles Deleuze, *Pourparlers 1972~1990*, Les Éditions de Minuit, pp. 139~161; 「푸코의 초상화」, 질 들뢰즈, 『대담 1972~1990』, 김종호 옮김, 솔, 1993, 99~122쪽.

⑨ 'Foucault, philosophe du devenir', in *Magazine littéraire. Deleuze*, n°257, septembre 1988, p. 51.

⑩ 'Qu'est-ce qu'un dispositif?', in *Michel Foucault, Rencontres internationales 9, 10, 11 janvier 1988*, Seuil, 1989, pp. 185~195; 「장치란 무엇인가?」, 『들뢰즈가 만든 철학사』, 470~485쪽.

⑪ Gilles Deleuze et Didier Éribon, 'Das Leben als ein Kunstwerk: Ein Gesprach mit Didier Éribon', in *Denken und Existenz bei Michel Foucault*, Hrsg. von Wilhelm Schmid [aus dem Französischen von Wilhelm Miklenitch und Monica Moll], Frankfurt am Main, Suhrkamp, 1991, pp. 161~167.

⑫ 'Péguy, Nietzsche, Foucault', in *Amitié Charles Péguy: Bulletin d'informations et de recherches*, janvier-mars 1991, pp. 53~55.[1]

이들 중 가장 중요한 작업은 아마도 1977년의 「욕망과 쾌락」(④), 1986년의 단행본 『푸코』(⑥), 그리고 같은 해의 대담 「푸코의 초상」

---

1) 그 외 들뢰즈와 푸코 등이 함께 한 다음의 대담이 있다. ① Gilles Deleuze et Michel Foucault, 'Les intellectuels et le pouvoir', in *L'Arc*, n°49, 1972, pp. 3~10; 「附記: 지식인과 권력, 푸꼬와 들뢰즈의 대화」, 미셸 푸꼬 외 4인, 『구조주의를 넘어서』, 이정우 편역, 인간사, 1990, 225~247쪽; 「지식인과 권력: 푸코와 들뢰즈의 대화」, 미셸 푸코, 『푸코의 맑스 돗치오 뜨롬바도리와의 대담』, 이승철 옮김, 갈무리, 2004, 187~207쪽. ② Gilles Deleuze, Félix Guattari et Michel Foucault, 'Entretiens', in *Les équipements du pouvoir, villes, territoires et équipements collectifs*, Recherches 13, dirigé par François Fourquet et Lion Murard, 10/18, 1976, pp. 212~220. 한편 들뢰즈를 직접적으로 다룬 푸코의 논문은 다음이다. 'Theatrum Philosophicum', *Critique* 282, novembre 1970, pp. 885~908; *DE* I, pp. 943~967; 미셸 푸코, 「철학 극장」, 권영숙·조형근 옮김, 질 들뢰즈, 『들뢰즈의 푸코』, 새길, 1995, 205~245쪽; 질 들뢰즈, 『푸코』, 권영숙·조형근 옮김, 중원문화사, 2010; 질 들뢰즈, 『푸코』, 권영숙·조형근 옮김, 새길아카데미, 2012.

(⑧)일 것이다. 나는 아래에서 이 세 편의 글을 중심으로 논의를 전개하고자 한다.

3. 하나의 열쇠 말 — 이중(double)의 논리

들뢰즈는 1986년의 한 대담에서 왜『푸코』를 쓰게 되었는가라는 질문에 대해, 자신은 '이 책을 쓰고 싶은 진정한 필요를 느꼈으며' 이러한 필요는 '그[푸코]를 찬양하기 위해서도 옹호하기 위해서도 아니라'고 말한다. 들뢰즈는 자신이 이 책을 쓴 이유가 '하나의 가면(masque), 그 자신 스스로가 하나의 이중(二重, double), 하나의 분신(分身, doublure)이라 불렀던 것'을 그려 내기 위한 것이었다고 말한다. 이를 통해 자신은 푸코라는 우리 시대의 커다란 사상가에 대한 하나의 초상화, 나아가, 마치 한 사람의 초상화를 그릴 수 있듯이, 한 사상의 초상화 곧 철학의 초상화를 그리고자 했다고 말한다.[2] 그리고 들뢰즈가 그려 내는 푸코 철학의 초상화, 그 가장 밑바닥에는 이중의 사유(la pensée du double)가 버티고 있다.

　적어도 1961년의『광기의 역사』로부터 1966년의『말과 사물』이라는 정점을 거쳐 1969년의『지식의 고고학』이전 시기까지, 푸코 사유의 중핵을 이루는 개념들 중 하나는 분명 이중의 논리이다. 이때의 이중은 일반적 이분법(dualisme)의 특수한 양태로서의 이중 곧 쌍둥이(jumeaux)의 논리로서, 정태적이라기보다는 동태적인 구조 발생론

---

2) *PF*, 139; 「푸코의 초상화」, 99~100.

의 관점 곧 '이중 작용'(jeu du double)의 관점 아래 이해되어야 하는 개념이다. 이중은 앞서 언급한 '쌍둥이'는 물론 '거울'(miroir), '시뮬라크르'(simulacre) 등의 상징을 가지면서, 이중체(二重體, doublet), 재(再)이중화(redoublement), 탈(脫)이중화(dédoublement) 등으로 번져 나가는 무엇이다. 대표적으로, 이중은 초중기 곧 1961년의 『광기의 역사』, 1963년의 『임상의학의 탄생』과 『레몽 루셀』 그리고 1966년의 『말과 사물』 등에서는 말해진 것과 보이는 것, 말과 사물, 언표 가능성과 가시성, 텍스트와 이미지, 코기토와 사유되지 않은 것, 초월적인 것과 경험적인 것 등의 이름 아래 나타난다. 그러나, 나의 판단으로, 이러한 이중의 논리는 1969년의 『지식의 고고학』을 기점으로 점차 겉으로 그리 선명하게 드러나지 않게 되고, 1970년의 '담론의 질서' 이후 1975년의 『감시와 처벌』 및 1976년 '성의 역사' 1권 『지식의 의지』 이후에는 거의 사라져 버린다. 나아가, 푸코가 사망하는 1984년에 나온 '성의 역사' 2, 3권 『쾌락의 활용』과 『자기 배려』, 혹은 같은 해 발표된 '푸코의 지적 유언장'이라 할 「계몽이란 무엇인가?」에서 이러한 이중의 논리를 읽어 내기란 쉽지 않은 일이다.

4. 들뢰즈의 이중 — 안으로 되접히는 바깥

들뢰즈는 '차라리 언제나 푸코를 뒤쫓고 있는 주제'를 이중(le double)이라고 말한다. 1986년에 발표된 『푸코』에는 들뢰즈가 보는 푸코의 이중에 대한 해석이 담겨 있다. 이 부분은 들뢰즈의 논의가 늘 그렇듯이 매우 정치하고 세련된 논의이고, 우리의 논지 전개를 위해 필요불가결한 부분이므로 전문을 인용해 본다. 들뢰즈는 푸코의 『지식의 고고학』 및 『레몽 루셀』 등에 대해 논의하면서 이중에 대해 이렇게 말한다.

이중성은 결코 어떤 내재성의 투사가 아니다. 그것은 정반대로 바깥의 내재화이다. 그것은 '일자'의 분열(dédoublement de l'Un)이 아닌, '타자'의 재이중화(redoublement de l'Autre)이다. 그것은 '동일자'의 재생산(reproduction du Même)이 아닌, '차이'의 되풀이(répétition du Différent)이다. 그것은 어떤 나의 발현(émanation de'un JE)이 아닌, 언제나 다른 것 또는 '자아가 아닌 어떤 것'의 내재화 작업(mise en immanence d'un toujours autre ou d'un Non-moi)이다. 타자는 결코 재이중화 내에 존재하는 어떤 이중체(double)가 아니며, 오히려 타자의 이중체로서 살아가는 것이 자아(moi)이다. 나는 외부에 존재하지 않으며, 나는 자아 안에서 타자를 발견한다("문제는 어떻게 '타자' 즉 '멀리 있는 것'le Lointain이 동시에 '가장 가까이 있는 것'le plus Proche 즉 '동일자'인가를 밝히는 것이다" — MC, 350). 이는 정확히 비틀기 · 주름잡기 · 짜깁기… 등과 같은 바느질에서의 안감대기(doublure) 작업, 또는 발생학에서의 세포함입(陷入)과도 같은 작용이다. […] 흠집(accroc)은 더 이상 세포의 어떤 우연한 사고가 아니라, 그에 따라 외부의 세포가 비틀리고 함입되며 이중화되는 새로운 규칙이다. "임의적" 규칙 또는 우연적인 것의 방사, 주사위 던지기가 그것이다. 푸코는 이를 되풀이의 놀이, 차이의 놀이, 그리고 이들을 "이어 주는" 이중화의 놀이라고 말한다. […] [레몽 루셀의 경우와] 마찬가지로 푸코가 걷는 길 자체 또한 의심의 여지 없이 이중적이다. 이는 결코 우위성(primat)이 전도 가능한 것임을 의미하지 않으며, 오히려 안쪽이 언제나 바깥의 분신으로 남을 것이라는 의미에서 그러하다. […] 『광기의 역사』는 이렇게 말한다. 외부의 내부에 놓이는 것, 그리고 그 반대의 방향으로… 아마도 푸코는 이미 아주 이른 시기부터 죽음과 기억 사이의 선택이라는 말로서 정리된 이중화의 두 방식 사이를 끊임없이 왕복했던 것 같다. 아마도 푸코는 마치 루셀의 경우처럼 죽음을 선택한 것이겠지만, 그것은 결코 기억의 주름작용 또는 우회를 통한 것이 아니었다.[3]

이처럼 들뢰즈는 이중의 관념이 푸코의 초기 텍스트인 『광기의 역사』로부터 최후의 텍스트들에 이르기까지 푸코 사유의 핵심을 관통하고 있는 것으로 바라본다. 나아가 들뢰즈는 "만약 주름작용과 재이중화가 푸코의 모든 저작에 언제나 맴돌고 있었지만 후기에나 가서야 자신의 제자리를 찾게 된 주제들이라면, 그것은 푸코가 동시에 힘들 또는 권력관계들 및 지식의 지층화된 제 형식들에 의해서만 식별될 수 있는 이 새로운 차원을 절대적 기억이라 불렀기 때문이다".[4] 들뢰즈에 따르면, 푸코가 이러한 '한계'를 벗어나게 되는 것은 권력-지식으로 환원 불가능한 보다 근본적 차원 곧 '안을 향해 되접히는 바깥'을 사유할 수 있게 되면서부터인데, 이는 1984년의 『쾌락의 활용』에 이르러서이다. "[푸코가 바라보는] 그리스인들의 참신성은 '자기 자신에 대한 지배를 가능케 하는 제 실천들'이 힘들의 관계로서의 권력 및 덕의 '코

---

3) *DF*, 105~106; 『푸코』, 165~168.
4) *DF*, 106; 『푸코』, 168.

드'로서의 지층화된 지식 양자로부터 동시에 **분리될** 때 드러나는 이중
적인 '벗어남'(décrochage)에 궁극적으로 기인한다. [⋯] 이런 벗어남
또는 파생물은 반드시 자기에 대한 관계가 독립적이라는 의미로 받아들
여져야 한다. 이는 마치 바깥의 관계들이 하나의 분신을 창조하고 자
기에 대한 관계를 창출하며 자신의 고유한 차원을 따라 파고들며 전
개되는 하나의 안쪽을 구축하기 위해, 스스로 주름 접히고 구부러지
는 것과 같은 것이다."[5] 푸코가 이제까지의 모든 저작들과 달리 『쾌락
의 활용』에서 처음으로 서구 근대 이외의 시기 곧 고대 그리스를 사유
하는 것도 바로 이러한 관점에서 바라보아야 한다. "그리스인들은 최
초의 분신이다. 힘은 바깥에 속한다. 그 이유는 힘이 본질적으로 다른
힘들과의 관계이자, 다른 힘들에 대해 영향을 미치는 권력(자발성) 및
다른 힘들에 의해 영향을 받는 권력(수용성)과 그 자체로 분리될 수 없
는 것이기 때문이다.[6] 그러나 이제 이로부터 도출되는 것은 **자기와 힘
(force)의 관계, 자기에게 영향을 미칠 수 있는 권력(pouvoir), 자기에 의해 행
해지는 자기에의 영향력(affect)**이다. [⋯] 푸코의 근본적 사유는 권력과
지식으로부터 파생되지만 그것들에 의존하지는 않는 주체성의 차원
이라는 관념이다. [⋯] 이 책[『쾌락의 활용』]은 이전 저작들의 탐구 대상
이 되었던 지식관계 및 권력관계로 환원될 수 없는 새로운 차원으로서
의 '자기와의 관계'를 발견했다. 따라서 전체적인 재조직화가 요청된

---

5) *DF*, 107; 『푸코』, 169. 이하 특별한 표기가 없는 한, 강조는 모두 들뢰즈의 것이다.
6) 들뢰즈에 따르면, 푸코의 다이어그램은 칸트의 도식론에 대한 유비가 된다. *DF*, 88; 『푸코』,
  141.

다."[7] 이는 푸코 사유의 전면적 재조정, 곧 지식, 권력이라는 차원에 이은 주체화라는 차원의 도입으로 귀결된다.

5. 다이어그램, 혹은 바깥의 선이 뒤틀리는 방식

들뢰즈의 해석에 따르면, 근본적으로 푸코는 '안/바깥'의 관계를 제대로 설정하지 못했기 때문에 자신의 탁월함에도 불구하고 말년에 가서야 올바른 방향으로 자신의 사유를 정립할 수 있었다. 이러한 논리를 이해하기 위해서는 들뢰즈가 푸코를 보는 근본적 관점 곧 기본적인 '틀'을 이해해야 한다. 칸트의 말대로, 원칙적으로 무한한 방식으로 볼수 있는 세계를 이러한 유한한 특정 방식으로 본다는 것은 세계보다는 '보는 자'에 대해서 더 많은 것을 알려 준다. 마찬가지로, 니체의 말대로, 들뢰즈가 보는 푸코는 '보는 자'인 들뢰즈의 관점에 따라 달라질 수밖에 없을 것이다. 이와 관련하여, 들뢰즈는 『푸코』의 첫 번째 수록 글인 「새로운 문서고학자」에서 자신의 기본적 관점을 다음처럼 정리한다(1969년 발표된 푸코의 『지식의 고고학』을 다루는 이 글은 1970년 처음 발표되어 이후 야간의 수정을 거쳐 1986년의 저작 『푸코』에 수록되었지만, 대강의 입장에 큰 변화는 없다. 이전의 『말과 사물』이 '에피스테메'*épistémè*를 중심으로 회전했다면, 『지식의 고고학』은 '언표'*énoncé*를 중심으로 회전한다는 사실을 염두에 두고 들뢰즈의 말을 들어 보자).

---

7) *DF*, 107~109; 『푸코』, 170~172.

하나의 언표가 정의되는 것은 언제나 자신이 속한 동일한 층위 안에 존재하는 어떤 **다른 것**(un *autre chose*), 곧 그 자신이 관련되는 어떤 다른 것과의 특정 관계에 의해서이다(언표는 결코 자신의 의미 또는 요소들에 의해 정의되지 않는다). 이 '다른 것'은 […] 그 극한에서 하나의 언표라기보다는 필연적으로 언표 이외의 어떤 것, 곧 하나의 '바깥'(un Dehors)이다. 그것은, 마치 확정되지 않은 여러 개의 위치들과도 같은, 특이성들의 순수한 방사작용이다. […] 그러므로 푸코의 가장 중요한 문제는 언표가 전제하는 이 특이성들이 무엇으로 구성되어 있는가를 아는 일이었다. 그러나 『지식의 고고학』은 이 지점에서 중단되며 '지식'의 한계를 넘어서는 이런 문제를 더 이상 다루지 않는다. 푸코의 독자들은 하나의 새로운 영역, 즉 권력과 지식이 결합되는 곳에 이르러서야 그 의미를 간파할 수 있게 될 것이다. 푸코가 이 문제를 탐구하는 것은 이후의 책들을 통해서이다.[8]

들뢰즈는 1975년 푸코의 『감시와 처벌』이 발표된 직후인 같은 해 말 이에 대한 자신의 해석을 담은 글 「새로운 지도제작자」를 발표한다. 이 역시 일정한 수정을 거쳐 1986년 『푸코』에 수록되나 사소한 몇몇 세부 사항을 제외한다면 그 대강은 대동소이하다고 볼 수 있다. 들뢰즈는 『감시와 처벌』이 이전의 『지식의 고고학』에 비해 성취한 진전을 다음처럼 정리한다.

---

8) *DF*, 21; 『푸코』, 29~30.

『지식의 고고학』은 다음과 같은 두 가지 실천적 형성들에 대한 구분을 제안했다. "담론적" 또는 언표적("discursives" ou d'énoncés) 형성작용들 및 "비담론적" 또는 환경적("non-discursives" ou de milieux) 형성작용들 사이의 구분이 그것이다. [⋯] 이 두 유형의 형성작용들은 서로 맞물려 있지만 그럼에도 불구하고 이질적이다. 양자 사이에는 어떤 상응관계 혹은 동형성도 존재하지 않으며, 마찬가지로 어떤 직접적 인과관계 혹은 상징성도 갖지 않는다. 『지식의 고고학』은 따라서 전환점의 역할을 수행한다. 『지식의 고고학』의 주된 목표는 언표들의 형식에 대한 정의를 제공하는 것이었으므로, 이 책은 이 두 형식들 사이의 엄밀한 구분을 제안하면서도, 이 다른 형식을 그저 "비담론적"인 것이라는 부정적 방식으로 지칭하고 있을 뿐이다.

『감시와 처벌』은 이런 점에서 새로운 한 걸음을 내딛었다. 즉 감옥이라는 하나의 '사물'(chose)이 존재한다고 가정하자. 그것은 '감금' 환경이라는 하나의 환경을 형성하는 것이자, 또한 수감자들을 그 내용으로 하는 하나의 **내용형식**(*forme de contenu*)이다. [⋯] 이런 사물 또는 형식은 [⋯] 범법 행위와 형벌 및 그 주체 등을 언표하는 또 하나의 새로운 방식을 의미하는 전혀 다른 단어들과 개념들로 회귀한다. 이를테면 '비행'(非行) 또는 '비행인'(非行人, délinquant)이 바로 그러한 개념들이다. 우리는 이러한 언표들의 형성을 **표현형식**(*forme d'expression*)이라고 부르도록 하자.[9]

---

9) *DF*, 38; 『푸코』, 60~61.

이제 내용형식으로서의 감옥은 '가시적인 것'에, 표현형식으로서의 형법은 '언표 가능한 것'에 관계한다. 현실에서 이 두 형식은 일종의 대응관계를 보이고 있지만, 사실상 '서로 환원 불가능한' 것들이다. 이 환원 불가능한 두 형식은 하나의 '비정형적인(informelle) 새로운 차원' 곧 '다이어그램'(diagramme)을 만들어 낸다. 다이어그램은 더 이상 고고학적인 문서고가 아니며, '사회적 장 전체와 외연을 함께 하는' 지도이자 지도 제작법, 곧 하나의 추상기계이다. 이제『지식의 고고학』이 다루었던 "형식들의 역사 곧 문서고는 힘들의 생성 곧 다이어그램에 의해 이중화된다. […] 각각의 다이어그램은 […] 바깥의 선(*ligne du debors*)이 뒤틀리는 방식을 증명하고 있는 것들이기 때문이다. 이 바깥의 선은 온갖 저항점들을 지나면서 언제나 가장 새로운 것들과 함께 작용하면서, 다이어그램들을 굴리고 서로 부딪치게 만드는 시작도 끝도 없는 대양적(大洋的) 선(*ligne océanique*)이다".[10]

6. 욕망과 쾌락 ─ 권력 장치의 '한계'를 넘어서기

들뢰즈를 따라 푸코 사유의 흐름을 이렇게 읽어 보면, 이제 우리는 "『감시와 처벌』이 푸코의 이전 책들을 지배하고 있었던 이원론을 명백히 넘어선 책"[11]임을 알 수 있다. 물론, 들뢰즈의 지적처럼, 푸코가 1960년대까지의 시기에 서로의 곁에 있지만 결코 하나로 환원 불가능

---

10) *DF*, 51;『푸코』, 81~82.
11) *DF*, 46;『푸코』, 73.

한 두 극점으로서의 가시적인 것과 언표 가능한 것이라는 이원론을 유지한 것은 분명한 사실이다. 나아가 들뢰즈는 1970년대 권력의 계보학 시기에 푸코가 언표 가능한 것을 긍정적인 '담론적인 것'으로, 가시적인 것을 부정적인 '비담론적인 것'으로 설정·구분했다고 본다. 이는 푸코가 지식의 차원에 사로잡혀 있었다면 이루어질 수 없는 진전으로서, 이러한 진전의 결과가 추상기계로서의 다이어그램이라는 관념의 도입이다(한편 현재의 우리 논의는 들뢰즈의 푸코 해석을 '정확히 따라가 보는 것'이므로, 여기서 푸코가 '다이어그램'이라는 말을 『감시와 처벌』에서 단 한 차례만 사용하고 있다거나, 들뢰즈가 1960년대 말 이후 푸코가 거의 전혀 사용하지 않는 '주름'이라는 용어 등을 통해 푸코 사유의 전반을 규정하고 있다는 사실 등은 일단 논외로 하도록 하자).

1977년 들뢰즈는 1975년에 출간된 『감시와 처벌』 및 이듬해인 1976년 출간된 '성의 역사' 1권 『지식의 의지』와 관련된 논쟁적 질의서라 할 「욕망과 쾌락」을 작성한다(발표는 1994년). 이 글의 논지는 다음과 같은 것이다. 들뢰즈는 권력에 대한 푸코의 접근방식에 문제가 있다기보다는, 권력을 중심으로 생각하는 한 누구도 푸코가 빠진 난점을 피할 수 없다고 본다. 곧, 푸코처럼, 권력을 '다양한 이질적 요소들의 배치 혹은 집합이 발생시키는 전반적 효과'로 간주한다면, 우리는 저항의 가능성을 사유할 수 없다. 곧 권력의 작용이 전반적이며 따라서 '바깥'이 없다면, 저항의 가능성은 존재하지 않는다. 고쿠분 고이치로의 표현을 따르자면, "권력론이라는 틀로 사물을 생각하고 있는 한 푸코와 같이 될 수밖에 없다."[12] 권력론은 우리를 '막다른 골목'으로 몰아넣는다. 이는, 다시 들뢰즈의 표현을 따르자면, 푸코가 **권력에 대한 욕**

망의 우위를 받아들이지 않았기 때문이다. 혹은 푸코가 미시분석에 관련되는 **욕망의 배치**(agencements de désir)가 갖는 우선성을 읽지 못하고, '권력 장치'(dispositifs de pouvoir)의 개념으로 사태를 그릇되게 덮어 버렸기 때문이다. 한편, 권력 장치는 섹슈얼리티의 문제와 관련하여 푸코에 의해 '쾌락'(plaisir)이라는 용어로 표현된다. 이는 푸코의 사드와 들뢰즈의 마조흐가 엇갈리는 지점이기도 하다. 들뢰즈는 권력이 '이데올로기도 억압도' 아니라는 푸코의 테제를 받아들인다. 우선, 이러한 표현을 통해 푸코가 언명하고자 하는 바는 물론 본질적으로 마르크스주의도 프로이트-라캉주의도, 혹은 그 교차점으로서의 빌헬름 라이히도 받아들이지 않겠다는 의미이다. 들뢰즈에 따르면, "우선하는 것은 탈영토화 운동에 다름 아닌 도주선들(lignes de fuite)"이며,[13] 이 **욕망의 우선성**(primat du désir)은 욕망이 "정확하게 도주선들 안에 있고, 흐름의 결합과 분리 안에 존재"한다는 사실에서 온다.[14] 달리 말해, 푸코가 말하는 권력 장치는 들뢰즈가 말하는 욕망 배치의 일부, 일개 차원에 불과하다. 결국, "권력은 욕망의 한 변양이다". 따라서 푸코는 다음과 같은 결정적 질문을 던지지 못한다. "권력은 어떻게 욕망될 수 있는가?"(comment le pouvoir peut-il être désiré?)[15]

더욱이, 욕망의 배치와 달리, 푸코의 권력 장치는 다음과 같은 결정적 문제를 불러일으킨다. "만약 권력 장치가 어떤 의미로든 구성적

---

12) 『들뢰즈 제대로 읽기』, 214.
13) *DP*, 61~62; 「욕망과 쾌락」(이호영 옮김), 107. 이하 문맥에 맞추어 번역을 약간 수정했다.
14) *DP*, 62; 「욕망과 쾌락」, 108.
15) *DP*, 61; 「욕망과 쾌락」, 105.

인 것이라면, 이 경우 권력 장치는 '저항' 현상에 반하는 것일 수밖에 없으며, 이렇게 되면 저항 현상의 지위가 문제시된다."[16] 결국, 들뢰즈에 따르면, 푸코의 권력 장치와 쾌락 개념 양자는 우리로부터 저항을 사유할 가능성을 박탈해 버린다.

7. 바깥의 선, 다이어그램의 조건

들뢰즈에 따르면, 말년의 푸코는 드디어 지식, 권력의 틀을 넘어 '바깥의 선'에 도달했다. 그렇다면 이 바깥의 선은 무엇이며, 어떻게 생성되는 것일까? 들뢰즈에 따르면, 이 '바깥'과 관련하여 우리는 적어도 세 가지 상관적 심급들을 구분해야 한다.

① 우선 힘들의 비정형적 요소로서의 **바깥**(*le dehors*)이 있다. 힘들은 바깥으로부터 생겨나고, 바깥에 의존한다. 한편 바깥은 힘관계들을 휘젓고, 힘들의 다이어그램들을 추출해 낸다. ② 또한 두 번째로, 힘관계들이 현실화되는 구체적 배치들의 환경으로서의 **외부**(*l'extérieur*)가 있다. ③ 마지막으로, **외재성의 형식들**(*les formes d'extériorité*)이 있다. 이는 현실화가 서로에 대해 외부적이고 차별화되면서 배치들을 분할하는 두 형식들 사이의 어떤 분열 또는 분리에서 발생하기 때문이다.[17]

---

16) *DP*, 62; 「욕망과 쾌락」, 108.
17) *DF*, 51; 『푸코』, 80.

이것이 '바깥의 선'이다. 달리 말해, "바깥은, 푸코 혹은 이 용어를 먼저 사용한 블랑쇼 모두에 대해, 어떤 바깥 세계보다 더 멀리 있는 것이다. 하지만 동시에 그것은 어떤 내면 안쪽의 세계보다 더 가까이 있는 것이기도 하다. 그래서 가까운 것과 먼 것은 끝없이 뒤바뀐다. 사유는 안쪽에서 나오는 것이 아니며, 또 그렇다고 바깥의 사건을 펼치는 것도 아니다. 사유는 바로 바깥에서 오는 것이고, 또 바깥으로 되돌아가는 것이다. 사유는 바깥과 마주하면서 생겨나는 것이다. 바깥의 선이란, 이중의 이타성異他性(altérité du double) 자체를 동반하는, 우리의 분신(notre double)이다".[18]

따라서 우리는 "궁극적으로 이른바 '바깥의 사유'(la pensée du dehors)라 불리는 이 집합 전체에 대한 분석을 시도하고자"[19] 한다. 달리 말해, 이는 다이어그램의 작동 조건에 대한 분석에 다름 아니다. 그리고 바깥의 사유 혹은 다이어그램에 대한 들뢰즈의 분석은 궁극적으로 주름작용·주름잡기(plissement)의 이름 아래 펼쳐진다.

8. 들뢰즈의 푸코 — 이중화라는 주름잡기

들뢰즈에 따르면, 이제까지 우리는 다음과 같은 세 개의 차원과 조우했다. ① 지층들 위에 존재하는 정형화되고 형식화된 관계들(지식), ② 다이어그램의 수준에 존재하는 힘관계들(권력), ③ 바깥과의 관계. 이

---

18) *PF*, 150; 「푸코의 초상화」, 111.
19) *DF*, 51; 『푸코』, 80.

는 블랑쇼가 말하듯이, 동시에 비-관계이기도 한 절대적 관계(사유)이다. 이러한 논의에 따르면, 결국 푸코에게는 바깥(dehors), '바깥' 선의 주름(pli de la ligne du Dehors), '바깥'의 존재로서의 인간 실재(réalité humaine comme être du Dehors)가 있을 뿐이다. 그러나 이는 안쪽이 없다는 것을 의미하는 것일까? 들뢰즈는 그렇지 않다고 말한다. "바깥은 어떤 고정된 한계가 아니라, 하나의 안쪽을 구성하는 주름 작용·주름 및 연동 운동에 의해 활성화되는 하나의 운동하는 질료이다. 그것은 바깥이 아닌 무엇인가가 아니라, 바로 정확히 바깥의 안쪽(le dedans *du* dehors)이다."[20]

들뢰즈는 이제 푸코의 '주름(접힘)'(pli)과 '펼침'(dépli)은 다음과 같은 네 가지 원리를 갖는다고 말한다. ① 우리의 육체를 구성하는 주름, ② 힘이 다른 힘들에 작용하는 대신 자신에게 행사될 때의 힘을 구성하는 주름, ③ 우리와의 관계 안에서 진리를 구성하는 접힘(pliure), ④ 궁극적 주름잡기, 곧 '기다림의 내면성'을 구성하기 위한 바깥의 선 자체라는 주름잡기. 그리고 이 선의 접힘이 바로 푸코의 **주체화 과정**(processus de subjectivation)이다. 들뢰즈에 따르면, 그리스인들에 관련되는 푸코의 주체화 과정에 대한 논의는 니체적인 것으로 푸코 사유의 독창성을 보여 준다. 그리스인들은 스스로를 향해 힘을 되접고, 자기와의 관계 안으로 힘을 집어넣음으로써 '주체화'를 발명했다. 그리스인들은 선에 구부러짐(courbure)을 부여하고, 힘이 스스로에게 되돌아오게 만듦으로써, 힘이 자기 자신에게 영향을 미치도록 만들었다.

---

20) *DF*, 103~104; 『푸코』, 163.

이는 실존의 감성적 양식을 발명한 것이다. 이러한 과정을 통해 우리는 우리의 실존 자체를 하나의 양식, 하나의 예술, 하나의 예술 작품으로 삼을 수 있게 된다.[21)

이렇게 해서 이제 푸코는 '역사적 형성작용'(formations historiques) 혹은 '지층'(strates)으로서의 가시적인 것과 언표 가능한 것(le visible et l'énonçable)을 다루는 지식, '지층화되지 않은 것'(non-stratifié) 혹은 '전략'(stratégies)으로서의 바깥의 사유(la pensée du dehors)를 다루는 권력을 넘어, '주름작용'(plissements) 혹은 '사유의 안쪽'(le dedans de la pensée)을 다루는 윤리 또는 자기 형성, 곧 에티케(ethikê)를 말할 수 있게 된다.[22)] 이러한 '자기와의 관계'로서의 윤리가 갖는 가장 일반적인 공식은 다음이다. '자기에 의한 자기의 영향력 또는 주름 접힌 힘'(l'affect de soi par soi, ou la force pliée). 단적으로, "주체화는 주름작용에 의해 생산된다".[23)] 들뢰즈는 지식의 고고학 시기에 '언표로부터 파생된 하나의 기능'으로 간주되었던 주체가 이제 '주름이라는 조건 하에서의 바깥의 파생물'로서 새롭게 정의된다고 말한다.[24)]

들뢰즈는 푸코 자신의 구분을 따라, 그러나 완전히 다른 펼침의 방식을 따라, 푸코의 사유 전체를 다음처럼 정리한다. "지식·권력·자기

---

21) *PF*, 152~154; 「푸코의 초상화」, 113~115.

22) 이때의 에티케는 에토스(ethos)에 대한 학으로서의 성격학이자 품행학인 동시에, 실제로는 감성학(aisthētiké)이다. 에티케는 원래 그리스어에서 '자신의 품성·품행을 형성하는 행위' 곧 자기 형성이라는 의미를 갖는다. 따라서 푸코 후기 사유에 등장하는 '윤리'는 (이른바 도덕·윤리의 윤리라기보다는) 이처럼 '스스로를 형성하는' 작업, 자기 형성 작업에 관련되는 논의이다.

23) *DF*, 111; 『푸코』, 176.

24) *DF*, 113; 『푸코』, 179.

라는 환원 불가능하지만 언제나 동시에 다른 것들을 함축하는 세 개의 차원들이다. [⋯] 지식-존재는 어떤 순간에 있어서의 가시적인 것과 언표 가능한 것이 취하게 되는 두 형식에 의해 결정되며, 빛과 언어 또한 그것들 자신이 어떤 지층 위에서 취하게 되는 '특이하고 제한된 실존'과 분리 불가능하다. 권력-존새 또한 그 자신 각각 시대의 다양한 특이성들을 관통하는 힘관계 안에서 결정된다. 한편 자기, 자기-존재 (l'être-soi)는 주체화의 과정 즉 주름이 관통하는 여러 장소들에 의해 결정된다."[25] 이처럼, "사유란 주름을 접는 행위이며, 서로 동일한 외연을 갖는 어떤 특정한 안쪽의 바깥을 이중화하는 행위이다. [⋯] 사유의 일반 위상학은 이제 바깥에서 안쪽에 이르는 주름작용 안에서 완성된다."[26] 결국, "힘들은 언제나 '바깥', 즉 어떤 외재성의 형식보다도 더 먼 하나의 특정한 바깥에서 온다. [⋯] 그것은 마치 끊임없이 방향을 바꾸고 안쪽의 공간을 추적함으로써 스스로를 재구성하면서도 언제나 바깥의 선과 동일한 외연을 갖는 하나의 송과선과도 같은 것이다. 가장 먼 것은 가장 가까운 것으로 전환됨으로써 내부가 된다. 주름들 안의 삶(la vie dans les plis)."[27]

9. 지식, 권력, 윤리 — 우리 자신의 역사적 존재론

이제까지 우리는 푸코의 작업 전반에 대한 들뢰즈의 논리를 충실히 따

---

25) *DF*, 121~122; 『푸코』, 193.
26) *DF*, 126; 『푸코』, 200~201.
27) *DF*, 130; 『푸코』, 205~206.

라가 보고자 노력했다. 그렇다면 푸코의 입장에서는 이에 대해 어떤 답변을 내놓을 수 있을까? 푸코의 『감시와 처벌』과 『지식의 의지』가 일견 권력의 전반적 지배와 관련된 우울한 그림을 그려 놓는 것은 분명한 사실이다. 물론 푸코는 『감시와 처벌』의 출간 이후 제기된 이러한 비판을 잘 이해하고 있었고, 이듬해 발간된 『지식의 의지』 및 이어지는 다양한 대담, 기고, 논문 등을 통해 이러한 '오해' 혹은 '난점'을 보완하려고 시도했다. 푸코의 첫 번째 대응은 권력과 저항이, 마치 동전의 양면, 혹은 보다 정확히는 물리학의 **작용/반작용** 현상과 같이, 분리 불가능한 두 현상이라는 것이다. **권력/저항**은 어느 하나가 나머지 하나를 없앨 수 없는 동시적·상관적 현상이다. 하지만 이러한 논리를 통해 저항의 가능성은 보존되었지만, 저항의 우위는 얻을 수 없었다. 바로 이 지점과 관련하여, 푸코의 권력론에 관련된 들뢰즈의 지적은 타당성을 갖는 것처럼 보인다. 1977~1978년을 기점으로 실제로 향후 푸코가 실제로 걸어간 길은, 여하한 이유와 논리를 통해서든, 기존의 권력-지식론을 넘어서는 새로운 방향으로 펼쳐지기 때문이다. 그 도정의 대강은 '권력의 계보학'에서 '통치성'의 논의를 거쳐 '윤리의 계보학'으로 나아간 것이다.

하지만 자세히 살펴보면, 설령 이러한 결과가 있었다 해도 푸코의 사유 전반에 관련된 들뢰즈의 논의 구조를 전면적으로 수용하기는 쉽지 않다. 왜냐하면, 앞서 살펴본 대로, 푸코는 1970년대 권력의 계보학 시기에 진입하면서, 이전 1960년대 지식의 고고학 시기를 특징짓는 블랑쇼적인 '바깥', 따라서 바타유적인 '위반'의 논리를 모두 폐기해 버리기 때문이다. 바깥 혹은 헤테로토피아(hétérotopie)는 더 이상 존재하지 않는다. 중요한 것은 '호모토피아/헤테로토피아'라는 쌍 자체를 벗어나는 것이다. 나아가, 푸코는 마르크스와 프로이트, 라이히로 대변되는 권력의 '억압-해방' 담론에 반하여 새로운 권력관계의 이론을 구축하려 했으며, 이의 첫 공격 목표로 프로이트-라캉의 '욕망' 개념을 설정했다. 돌이켜 보면, 푸코는 이미도 들뢰즈의 '욕망' 개념을 '반(反)라캉주의로서의 라캉주의'로 간주한 듯하다. 푸코는 욕망에 대한 힘 또는 권력의 우위라는 테제를 밀고 나갔다. 프로이트와 라캉이 아니라, 사드이자 니체이다. 이는 욕망이 아닌, 쾌락으로 대변되는 새로운 힘관계의 놀이이다. 이러한 쾌락의 힘관계 놀이는 타인에 대한 지배와 자기에 대한 지배를 이어주는 **통치성**(gouvernementalité)의 개념 아래 묶인다. 이제 권력의 우위는 다시금 지식과 권력을 모두 포괄하는 자기 형성(윤리)의 개념 아래 포섭된다. 진리 혹은 지식과 분리 불가능하며, 처음부터 끝까지 철저히 정치적인 푸코의 '자기 형성'(윤리)는 개인에게 주어지는 사회적 코드로서의 '도덕'이 아닌, 개인이 스스로를 윤리적 행위의 주체로 구성해 가는 자기의 테크놀로지(technologie de soi)로서의 금욕적 실천 곧 **주체화**(subjectivation) 과정을 지칭하는 이름이다. 이러한 주체화 과정은 자신의 상관자로서 대상화(objectivation) 과정을 가질 수밖에 없으며, 이는 다시 인식 형성 과정과 함께 푸코의 문제화(problématisation) 과정을 이루는 삼위일체론을 구성한다.

이러한 푸코 자신의 논의와 '바깥의 안쪽'이라는 테마를 통해 푸코의 작업 전반을 일관되게 설명하는 들뢰즈의 논의의 거리는 상당하다. 그럼에도 불구하고 들뢰즈의 작업이 자신의 **주름** 개념, 구체적으로는 다이어그램에 관한 논의를 통해 푸코의 작업 전반을 이해하려는 하나의 가치 있는 **철학적 시도**(試圖, essai)임에는 의심의 여지가 없다. 우리가 살펴본 들뢰즈의 논의는 그것이 없었더라면 우리가 결코 볼 수 없었을 푸코 사유의 특정한 측면을 우리 앞에 드러내 보여 준다. 언젠가, 들뢰즈는 다이어그램에 대해 이렇게 말한 적이 있다.

> 결국 모든 다이어그램은 간(間)-사회적이며 또 생성 중인 것이다. 다이어그램은 결코 이미 존재하는 어떤 세계를 재현하기 위해 기능하지 않는다. 다이어그램은 다만 하나의 새로운 실재 유형, 하나의 새로운 진실 모델을 생산한다. [⋯] 다이어그램은 특정 생성방식과 함께 역사를 이중화한다.[28]

들뢰즈의 다이어그램은 결코 이미 존재하는, 있는 그대로의 푸코를 재현하지 않는다. 푸코의 문제화 놀이가 다른 어떤 세계가 아닌 '이런 세계(들)'을 생산한 것과 마찬가지로, 또한 들뢰즈의 주름잡기 놀이가 다른 어떤 푸코가 아닌 '이런 푸코(들)'을 생산한 것과 꼭 마찬가지로, 나의 이 글쓰기 놀이는 다른 어떤 들뢰즈가 아닌 '이런 들뢰즈(들)'을 생산할 것이다. 그리고 아마도 나는, 들뢰즈를 그리고 푸코를 따라, 이것을 하나의 맹목적 의지, 하나의 **허구**라 불러야 할 것이다.

---

28) *DF*, 43; 『푸코』, 67.

참고문헌

I. 들뢰즈

DP : 'Désir et plaisir'(1977), in *Magazine Littéraire*, octobre 1994, repris in *Deux régimes de fous et autres textes*, Les Éditions de Minuit, 2003; 「욕망과 쾌락」, 이호영 옮김, 서울사회과학연구소 편, 이진경 외, 『탈주의 공간을 위하여. 들뢰즈·가타리의 정치적 사유』, 푸른숲, 1997, 98~115쪽; 「욕망과 쾌락」, 양운덕 옮김, 『세계사상』, 창간호 1977년 여름, 동문선, 125~142쪽.

DF : *Foucault*, Les Éditions de Minuit, 1986; 질 들뢰즈, 『푸코』, 허경 옮김, 그린비, 2019.

PF : 'Un Portrait de Foucault'(1986), in Gilles Deleuze, *Pourparlers 1972~1990*, Les Éditions de Minuit, pp. 139~161; 「푸코의 초상화」, 질 들뢰즈, 『대담 1972~1990』, 김종호 옮김, 솔, 1993, 99~122쪽.

II. 그 외

Gilles Deleuze et Michel Foucault, 'Les intellectuels et le pouvoir', in *L'Arc*, n°49, 1972, pp. 3~10; 「附記: 지식인과 권력. 푸꼬와 들뢰즈의 대화」, 미셸 푸꼬 외 4인, 『구조주의를 넘어서』, 이정우 편역, 인간사, 1990, 225~247쪽; 「지식인과 권력: 푸꼬와 들뢰즈의 대화」, 미셸 푸코, 『푸코의 맑스 둣치오 뜨롬바도리와의 대담』, 이승철 옮김, 갈무리, 2004, 187~207쪽.

고쿠분 고이치로, 『고쿠분 고이치로의 들뢰즈 제대로 읽기』(2013), 박철은 옮김, 동아시아, 2015.

사카이 다카시, 『통치성과 '자유'. 신자유주의와 권력의 계보학』(2001), 오하나 옮김, 그린비, 2011.

사토 요시유키, 『권력과 저항. 푸코, 들뢰즈, 데리다, 알튀세르』(2007), 김상운 옮김, 난장, 2012.

사토 요시유키, 『신자유주의와 권력. 자기-경영적 주체의 탄생과 소수자-되기』(2009), 김상운 옮김, 후마니타스, 2014.

세리자와 가즈야·다카쿠와 가즈미 엮음, 『푸코 이후. 통치성, 안전, 투쟁』(2007), 김상운 옮김, 난장, 2015.

아르노 빌라니·로베르 싸소 책임편집, 『들뢰즈 개념어 사전』(2003), 신지영 옮김, 갈무리, 2012.

옮긴이 뒷글

이 책은 1986년 출간된 들뢰즈의 『푸코』를 완역한 것이다. 나의 번역
으로 2003년 동문선에서 출간된 첫 번째 번역은 (오늘까지도) 유일한
불어 완역본이었기 때문에, 출간 후 얼마 지나지 않아 금방 구할 수 없
는 책이 되어 버렸다. 이후 옮긴이의 게으름으로 재출간을 하지 못하
고 있었는데, 그린비의 제안으로 책을 다시 내게 되었다. 이 자리를 빌
려 그린비 유재건 사장님과 여러 편집자님들께 감사의 말씀을 전한다.

우선, 이번 판에서는 본문과 역주를 포함한 책의 번역을 전면적으
로 손본 것 이외에도, 시일이 지나 이전과 같은 쓸모를 잃은 첫 번째 책
의 부록 「국내의 들뢰즈 관련 자료들」을 제외하고,[1] 들뢰즈의 푸코 해
석을 다룬 나의 짧은 논문 「'주름들 안의 삶' — 들뢰즈의 푸코 해석」을
추가했다.

---

[1] 2003년도에 작성된 「국내의 들뢰즈 관련 자료들」은 비록 시일이 지났으나 여전히 국내의 유
일한 서지인 만큼, 나의 개인 블로그에 전체를 올려 두기로 결정하였다. 관심이 있는 분은 '국
내의 들뢰즈 관련 자료들'을 포털의 입력창에서 검색하면 된다.

이 책에 담긴 들뢰즈의 푸코 해석은 독창적인 만큼이나 논쟁적이며, 논의의 대상이 되는 푸코만큼이나 논의의 주체인 들뢰즈를 잘 보여 준다. 앞서 부록으로 실은 나의 글에 비교적 상세히 등장하므로 구체적인 논의는 자제하겠지만, 그 대강은 다음과 같은 것이다. 우선, 들뢰즈 자신의 말대로, 우리가 누군가를 그려 낼 때 우리는 그 대상을 있는 그대로 묘사하는 것이 아니라 실은 그 대상과 나를 '발명'하고 있는 것이라고 할 때, 들뢰즈가 그려 내는 푸코는 '푸코 자체'가 아니며, 실은 오직 '들뢰즈가 그려 내는 푸코'일 따름이다(이는 내가 그려 내는 들뢰즈가 들뢰즈 자체가 아니라, 다만 '내가 그려 내는 들뢰즈'에 다름 아님과 동일한 사태이다).

들뢰즈는 결코 있는 그대로의 푸코를 그리려 하지 않는다. 들뢰즈는 오직 (들뢰즈 자신이 보기에) 푸코가 말하고 있는 것, 푸코가 말해야만 했던 것, 말할 수 있었던 것, 푸코의 말이 의미할 수도 있는 것만을 논리적으로, 때로는 담담히 때로는 격정적으로, 그려 낼 뿐이다. 1925년생인 들뢰즈와 1926년생인 푸코는 거의 동년배이기 때문에, 그리고 푸코가 1984년에 먼저 사망했기 때문에(들뢰즈는 1995년에 사망했다), 그리고 1986년에 출간된 이 책의 존재로 인해, 마지막으로 무엇보다도 들뢰즈 자신이 뛰어난 철학자이기 때문에, 이 책에 담긴 들뢰즈의 푸코 해석은 거의 동시대의 ('정통적인' 해석이라고까지는 할 수 없어도) 지배적인 해석이 되었다. 기본적으로 필립 라쿠라바르트(Philippe Lacoue-Labarthe)와 장뤽 낭시(Jean-Luc Nancy) 두 분의 지도를 받은 나 자신의 스트라스부르대학 학위논문 「푸코와 근대성」(2007)도 바로 들뢰즈의 이 책에 크게 영향받은 것이다.

물론 들뢰즈가 그려 내는 푸코는 푸코 자체가 아니라, 오직 들뢰즈가 바라보는 푸코이다. 들뢰즈의 푸코 해석은 '푸코가 말하지 않은 것은 아니지만, 푸코가 명시적으로 언명한 적은 없는' 푸코 사유의 특정 측면을 확장시킨다. 이 책에 담긴 들뢰즈의 푸코 해석은 단적으로 자신의 주름작용(plissement)의 논리로 푸코의 사유 전체를 포괄하고 재해석하려는 시도이다. 물론 이에 상응하는 푸코의 개념은 이중(double)의 논리이다. 한 철학자가 다른 철학자를 자신의 틀 안에서 재해석하려는 이러한 시도 자체는 문제가 없으며, 오히려 철학자의 의무라고 말해도 좋을 것이다. 그런데 이러한 시도가 갖는 난점은 푸코가 들뢰즈의 주름작용과 쌍을 이루는 이중의 논리를 1969~1970년 이후 완전히 포기했다는 사실에 놓여 있다. 주름작용의 논리를 죽을 때까지 유지하는 들뢰즈는 '포스트구조주의'의 면모를 보이지만, 확실한 니체주의로 전향한 1969~1970년 이후의 푸코 사유에서 포스트구조주의적 요소를 찾기란 쉽지 않다. 들뢰즈의 이 책이 갖는 의미와 한계는 모두 바로 이러한 사실에 놓여 있다. 들뢰즈는 1969~1970년 이후 푸코 철학의 전개 역시 (이중의 개념을 매개로 한) 주름작용의 논리 아래 포섭하려고 시도한다. 이는 물론 들뢰즈의 무리한 시도로 비난받기보다는, 오히려 철학자의 마땅한 태도로서 권장되어야 할 일이다. 그러나 이와는 별개로, 푸코가 살아서 이 책의 출간된 전체를 읽었더라면 푸코 자신이 이러한 논리에 전적으로 동의하리라고 상상하기는 쉬운 일이 아니다(가령 1984년에 들뢰즈가 먼저 사망하고, 푸코가 1986년에 『들뢰즈』라는 책을 출간했다면!). 푸코는 1969~1970년 이후 '이중'의 논리 및 그 기반이 되는 '(포스트)구조주의적' 함축을 과감히 청산하고 '힘관계와 계보학'

에 기반한 니체주의로 옮겨 가기 때문이다.

들뢰즈가 그려 낸 주름작용 안의 삶, 곧 '주름(작용) 안의 푸코'는 주름작용이라는 들뢰즈의 해석틀 안에 갇힌 푸코일 수도, 주름작용이라는 새로운 틀을 통해 조명된 푸코 사유의 새로운 해석적 가능성일 수도 있다. 이 부정적·긍정적인 두 가능성 사이의 관계는 실체적으로 미래가 규정된 일면적인 것이 아니므로, 우리는 무엇보다도 환원주의적 양자택일의 논리에 빠지지 않도록 유의해야 할 것이다. 왜냐하면 이들 '사이'의 관계는, 그것이 들뢰즈가 말하는 주름작용의 논리처럼 안으로·밖으로·같이 되접히는 것이든 또 혹은 푸코 말년의 사유처럼 주체와 대상 그리고 인식이 동시에 형성되면서 문제틀 자체를 생산하는 것이든, 모두 늘 **생성적인** 것일 수밖에 없기 때문이다.

들뢰즈와 푸코가 함께 말하고 있듯이, 결코 미-래(未-來, a/à-venir)를 미리 결정해 두어서는 안 된다. 그것은 '스스로 형성되어 가는' 미-래의 몫이다.

2019년 8월 일산 노루목길에서

허경

찾아보기